Las 8 reglas del amor

JAY SHETTY

Las 8 reglas del amor

Cómo encontrarlo, mantenerlo y dejarlo ir

Traducción de
Andrea Montero Cusset

Grijalbo

Título original: *8 Rules of Love*
Primera edición: marzo de 2023

© 2023, Jay R. Shetty
© 2023, Penguin Random House Grupo Editorial, S. A. U.
Travessera de Gràcia, 47-49. 08021 Barcelona
© 2023, Penguin Random House Grupo Editorial USA, LLC
8950 SW 74th Court, Suite 2010
Miami, FL 33156
© 2023, Andrea Montero Cusset, por la traducción
Diseño del interior de Lewelin Polanco

Impreso en Colombia - *Printed in Colombia*

ISBN: 978-1-64473-809-2

23 24 25 26   10 9 89 7 6 5 4 3 2 1

Para mi madre, por enseñarme a amar de manera infinita
Para mi hermana, por enseñarme a amar de manera incondicional
Para mi esposa, por enseñarme a amar de verdad

Índice

PRIMERA PARTE
Soledad

SEGUNDA PARTE
Compatibilidad

Introducción

—¿Cuál es la diferencia entre gustar y amar? —pregunta un alumno.[1]

El maestro responde:

—Cuando te gusta una flor, la cortas. Cuando amas una flor, la riegas a diario.

Este diálogo, citado con frecuencia, ilustra una de mis ideas favoritas acerca del amor. La belleza nos atrae —la anhelamos— y la queremos para nosotros. Es la flor que cortamos y disfrutamos. Pero el deseo, como una flor cortada, acaba marchitándose, y lo desechamos. Cuando la atracción se convierte en amor, requiere más cuidados. Cuando queremos mantener viva una flor, no la cortamos para ponerla en un jarrón. Le proporcionamos luz, tierra y agua. Y es solo cuando cuidas de una flor a lo largo del tiempo, haciendo todo lo posible por mantenerla con vida, cuando experimentas por completo su belleza: la frescura, el color, el aroma, la floración.

Te fijas en los delicados detalles de cada pétalo. Observas cómo responde a las estaciones. Experimentas alegría y satisfacción cuando aparecen nuevos capullos y te emocionas cuando estos se abren.

El amor nos atrae del mismo modo que nos atrae una flor —primero con su encanto y su belleza—, pero la única manera de mantenerlo vivo es a través de un cuidado y una atención

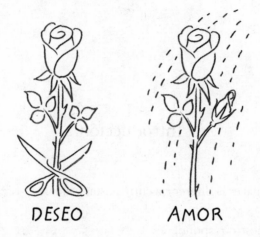

DESEO   AMOR

constantes. El amor es un esfuerzo cotidiano. En este libro, quiero desarrollar contigo el hábito del amor. Te daré a conocer prácticas, actitudes y herramientas que te ayudarán a amar de una forma que te reporte recompensas diarias, estación tras estación.

Se dice que la mayor conquista de la vida humana consiste en amar y que te amen. Creemos en el amor: está en nuestra naturaleza sentirnos atraídos por las historias de amor, anhelar una propia y abrigar la esperanza de que el amor verdadero es posible. Pero muchos de nosotros también sabemos qué se siente al ser una flor que han cortado y metido en agua solo para que se marchite y pierda su belleza. Quizá te hayas sentido así o quizá cortaste y desechaste unas cuantas flores en su momento. O quizá aún no hayas encontrado el amor y sigas buscándolo.

Estas decepciones podrían presentarse de distintas maneras: pensar que estabas enamorado y luego sentirte engañado. Creer que era amor, y descubrir que era deseo. Estar seguro de que era amor, pero descubrir que se trataba de una mentira. Esperar que el amor dure, pero verlo desvanecerse. Quizá tengamos miedo al compromiso o escojamos a gente que lo tenga; o pongamos el listón demasiado alto y no demos una oportunidad a la gente. Quizá tengamos a un ex todavía en mente o puede que solo hayamos pasado por una mala racha. En lugar de tragarte falsas promesas o enamorarte de alguien que no te llena, en lugar de sentirte derrotado y desesperanzado, en lugar de que te rompan el corazón, quiero que experimentes el amor expansivo que tienes la esperanza de que exista.

El amor romántico es a la vez común y complejo. Se ha considerado y descrito de infinidad de maneras a lo largo del tiempo y las culturas. El psicólogo Tim Lomas,[2] del Human Flourishing Program de la Universidad de Harvard, analizó cincuenta lenguas e identificó catorce clases de amor únicas. En la antigua Grecia, decían que había siete tipos básicos: el *eros*, que es el amor sexual o apasionado; la *philia*, o amistad; el *storge*, o amor familiar; el *agape*, que es el amor universal; el *ludus*, que es un amor pasajero o sin compromiso; el *pragma*, que se basa en el deber y otros intereses, y la *philautia*, el amor propio.[3] Un análisis de la literatura china que abarca desde quinientos hasta tres mil años de antigüedad revela numerosas formas de amor, que van desde el apasionado y obsesivo hasta el amor abnegado o el amor pasajero.[4] En la lengua tamil, existen más de cincuenta palabras para distintos tipos y matices de amor, como el «amor como gracia», el «amor en una relación gratificante» y un «derretirse por un sentimiento de amor».[5] En japonés, el término *koi no yokan*[6] describe la sensación de conocer a alguien y sentir que estás destinado a enamorarte de esa persona, y *kokuhaku*[7] describe una declaración de compromiso amoroso. En la lengua boro de la India, *onsra* alude a la conciencia de que una relación se consumirá.[8]

Nuestra propia cultura describe el amor de múltiples maneras. Si echamos un vistazo a la lista Billboard de las cincuenta mejores canciones de amor de todos los tiempos, se nos dice que el amor es una emoción de segunda mano (Tina Turner), el amor es una montaña rusa (Ohio Players), el amor es una resaca (Diana Ross), el amor es una cosita loca (Queen), mientras que ¡el amor es una locura para Beyoncé! y Leona Lewis no deja de sangrar amor.[9] El cine idealiza el amor, pero rara vez averiguamos qué ocurre después del «y vivieron felices para siempre». Cada día, nos rodean tantos enfoques, retratos y parábolas del amor que quiero que este libro te ayude a crear tu propia definición de este y a desarrollar las habilidades para practicarlo y disfrutarlo todos los días.

Cuando tenía veintiún años, me salté mi propia graduación para unirme a un ashram en un pueblo situado cerca de Bombay. Allí pasé tres años como monje hindú, meditando, estudiando las antiguas escrituras y trabajando como voluntario junto con mis compañeros monjes.

Las escrituras hindúes más antiguas que estudiamos allí se llaman Vedas. Se escribieron en sánscrito sobre hojas de palma hace más de cinco mil años. La mayoría de esas hojas ya no existen, pero los textos han sobrevivido. Algunos incluso se encuentran online. Su presencia y su relevancia en el mundo moderno siguen produciéndome sorpresa e inspiración. Hasta hoy, llevo dieciséis años estudiando los Vedas, y durante los tres años que viví como monje profundicé en ellos. Cuando descubrí la sabiduría práctica y accesible que albergaban, empecé a compartir estos mensajes y conocimientos con gente de todo el mundo a través de pódcast, libros y vídeos. Gran parte de mi trabajo actual consiste en asesorar a individuos y parejas, y en enseñar a otros a hacer lo mismo. Este trabajo me ha permitido certificar a más de dos mil *coaches*, todos los cuales siguen un plan de estudios que desarrollé partiendo de los principios védicos.

Recurrí a la sabiduría de los Vedas para formular los conceptos de este libro porque estos antiguos escribas hablan del amor de formas que no había oído nunca. Lo que explican es sencillo y accesible: una vieja lente que ofrece una nueva perspectiva. Los Vedas me dieron a conocer la idea de que el amor tiene fases, de que el amor es un proceso, de que todos deseamos amar y ser amados. Al trabajar con individuos y parejas en sus relaciones y procesos de transición tanto para entrar como para salir del amor, he comprobado que la validez de estos conceptos pasa la prueba de los escenarios de la vida real. Además, por comentarios a mis vídeos y respuestas a mi pódcast, constaté que, en las relaciones, la gente lidiaba con los mismos patrones recurrentes, muchos de los cuales eran temas que había tratado con éxito con mis clientes sirviéndome de conceptos védicos. He escrito este libro para que cualquiera pueda acceder a dichos conceptos y discutirlos con amigos, familiares y compañeros. Me he basado en los Vedas, en lo que ha funcionado con mis clientes, en mis propios viajes y en lo que aprendí de los demás monjes. Adoro la intersección de la ciencia moderna con la sabiduría antigua, y las ideas que presento aquí se sustentan en ambas, aunque empleando conceptos védicos de formas que no se han usado antes, aplicando conceptos espirituales a relaciones terrenales.

LA PRÁCTICA DEL AMOR

Nadie nos sienta para enseñarnos a amar. El amor está en todas partes, pero puede resultar difícil aprender de familia y amigos cuando ellos mismos van improvisando sobre la marcha. Algunos buscan el amor. Otros están perdidamente enamorados y llenos de ilusión. Algunos quizá se ignoren mutuamente o se den falsas esperanzas. Otros están juntos pero no enamorados. Otros rompen simplemente porque no saben cómo hacer que funcione. Y algunos parecen satisfechos en sus relaciones amorosas. Todo el mundo tiene consejos para nosotros: «Lo que necesitas es amor». «Cuando encuentres a tu alma gemela, lo sabrás». «Puedes hacer que cambie». «Las relaciones deberían ser fáciles». «Los opuestos se atraen». Sin embargo, cuesta saber qué consejos seguir y por dónde empezar. No podemos esperar entender el amor cuando nunca nos han educado sobre cómo darlo o recibirlo. Cómo gestionar nuestras emociones en conexión con las de otra persona. Cómo comprender a los demás. Cómo construir y alimentar una relación en la que ambas partes evolucionan.

La mayoría de los consejos sobre el amor se quedan en cómo encontrar a don Perfecto o a doña Perfecta. Creemos que hay una persona ideal para nosotros ahí fuera, un alma gemela, la Persona, y las apps de citas no hacen sino reforzar dicha creencia. Resulta maravilloso cuando ocurre, pero no le sucede a todo el mundo, y no siempre continúa siendo tan perfecto. Este libro es distinto, porque no trata sobre encontrar a la persona o la relación perfecta y dejar el resto a la suerte. Quiero ayudarte a desarrollar el amor de manera intencionada, en lugar de desear, querer y esperar a que llegue del todo formado. Quiero ayudarte a lidiar con los retos y las imperfecciones a los que nos enfrentamos en el viaje hacia el amor. Quiero que crees un amor que crezca cada día, que se expanda y evolucione, en lugar de estar ya alcanzado y completo. No podemos saber dónde ni cuándo encontraremos el amor, pero podemos prepararnos para él y practicar lo que hemos aprendido cuando lo encontremos.

Los Vedas describen cuatro etapas de la vida,[10] y estas son las aulas en las que aprenderemos las reglas del amor para reconocerlo y aprovecharlo al máximo cuando lo tengamos delante. En lugar de presentar el amor como un concepto etéreo, lo describen como una serie de pasos, etapas y experiencias que marcan un camino claro hacia delante. Tras aprender las lecciones de un nivel, pasamos al siguiente. Si nos cuesta o avanzamos desde una etapa antes de haberla completado, regresamos sin más a la lección que necesitamos: la vida nos hace retroceder en dirección a este trabajo. Las cuatro aulas son: *Brahmacharya ashram*, *Grhastha ashram*, *Vanaprastha ashram* y *Sannyasa ashram*.

Si buscas ashram en un diccionario, descubrirás que significa «ermita».[11] Nuestras definiciones a menudo despojan de significado los términos en sánscrito, pero en la práctica estos tienen mayor alcance. Yo defino ashram como una escuela de aprendizaje, crecimiento y apoyo; un santuario para el desarrollo personal, un poco como el ashram en el que pasé mis años como monje. Estamos hechos para aprender en cada etapa de la vida.

CUATRO ASHRAMS

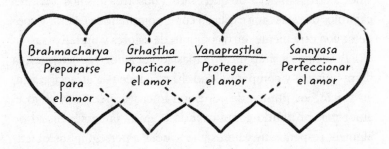

Brahmacharya	Grhastha	Vanaprastha	Sannyasa
Prepararse para el amor	Practicar el amor	Proteger el amor	Perfeccionar el amor

El primer ashram: PREPARARSE PARA EL AMOR

En el primer ashram, *Bramacharya*, nos preparamos para el amor. No nos subimos a un coche y nos ponemos a conducir sin estudiar para el carnet de conducir y practicar las aptitudes básicas en un entorno seguro. Cuando emprendemos un trabajo nuevo, es posible que nos preparemos aprendiendo un nuevo programa informático, hablando con la gente con la que trabajaremos sobre lo que es posible que se espere de nosotros o revisando las competencias que podríamos necesitar. Y nos preparamos para el amor aprendiendo a querernos a nosotros mismos en soledad. Solos, aprendemos a comprendernos a nosotros mismos, a cuidarnos y a sanar nuestro propio dolor. Adquirimos habilidades como la compasión, la empatía y la paciencia (regla 1). Esto nos prepara para compartir el amor, porque necesitaremos esas cualidades cuando amemos a otra persona. También examinaremos nuestras relaciones pasadas para evitar cometer los mismos errores en relaciones futuras (regla 2).

El segundo ashram: PRACTICAR EL AMOR

El segundo ashram, *Grhastha*, es cuando extendemos nuestro amor a otros sin dejar de querernos a nosotros mismos. Los tres capítulos de esta etapa explican cómo comprender, valorar y cooperar con otra mente, otro conjunto de valores y preferencias.

Tendemos a simplificar demasiado el amor, reduciéndolo a mera química y compatibilidad. El romance y la atracción son, en efecto, los puntos de conexión iniciales, pero yo defino el amor más profundo como cuando te gusta la personalidad de alguien, respetas sus valores y le ayudas a perseguir sus objetivos en una relación comprometida y a largo plazo. Es posible que te sientas de ese modo con respecto a tus amigos, y espero que así sea, pero estoy hablando de mantener estas cualidades cuando vives con alguien, lo ves todos y cada uno de los días y estás a su lado en las mayores alegrías, las peores decepciones y toda la mundanidad y la intensidad de la vida cotidiana.

En *Grhastha* estudiaremos cómo saber si estás enamorado (regla 3), cómo aprender y crecer con tu pareja (regla 4) y cómo establecer prioridades y gestionar tu tiempo y tu espacio personales dentro de vuestra relación (regla 5).

El tercer ashram: PROTEGER EL AMOR

Vanaprastha, el tercer ashram, es un lugar de sanación al que nos retiramos en busca de paz. Nos encontramos en él ya sea tras una ruptura, una pérdida o cuando la vida familiar ha reducido la velocidad para requerir menos atención por nuestra parte. Después de aprender a dar amor a otros en *Grhastha*, y dar tanto, este ashram es un nivel intermedio en el que reflexionamos sobre la experiencia de amar a otros, descubrimos lo que podría bloquear nuestra capacidad de amar y trabajamos en el perdón y la sanación. En *Vanaprastha*, aprendemos a resolver conflictos para proteger nuestro amor (regla 6). También nos protegemos a nosotros mismos y nuestra capacidad de amar aprendiendo cuándo romper y cómo afrontarlo si lo hacemos (regla 7).

El cuarto ashram: PERFECCIONAR EL AMOR

El cuarto ashram, *Sannyasa*, es el paradigma del amor: cuando extendemos nuestro amor a todas las personas y los momentos de nuestra vida. En esta etapa, nuestro amor se vuelve ilimitado. Nos damos cuenta de que podemos experimentar el amor en cualquier momento con cualquier persona. Aprendemos a amar una y otra vez (regla 8). Nos esforzamos por conseguir esta perfección, pero nunca la alcanzamos.

Muchos de nosotros pasamos por estos cuatro ashrams sin aprender las lecciones que proporcionan. En el primer ashram, nos resistimos a estar solos y nos perdemos la oportunidad de crecimiento que ofrece la soledad. En el segundo, evitamos lecciones procedentes de los retos que acompañan cualquier relación. En el tercero, no asumimos la responsabilidad de nuestra sanación. Y el cuarto —amar a todo el mundo— es algo que ni siquiera nos planteamos porque no tenemos ni idea de que es posible.

Este libro sigue el orden de estos ashrams, que, en esencia, siguen a su vez el ciclo de las relaciones: desde la preparación para el amor hasta la práctica del amor, la protección del amor y la perfección del amor. He reflexionado en torno a estos cuatro ashrams y los he reducido a las ocho reglas que necesitamos para aprender y a las cualidades que necesitamos para desarrollarnos y pasar de un ashram al siguiente: dos reglas para prepararnos para el amor, tres para practicar el amor, dos para proteger el amor y una para esforzarnos por alcanzar el amor perfecto. Ocho reglas atemporales y universales. Estas reglas son acumulativas: se erigen una sobre la otra. Quiero que las abordes en este orden, pero se supone que deben servirnos en cualquier momento y etapa de una relación. Algunas desafían al sentido común. Hablo de la soledad como el inicio del amor. Te digo que debes anteponer tu meta a la de tu pareja. Explico que tu pareja es tu gurú. Se trata de acercamientos nuevos al amor que te guiarán para mejorar tus posibilidades de encontrar el amor, qué buscar en la primera cita, qué hacer si tienes un prototipo,

cómo presentarte, cuándo decir «te quiero», cuándo comprometerte, cómo manejar el conflicto, cómo gestionar una casa y
cuándo poner fin a una relación.

Cada una de estas reglas te ayuda a desarrollar una actitud
hacia el amor, tanto si no tienes pareja como si estás en una relación o en plena ruptura. Puedes practicar la soledad en una
relación. Puedes dar al conflicto un nuevo enfoque independientemente de tu situación. Estas reglas entran en juego en
todos los ámbitos de la vida.

Este libro no es una recopilación de técnicas de manipulación. No te ofreceré frases para ligar con las que llamar la atención de la gente. No te diré cómo convertirte en la persona que
otra quiere que seas ni cómo convertir a la otra persona en
quien tú quieras que sea. Esto va de abrazar tus preferencias e
inclinaciones para que no pierdas el tiempo con gente que no es
buena para ti. Va de aprender a mostrar tus valores, no a publi-
citarte. Va de deshacerte de la ira, la avaricia, el ego, la baja autoestima y la confusión que te empañan el corazón e interfieren
en tu capacidad para amar. En el proceso, te proporcionaré técnicas para ayudarte a lidiar con la soledad, abandonar expectativas, alimentar la intimidad y recuperarte de una ruptura.

Cuando decidí pedirle a Radhi que se casara conmigo, preten-
día organizar la pedida más romántica de todos los tiempos.
Pregunté a un amigo por anillos de compromiso y le compré
uno clásico de diamantes. Entonces, en la hermosa primavera
de 2014, le propuse que nos encontrásemos cerca del puente de
Londres para dar un paseo por la orilla del Támesis (por aquel
entonces vivíamos en Londres). Le dije que íbamos a cenar en
un sitio bonito, sabiendo que se vestiría apropiadamente para
la noche que había planeado. Justo cuando pasábamos por un

lugar idílico con una de las mejores vistas de la ciudad, de pronto apareció un hombre que le entregó un enorme ramo de flores. Mientras Radhi admiraba las flores, un grupo a capela salió de la nada y se unió al hombre del ramo para cantar la canción *Marry you*, de Bruno Mars. Planté una rodilla en el suelo y le pedí que se casara conmigo. Ella lloró; yo lloré también. Después de que dijera que sí, nos entregaron un pedido de comida vegana y nos sentamos a una mesa que yo había dispuesto a la orilla del Támesis. Radhi pensó que aquello era el final de la fanfarria y nos levantamos para irnos a casa, pero, al doblar una esquina, nos esperaba un carruaje tirado por caballos blancos. Nos montamos y recorrimos la ciudad, pasando por delante de todas las atracciones importantes. Ella iba gritando «¡Me caso!», y los transeúntes nos vitoreaban. Finalmente, fuimos a compartir la buena noticia con sus padres.

De camino, sin embargo, a Radhi se le llenó la cara de manchas rojas. Para cuando llegamos a casa de sus padres, estaba cubierta de urticaria, y las primeras palabras que soltaron ellos no fueron «¡Felicidades!», sino «¿Qué te pasa en la cara?». Ese fue el día que descubrimos que es alérgica a los caballos.

Yo creía que había coreografiado la pedida perfecta, pero con el tiempo caí en la cuenta de que todas mis ideas procedían directamente de las películas de Disney y de vídeos de peticiones de matrimonio virales. ¿De verdad le gusta a Radhi la música a capela? Claro, pero no le van los grandes aspavientos. ¿Siente algún apego especial por el Támesis o por recorrer Londres en carruaje? Lo cierto es que no. No cabe duda de que la cita de sus sueños no incluye rodearse de caballos y cubrirse de urticaria. Y resulta que los diamantes no son su piedra preciosa preferida. ¿Qué le importa realmente a Radhi? Le encanta la comida, y, si bien yo había pedido que nos entregaran la comida de un restaurante vegano junto al río, esta llegó fría y estaba sosa. El único detalle que más habría apreciado ella fue el que menos había cuidado, y su ejecución fue lo peor. Además, Radhi adora a su familia y, si lo hubiese tenido en cuenta, podría haber planeado que fueran ellos quienes salieran de los arbustos para sorprendernos en lugar de los cantantes. A ella le habría encantado.

Lo pasamos bien, y tuve suerte —Radhi aceptó y nunca se ha quejado de nada—, pero mi pedida no fue especialmente personal. A lo largo de mi vida, había visto el amor representado a través de gestos románticos desmesurados y pensé que era la única forma de demostrar cómo me sentía. La urticaria fue una pequeña señal de que no sabía lo que estaba haciendo, de que debía pensar en la persona que tenía delante en lugar de en las imágenes de cuento de hadas que nos bombardean sin parar.

Me había pasado la vida rodeado de historias que me decían cómo debía desarrollarse el amor. Nos pasa a todos. Y la mayoría nos vemos atraídos de manera inconsciente —en el amor y en todas las cosas— hacia un camino convencional. En las relaciones heterosexuales, los hombres siguen pidiendo en matrimonio la mayoría de las veces. En la página web The Knot, dedicada a la organización de bodas, el 97 por ciento de las historias de pedidas son de futuros novios que sueltan la pregunta.[12] El 80 por ciento de las novias reciben un anillo de compromiso de diamantes.[13] Según una encuesta de la revista *Brides*, más del 80 por ciento de las novias visten de blanco, y el 76 por ciento de las mujeres adoptan el apellido de su marido.[14] La familia tradicional sigue siendo la estructura familiar más común en Estados Unidos; solo uno de cada cinco estadounidenses vive en un hogar con dos o más generaciones adultas bajo un mismo techo; aproximadamente, el mismo porcentaje que en 1950.[15] El 72 por ciento de los norteamericanos viven en la ciudad en la que crecieron o cerca de ella.[16] Y, aun cuando ha aumentado el número de personas que aseguran que les gustaría mantener una relación de pareja no exclusiva,[17] solo entre el 4 y el 5 por ciento de los estadounidenses están en realidad en una relación no monógama consensuada.[18]

La versión de cuento del amor que desplegué para Radhi no era el amor que sustentaría nuestra relación. Cuentos de hadas, películas, canciones y leyendas no nos dicen cómo practicar el amor todos los días. Eso requiere aprender lo que significa el amor para los dos como individuos y desaprender lo que creíamos que significaba. De ahí que comparta mi historia imperfecta. No lo sé todo y no lo tengo todo calculado. Radhi me ha enseñado muchísimo acerca del amor y continúo aprendiendo con ella. Comparto todos los consejos de este libro contigo porque sé lo útiles que me habrían resultado a mí y lo útiles que me resultarán en el futuro. El amor no consiste en escenificar la pedida perfecta o crear una relación perfecta. Consiste en aprender a afrontar las imperfecciones inherentes a nosotros mismos, nuestros compañeros y la vida misma. Espero que este libro te ayude a conseguir justo eso.

PRIMERA PARTE

Soledad: Aprender a amarte a ti mismo

En el primer ashram, *Brahmacharya*, nos preparamos para el amor aprendiendo a estar solos y a mejorar nuestra próxima relación a partir de las pasadas. Solos, aprendemos a querernos y a comprendernos a nosotros mismos, a cuidarnos y a sanar nuestro propio dolor. Experimentamos el *atma prema*, el amor propio.[19]

Regla 1

Permítete estar solo

> Ojalá pudiera enseñarte, cuando te sientes
> solo o sumido en la oscuridad, la increíble
> luz de tu propio ser.[20]
>
> HAFIZ

Creo que estaremos todos de acuerdo en que nadie quiere estar solo. De hecho, muchas personas preferirían permanecer en una relación infeliz a la soltería. Si tecleas la frase «¿Encontraré el...» en un motor de búsqueda, este predice que la palabra siguiente que introducirás será «amor», porque «¿Encontraré el amor?» es la pregunta más popular que formula la gente acerca de su futuro.

Esta pregunta revela la inseguridad, el miedo, la ansiedad que experimentamos en torno a la soledad, y son estos mismos sentimientos los que nos impiden encontrar el amor. Investigadores de la Universidad de Toronto descubrieron a través de una serie de estudios que, cuando nos da miedo estar sin pareja, es más probable que nos conformemos con relaciones menos satisfactorias.[21] En concreto, es más probable que nos volvamos dependientes de nuestra pareja y tengamos menos probabilidades de romper con ella, incluso cuando la relación no cubra nuestras necesidades.

Una relación parece el antídoto evidente para la soledad. ¿No nos sentimos solos porque estamos solos? Sin embargo, el temor a sentirnos solos interfiere con nuestra capacidad para tomar buenas decisiones acerca de las relaciones. Mi cliente Leo llevaba cerca de un año saliendo con Isla cuando esta se mudó de Filadelfia a Austin por trabajo.

—Deberías hacer lo que sea mejor para ti —le dijo ella—. Quiero dejarlo claro. No estoy segura de hacia dónde va nuestra relación.

Él no estaba seguro al principio, pero, un mes después de que ella se marchase, se mudó a Austin.

—La mayoría de mis amigos mantenían alguna relación. Básicamente, me sentía soltero sin Isla y no quería sentirme solo, así que decidí irme con ella.

En lugar de barajar los pros y los contras de mudarse —¿cuáles eran sus perspectivas laborales? ¿Qué dejaba atrás en Philadelphia? ¿A quién conocía en Austin? ¿Le gustaba aquello? ¿Beneficiaría ese paso a su relación?—, Leo estaba centrado principalmente en evitar la soledad.

Un mes después de que se mudara, Isla puso fin a la relación. Leo se trasladó por ella para evitar sentirse solo, pero acabó teletrabajando desde una ciudad en la que no conocía a nadie y sintiéndose más solo que nunca.

¿Queremos escoger una relación basada en la inseguridad y la desesperación, o continuar con ella, o una basada en la alegría y la satisfacción? La soledad nos lleva a precipitarnos en las relaciones, nos hace quedarnos en las relaciones equivocadas y nos urge a conformarnos con menos de lo que merecemos. Debemos aprovechar el tiempo cuando estamos solteros o tomarnos tiempo a solas cuando estamos en pareja para comprendernos a nosotros mismos, nuestros gustos y nuestros valores. Cuando aprendemos a amarnos a nosotros mismos, desarrollamos compasión, empatía y paciencia. A continuación, podemos utilizar esas cualidades para amar a otra persona. De este modo, estar solos —no sentirnos solos, sino cómodos y seguros en situaciones en las que tomamos nuestras propias decisiones, seguimos nuestro propio camino y reflexionamos acerca de nuestra propia experiencia— es el primer paso para prepararnos para amar a otros.

MIEDO AL AISLAMIENTO

No es de extrañar que nos dé miedo estar solos. Nos han instruido para temerlo a lo largo de toda nuestra vida. ¿El niño que jugaba solo en el parque?, era un marginado. ¿El que celebraba una fiesta de cumpleaños a la que los niños guais no se presentaban?, se sentía impopular. No ser capaz de encontrar un acompañante para una boda nos hace sentirnos como perdedores. La aterradora perspectiva de sentarse solo a la hora de comer es un tema tan común en las películas sobre institutos que Steven Glasberg,[22] que aparecía brevemente en *Superbad*, ha acabado en el Urban Dictionary como «ese chaval que se sienta solo todos los días a comerse su postre». A fuerza de repetirlo, nos metieron en la cabeza que teníamos que ir a la fiesta de fin de curso en pareja, llenar nuestros anuarios de firmas, rodearnos de una cuadrilla de amigos. Estar solo significaba sentirse aislado. A la soledad se le ha adjudicado el papel de enemiga de la alegría, el crecimiento y el amor. Nos imaginamos varados en una isla, perdidos, confundidos e indefensos, como Tom Hanks en *Náufrago*, sin nadie con quien hablar, salvo un balón de voleibol llamado Wilson.[23] La soledad es el último recurso, un lugar que nadie quiere visitar, y mucho menos habitar.

En los tres años que viví como monje, pasé más tiempo a solas que en todo el resto de mi vida junto. Aunque éramos muchos monjes en el ashram, gran parte de nuestro tiempo transcurría en silencio y soledad, y desde luego no manteníamos relaciones románticas. El aislamiento emocional me permitió desarrollar y practicar habilidades a las que resulta más difícil acceder entre los placeres y las presiones de una relación. Por ejemplo, la primera vez que asistí a un retiro de meditación, me quedé horrorizado al enterarme de que no podía llevarme mi reproductor de MP3. La música era mi vida por aquel entonces y no ni me imaginaba qué iba a hacer durante los descansos si no podía escuchar música. Sin embargo, en ese retiro descubrí que me encantaba el silencio. Descubrí que no necesitaba nada para entretenerme. No me vi distraído por conversaciones, flirteos ni expectativas. No había música ni dispositivos que me saturaran la mente. Y nunca había estado tan presente y concentrado.

Si no has aprendido las lecciones de un ashram, la vida seguirá empujándote de vuelta a esa fase de la vida de un modo u otro. Muchas de las lecciones fundamentales de *Brahmacharya* se aprenden en soledad. Empecemos por calcular cuánto tiempo pasas solo y cómo te hace sentir. Tanto si estás en una relación como si no, el punto de partida es importante para comprobar si estás utilizando tu tiempo en soledad para comprenderte y prepararte para el amor.

HAZ LA PRUEBA: EVALUACIÓN EN SOLITARIO

1. Primero, a lo largo de una semana, lleva la cuenta del tiempo que pasas a solas. Esto significa sin compañía. No te entretengas con la televisión ni desplazándote de forma mecánica por la pantalla del móvil. Quiero que monitorices pasatiempos en solitario, como la lectura, caminar, meditar, hacer ejercicio o dedicarte a algún interés, como cocinar, visitar museos, coleccionar, construir o crear. No, el tiempo que pasas dormido no cuenta. En esta parte del ejercicio, no tienes que desvivirte para estar a solas. En este punto, solo queremos observar cuáles son tus hábitos.

   Junto al tiempo que pasas a solas, anota lo que has hecho y si te ha molestado hacerlo sin compañía. Es posible que disfrutes cocinando solo o quizá lo consideres un recuerdo doloroso de que cocinas para uno. Quizá duermas mejor en solitario o quizá te haga sentir aislado. Piensa en por qué estabas cómodo o incómodo. ¿Cuándo te sientes cómodo a solas? El objetivo de este ejercicio es ayudarte a llevar la cuenta de cómo pasas tu tiempo a solas antes de que desarrollemos tu práctica de estar solo.

TIEMPO	ACTIVIDAD	CÓMODO/ INCÓMODO	¿POR QUÉ?

2. Una vez que has calculado tu punto de partida en soledad, comienza una actividad nueva a solas cada semana, y quiero que escojas de forma deliberada a qué dedicas ese tiempo. Elige una actividad que rara vez o nunca hayas llevado a cabo en solitario.

   Ver una película, una actuación o un evento deportivo
   Visitar un museo

   $\longrightarrow$

←

Hacer una reserva para cenar para uno
Ir a un restaurante y no tocar el móvil
Salir a caminar
Celebrar tu cumpleaños
Disfrutar de unas buenas vacaciones
Ir a una fiesta
Aceptar una oportunidad de voluntariado individual
Tomar una clase magistral

Prueba esto cada semana durante el próximo mes. A lo largo de la actividad, presta atención a cómo reaccionas ante una situación nueva. Observa cualquier pensamiento intrusivo que te dificulte estar solo. Utiliza las preguntas que aparecen a continuación para reflexionar.

¿Cuánto tardas en sentirte cómodo?
¿Sería muy distinto si estuvieses con otra persona?
¿Eres más capaz de disfrutar solo?
¿Te gustaría que hubiese otra persona ahí contigo?
¿Te cuesta saber qué hacer a solas?
¿Tu opinión sobre la actividad se vería influida por la reacción de un acompañante?
¿Sientes la tentación de distraerte u ocupar la mente con el móvil, la televisión o pódcast? (Dependiendo de la actividad)
¿Qué te gusta de la experiencia?
¿Cuáles son los pros y los contras de estar solo?

Si no puedes salir a cenar solo sin sentirte incómodo, ¿qué necesitarías para sentirte más cómodo? Podrías descubrir que te apetece llevar un libro o un trabajo porque te hace sentir concentrado o productivo. Mantener una conversación breve y amigable con el camarero podría ser lo único que te hace falta para empezar a cenar solo con buen pie.

Si ves una película en solitario y echas de menos compartir la experiencia con alguien, busca un nuevo modo de expresarte.

→

←——

Escribe una entrada de blog, una crítica online o una entrada de diario sobre la película. Lo mismo se aplica si tomas una clase. ¿Has aprendido de ella? ¿Qué te ha gustado? ¿Qué habrías cambiado? Graba una nota de voz diciéndote a ti mismo cómo te ha hecho sentir la experiencia. Resulta agradable intercambiar opiniones con alguien acerca de una película, clase o conferencia, pero, cuando asistes solo, desarrollas tus ideas y opiniones sin la influencia del gusto de otra persona.

Si no estás acostumbrado a salir a caminar solo, ponte una meta divertida, sin presión. Podría ser un objetivo físico, como tu mejor tiempo en la caminata, o podría consistir en encontrar algo que te llame la atención y llevártelo a casa. Podrías salir con el objetivo de tomar una foto que te encante (que puedes guardar para ti o publicar en redes sociales).

El propósito de esta evaluación en solitario es sentirte más cómodo en tu propia piel. Vas conociendo tus preferencias sin decantarte por las prioridades y objetivos de otras personas. Estás aprendiendo a conversar contigo mismo.

LA SOLEDAD ES EL ANTÍDOTO PARA EL AISLAMIENTO

Paul Tillich dijo: «El lenguaje ha creado la palabra "aislamiento" para expresar el dolor de sentirse solo.[24] Ha creado la palabra "soledad" para expresar la gloria de estar solo».

La diferencia entre estar solo y sentirse solo está en la lente a través de la cual miramos nuestro tiempo a solas y cómo utilizamos dicho tiempo. La lente del aislamiento nos hace inseguros y proclives a tomar malas decisiones. La lente de la soledad nos vuelve abiertos y curiosos. Como tal, la soledad es la base sobre la que construimos nuestro amor.

La soledad no es un fracaso en el amor. Es su comienzo.

Durante el tiempo que pasamos sin cómplice, nos movemos por el mundo de un modo distinto, más atentos a nosotros mismos y a lo que nos rodea. En un estudio, los investigadores entregaron a más de quinientos visitantes de un museo de arte un guante especial que informaba de sus patrones de movimiento junto con datos fisiológicos como su frecuencia cardiaca.[25] Los datos mostraban que, cuando la gente no estaba distraída charlando con algún acompañante, en realidad tenía una respuesta emocional más fuerte al arte. Como concluyeron los investigadores, los que estaban solos fueron capaces de «adentrarse en la exposición con "todos los sentidos aguzados" en mayor grado».

Los participantes también cumplimentaron una encuesta antes y después de la visita. En última instancia, los que fueron a la exposición en grupo describieron su experiencia como algo que incitaba menos a pensar y resultaba menos estimulante emocionalmente que los que fueron solos. Por supuesto, no hay nada de malo en charlar y desatender un poco el arte, pero piensa en la inspiración que se perdieron esos visitantes al museo. Luego aplica eso a la vida en general. Cuando nos rodeamos de otras personas, no solo nos perdemos los detalles más sutiles de una exposición. Dejamos pasar la oportunidad de reflexionar y comprendernos mejor a nosotros mismos.

De hecho, hay estudios que demuestran que, si nunca nos permitimos aislarnos, sencillamente nos cuesta aprender más. En *Fluir: Una psicología de la felicidad*, Mihaly Csikszentmihalyi escribe: «Nuestra investigación actual con adolescentes con talento muestra que muchos no consiguen desarrollar sus habilidades no porque tengan déficits cognitivos, sino porque no soportan estar solos».[26] Su investigación descubrió que los jóvenes tenían menos probabilidades de desarrollar talentos creativos como tocar un instrumento o escribir porque la práctica más efectiva de estas habilidades a menudo se lleva a cabo en solitario.[27]

Como esos adolescentes con talento, cuando evitamos la soledad, nos cuesta desarrollar nuestras habilidades.

EL CAMINO DEL AISLAMIENTO A LA SOLEDAD

Por sí sola, la soledad no nos proporciona las habilidades que necesitamos para las relaciones. No puedes decidir que vas a utilizar la soledad para encontrarte a ti mismo y hacerlo sin más. Pero, si nos servimos de ella para llegar a conocernos a nosotros mismos, nos preparará para el amor en múltiples aspectos. Recuerda: en una relación sana, gestionas mejor la intersección de dos vidas si ya conoces tu propia personalidad, valores y metas. Así pues, a medida que abandonemos nuestro aislamiento e iniciemos un uso productivo de la soledad, exploraremos nuestra personalidad, valores y metas. Hay tres etapas en el camino: presencia, incomodidad y seguridad.

Presencia

El primer paso para dar un buen uso a tu soledad es estar presente contigo mismo. Incluso cuando no nos encontramos con otras personas, a menudo estamos ocupados, distraídos y distantes con respecto a nuestra propia vida. Cuando prestamos atención a cómo nos sentimos y qué decisiones tomamos, descubrimos lo que priorizamos en la vida, nuestros valores. Esos valores determinan nuestra toma de decisiones. Estar presente y observar tus valores te proporciona una idea de quién eres, y tienes la opción de decidir si esa es la persona que quieres ser. Pasas más tiempo contigo mismo que con nadie más en toda tu vida. Tómate tu tiempo para apreciar tus puntos fuertes y reconoce las áreas en las que necesitas trabajar. Después, cuando inicies una relación con otra persona, ya tendrás una idea de lo que vas a aportar y en qué podrías mejorar. No pensamos en la importancia de aportar autoconocimiento a una relación, conocerse significa que puedes moderar tus puntos débiles y desarrollar los fuertes.

HAZ LA PRUEBA: CONOCE TUS VALORES

Observa las decisiones que tomas en distintos ámbitos de tu vida. ¿Están vinculadas a tus valores o son hábitos que quizá te gustaría cambiar? Te doy opciones para describir tu actitud hacia cada elemento a continuación, pero, si ninguna parece ajustarse a ti, anota lo que lo haga. Cuanto más específico sea tu autoconocimiento, más puedes afinar lo que te gusta de ti mismo y mejorar las áreas en las que preferirías cambiar.

→

←——

ELECCIONES DE TIEMPO
Redes sociales: Me gusta documentar mi vida para mis amigos / Las redes sociales no son lo mío; me gusta estar presente aquí y ahora
Fines de semana/viajes: Quiero ver mundo / Cuando tengo tiempo libre, solo quiero o necesito relajarme
Noche de cita: Me gusta quedarme en casa y cocinar / Me encanta salir por el centro
Televisión: Veo algo cada noche / Escojo los programas con cabeza y solo sigo lo que me encanta
Puntualidad: Siempre llego puntual / A menudo llego tarde
Organización: Llevo una agenda y me ciño a mis planes / No me gusta verme atrapado en compromisos

HÁBITOS
Organización: Lo mantengo todo en orden, las facturas pagadas / Ojalá fuese más organizado de lo que soy
Ejercicio: Me gusta estar activo o lo hago por salud / Me cuesta motivarme
Comida: Como de forma saludable o lo intento / La vida es corta, así que como lo que me sabe bien
Sueño: Me gusta dormir hasta tarde si puedo / Soy madrugador

DINERO
Gastos discrecionales: Me concentro en ahorrar para el futuro / Me gasto lo que tengo
Vacaciones: Derrocho en viajes / Viajo con un presupuesto ajustado
Hogar, ropa, coche: Me gustan las cosas sencillas / Me gustan las cosas buenas
Compras: Compro de manera espontánea / Pienso detenidamente en lo que compro

——→

INTERACCIÓN SOCIAL

Amigos: Me gusta pasar tiempo con mucha gente / Prefiero ver a mis amigos de uno en uno o estar solo (si es esto último, ¡has llegado a la regla correcta!)

Familia: Veo a mi familia todo lo que puedo / Solo veo a mi familia cuando tengo que hacerlo

Conversación: Me gusta hablar de todo tipo de temas en detalle / Soy de pocas palabras

---

Una vez que conoces tus valores, puedes asegurarte de que tu pareja los respeta. Si no se respetan los valores del otro, cuesta más comprender sus elecciones y decisiones, lo cual puede generar confusión y conflicto. Si no compartís valores, no tienes que discutir por ellos ni defenderlos, sino que debes conocer los tuyos para respetarte a ti mismo, conocer los del otro para respetarlo, y viceversa.

Incomodidad

Si no estás acostumbrado a pasar tiempo solo, es posible que al principio te resulte extraño e incómodo. Puede que te cueste quedarte a solas con tus pensamientos. Podrías tener la sensación de que no consigues nada o que no sabes qué hacer. Quizá sientas que no obtienes ningún beneficio evidente.

Para acostumbrarnos a la sensación de estar solos, debemos desafiarnos a nosotros mismos, primero con los pequeños pasos que he descrito en el apartado anterior, pero también de modos más amplios e inmersivos.

HAZ LA PRUEBA: APROVECHA TU TIEMPO A SOLAS

¿Hay algo nuevo que quieras probar? Aquí tienes tres formas distintas de pasar tu tiempo a solas y aprovecharlo para llegar a conocerte mejor. Escoge la opción de abajo que más te atraiga —porque parte de esto consiste en descubrir tus propias preferencias— o plantea la tuya.

1. Comprométete con una nueva destreza que te llevará semanas, meses o más tiempo desarrollar. Toma esas clases de canto que siempre has querido, aprende a patinar o únete a las masas de la cuarentena y aprende por fin a hornear masa madre. ¿Qué te ha llevado a esa destreza? ¿Qué te ha hecho esperar hasta ahora para dedicarte a ella? ¿Encaja con tu imagen de quién eres y quién quieres ser? No importa si trabajas con un profesor, como uno de música, si te lanzas con un nuevo instrumento. El objetivo es que crees la oportunidad de reflexionar en soledad acerca de lo que la nueva actividad te enseña sobre ti mismo.

2. Viaja solo. Aprende acerca de ti mismo mientras planeas un viaje de fin de semana que harás solo. Enseguida descubrirás lo independiente que eres. Esta es una actividad fantástica, en especial si te da miedo estar solo.

Eres...:

Indeciso / decidido
De los que viaja ligero de equipaje / con mucho equipaje
Sosegado / activo
Contento / aburrido
Ordenado / desordenado
Organizado / espontáneo

→

←

¿Mantienes conversaciones mentales o tu experiencia interna
es silenciosa?

¿Eres decidido o cuestionas tus elecciones?

¿Te sientes cohibido o seguro?

¿Qué aspectos del viaje te atraen más?

¿Adónde te gustaría ir a continuación?

3. Acepta un empleo en el que no tengas ninguna experiencia.
Resulta difícil de gestionar si trabajas a jornada completa,
pero, si puedes, prueba una nueva forma de trabajo. Colabora
como voluntario en una biblioteca; ofrécete como conductor
de un vehículo compartido; atiende mesas; haz de profesor o
canguro. Que quede claro: muchas de estas opciones implican
interactuar con otras personas, pero la idea es que las escojas
solo, te embarques en ellas solo y reflexiones acerca de la experiencia solo.

¿Qué aspectos de ti mismo son consistentes con independencia de lo que hagas?

¿Qué descubres de ti mismo?

¿Se trata de un trabajo que despertaba tu curiosidad o lo más
relevante es el dinero extra?

¿Te gusta interactuar con gente o trabajar de manera independiente?

¿Prefieres que te den instrucciones claras o buscar tu propio
camino?

¿Es más probable que pidas permiso o perdón?

¿El trabajo te estimula o te agota?

¿Te gustaría expandir esta nueva oportunidad en tu vida?

Saber más acerca de nosotros mismos y lo que disfrutamos nos ayuda a sentirnos cómodos en soledad. Estaremos más dispuestos a dedicar tiempo a nuestros intereses sin necesidad de la red de seguridad de un compañero. Las actividades que escoges y lo que aprendes de ti mismo con dichas actividades expandirá tu conciencia de ti mismo y te ayudará a aprovechar al máximo el tiempo que pasas solo.

Seguridad en ti mismo

Una vez que estamos cómodos en soledad, podemos trabajar en la seguridad en nosotros mismos, entendiéndola como el sentimiento de confianza que surge de la apreciación de nuestras propias habilidades o cualidades.[28] La seguridad en uno mismo es importante en una relación porque nos ayuda a hablar con la persona que nos gusta sin buscar su aprobación ni que nuestra autoestima dependa de su reacción. Cuando no pretendemos que validen nuestros gustos y elecciones, podemos apreciar sus palabras amables sin que estas nos confundan o nos distraigan.

A veces, la falta de seguridad nos hace creer que no somos dignos de ser amados. Eres digno de ser amado, te lo prometo. Pero que yo te lo diga no te ayuda a sentirlo. Desarrollamos la confianza en nosotros mismos sacando tiempo para las cosas que nos importan. Si hay aspectos de nosotros mismos que no nos gustan, deberíamos hacer algo para cambiarlos. Tenemos donde elegir: podemos cambiar nuestra actitud o cambiar lo que no nos gusta. Debemos acostumbrarnos a analizarnos y esforzarnos para mejorar nuestras propias vidas.

Cuando la mayoría de la gente se pone metas, lo hace en torno a logros externos. Quiere ser económicamente libre o comprar una casa. Pero las metas que desarrollaremos en el ejercicio siguiente se centran en el crecimiento, no en el logro. Conocer nuestros objetivos nos ayuda a prepararnos para el amor. Después, cuando surjan en una conversación con una pareja potencial, puedes explicar por qué son importantes para ti. Cabe que la otra persona se muestre comprensiva, desdeñosa o neutral. Si no se da cuenta, puedes señalárselo diciendo: «En realidad es una meta importante para mí y te explicaré por qué». Querrás una pareja que no solo respete tus metas, sino *por qué* son tus metas.

En una relación, recuerda que, hasta que seas consecuente con tus objetivos, tu pareja no sabrá que son realmente importantes para ti. A veces, tienes que empezar a actuar para que lo comprenda. En cualquier caso, si no sabemos cuáles son nuestras propias metas, no tenemos forma de saber hasta qué punto confluyen con las de otra persona.

HAZ LA PRUEBA: IDENTIFICA TU ÁREA DE MAYOR CRECIMIENTO

Dediquemos una mirada exhaustiva a tu vida contemplando estas cinco áreas: el yo, la económica, la mental/emocional, la salud y las relaciones. Escoge la respuesta que más se acerque a definir tu relación con estos aspectos de tu vida. Cuando hayas rellenado el cuestionario, observa dónde estás y piensa en dónde quieres estar. ¿Cuál es el área en la que más quieres crecer?

1. Personalidad
   a. No me gusto.
   b. Me gusto cuando gusto a otras personas.
   c. Me valoro a mí mismo a pesar de mis defectos y trabajo para mejorar.

☐ CONFORME CON MI SITUACIÓN   ☐ QUIERO CAMBIAR

⟶

2. Salud emocional
   a. A menudo me siento ansioso y agitado.
   b. Dejo de lado mis emociones para hacer cosas.
   c. Comprendo mis emociones y trato de trabajar en ellas.

   ☐ CONFORME CON MI SITUACIÓN   ☐ QUIERO CAMBIAR

3. Salud física
   a. Hago caso omiso de mi cuerpo o no me gusta.
   b. Trabajo de forma activa en mi cuerpo porque me importa tener buen aspecto o mejorarlo.
   c. Me cuido y me siento agradecido hacia mi cuerpo.

   ☐ CONFORME CON MI SITUACIÓN   ☐ QUIERO CAMBIAR

4. Relaciones
   a. Me siento inseguro acerca de algunas de mis relaciones.
   b. Dependo de mis relaciones para ser feliz.
   c. Invierto en mis relaciones para ayudarlas a crecer.

   ☐ CONFORME CON MI SITUACIÓN   ☐ QUIERO CAMBIAR

5. Dinero
   a. Pensar en dinero me produce preocupación y angustia.
   b. Pensar en dinero me produce emoción y ambición. Envidio a la gente que tiene más dinero que yo.
   c. Pensar en dinero me hace sentir satisfecho. En todo caso, quiero dar más.

   ☐ CONFORME CON MI SITUACIÓN   ☐ QUIERO CAMBIAR

Pongamos que el área de mayor crecimiento que has identificado es la económica. Gastas demasiado y siempre ha sido un problema. Tomar medidas en este aspecto es algo en lo que concentrarte cuando pasas tiempo a solas. Podría escribir un libro entero acerca de desarrollar y alcanzar tus objetivos, pero una buena forma de empezar es desarrollar un plan de crecimiento utilizando las tres C de la transformación:

LAS TRES C DE LA TRANSFORMACIÓN

1. *Coaching.* Vivimos en un mundo en el que resulta fácil acceder a los expertos y a la información online. Comienza por buscar recursos ampliamente disponibles para ayudarte con este tema. Encuentra un libro, un pódcast, un curso, un amigo, un profesional, una charla TED, una clase magistral o un vídeo online que te ayude. Descubrirás que la mayoría de estos recursos te ayudarán a segmentar tu meta en pasos más pequeños y alcanzables, lo que te permitirá abordar un reto que en otro tiempo parecía insuperable.

2. Consistencia. Utiliza la información que has reunido para elaborar un plan con el fin de abordar el asunto de un modo continuo. Establece una meta para finales de año. Esta meta debería estar vinculada a acciones, no a un logro. Es decir, tu objetivo no debería ser ganar un millón de euros. Debería ser comprometerte a realizar esfuerzos continuos que te ayudarán a crecer en esta área.

3. Comunidad. Busca una comunidad que pueda ayudar a respaldar tus esfuerzos. Hay grupos de apoyo tanto online como locales para cualquier cosa que se te ocurra. Encuentra

← uno con una mezcla de gente en la misma situación que tú, gente en proceso de hacer cambios y gente con cierto éxito transformando sus vidas del modo en que tú deseas. Decide si prefieres una comunidad que sea motivadora, informativa o una mezcla de las dos. ¿Quién sabe? Tal vez conozcas a tu futura pareja allí.

Hay estudios que demuestran que una alta autoestima no solo genera una vida laboral más satisfactoria y una mejor salud física y psicológica, sino que también predice relaciones románticas más gratificantes. Puede que te preguntes: «¿No será al contrario? ¿No reforzaría mi autoestima tener una gran relación?». Es posible, pero la investigación apunta en otra dirección.[29] De hecho, cuando la gente con una autoestima alta tenía una relación que no funcionó, su autoestima no se vio afectada.[30] No veían el nivel de felicidad de su relación como un reflejo directo de su autoestima.[31]

LAS RECOMPENSAS DE LA SOLEDAD

Una vez que has empezado a pasar tiempo productivo en soledad, comienzas a conocer tu propia personalidad, valores y metas. Durante este proceso, desarrollas cualidades que te preparan para el amor en cada fase de una relación de distintas maneras.

Una sola mente

Desarrollamos la capacidad para ver y conocernos a nosotros mismos sin la influencia de otra mente. Frida Kahlo declaró:

«Pinto autorretratos porque estoy sola muy a menudo».[32] ¿Qué es un autorretrato sino un estudio de uno mismo, un intento de retratar visualmente el autoconocimiento? La soledad nos permite comprender nuestra propia complejidad. Nos convertimos en estudiantes de nosotros mismos.

En su primer apartamento, mi amiga Mari y su compañera de piso tenían un problema ocasional con unas cucarachas enormes.

—Yo no lo soportaba, en absoluto —confesó Mari—. Por suerte, mi compañera de piso, Yvonne, era una matacucarachas magnífica. Si llegaba a casa y me encontraba una, me limitaba a salir a tomar algo y a esperar a Yvonne.

Pero entonces Yvonne se fue un fin de semana, y el viernes —el primer día de su fin de semana sola— Mari llegó y se encontró una cucaracha en su habitación. Encima de la almohada.

—Entré en pánico y llamé a Yvonne. Me dijo que la aplastara. Así que me senté allí y me quedé mirando a la cucaracha durante largo rato. Pensé en lo injusto que era que la odiase tanto teniendo en cuenta que me encantan las mariposas. Y entonces abrí la ventana y utilicé una escoba para hacerla salir con suavidad al mundo.

Fue un suceso pequeño, con una criatura pequeña, pero Mari descubrió algo de sí misma que nunca habría descubierto de haber continuado dejando que Yvonne se encargara del problema por ella. Cuando estamos solos, dependemos completamente de nosotros mismos, averiguamos lo que nos importa y descubrimos quiénes somos. Aprendemos a afrontar los desafíos solos. Por supuesto, podemos aceptar la ayuda si se presenta, pero no la esperamos ni dependemos de ella.

Como puede que recuerdes si leíste mi primer libro, *Piensa como un monje*, uno de los textos a los que hago referencia con mayor frecuencia es el Bhagavad Gita. Parte del *Mahabharata*, escrito hace casi tres mil años, es un diálogo entre un guerrero, Arjuna, y el dios Krishna la víspera de la batalla. Quizá dé la impresión de que no puede aportar mucho a la humanidad moderna, pero el Bhagavad Gita es lo más parecido a un libro de autoayuda que tienen los Vedas. En él, Krishna dice: «Las sensaciones son tan intensas e impetuosas, oh, Arjuna, que por fuerza transportan la mente incluso de un hombre de discernimiento que se esfuerza en controlarlas».[33] En otras palabras, si no tenemos cuidado, podemos vernos atraídos hacia algo superficial o poco auténtico. Debemos prepararnos para no quedar prendados de la persona más atractiva ni confiar en ella al instante, olvidando que ni la conocemos ni la entendemos.

La soledad nos ayuda a dominar los sentidos —la mente—, porque en soledad no lidiamos más que con una mente, un conjunto de pensamientos. En la actualidad, nuestros sentidos se ven sobrestimulados de manera constante, no solo por la gente, sino por toda la información sin filtros que nos bombardea. Todo compite por nuestra atención, y en medio del ruido no hay forma de distinguir lo que importa. Dicen que el amor es ciego porque nos vemos abrumados por tal estimulación sensorial que no acertamos a ver con claridad. Los sentidos nos atraen hacia lo más nuevo, lo más bonito y brillante, sin darnos la oportunidad de reflexionar antes de tomar decisiones.

Nuestros sentidos no toman las mejores decisiones. El Bhagavad Gita dice: «Del mismo modo que un fuerte viento se lleva una barca por el agua, incluso una sola de las sensaciones errantes en las que se concentra la mente puede llevarse la inteligencia de un hombre».[34] No hay nada de malo en la atracción, pero nos dejamos arrastrar fácilmente por lo que llama la atención, sienta bien o suena bien. En soledad, aprendemos a abrir espacio entre la estimulación sensorial y la toma de decisiones.

Si buscamos constantemente el amor y nos centramos constantemente en nuestra pareja, nos veremos distraídos de la labor vital de comprendernos a nosotros mismos. Si no nos comprendemos, corremos el riesgo de asimilar los gustos y los valores de nuestra pareja. Su visión se convierte en nuestra visión. Podríamos decidir adoptar la visión de alguien porque lo admiramos —podría ser un cocinero cuyas enseñanzas aceptamos agradecidos—, pero no queremos amoldarnos a otra persona por el mero hecho de no conocernos a nosotros mismos. He tenido demasiados clientes que no se dan cuenta hasta que llevan veinte años en una relación de que han perdido el contacto consigo mismos porque han subordinado quiénes son. Podemos integrar los gustos del otro con seguridad y autonomía si aportamos los nuestros a la relación.

A través de elecciones que hacemos en soledad, establecemos cómo queremos vivir, amar y ser amados. Con el espacio para escribir nuestro relato desde nuestro propio punto de vista, poco a poco superamos la influencia de películas, libros, el modelo de nuestros padres o cuidadores o los deseos de una pareja. Aclaramos nuestra visión del amor. **La soledad te ayuda a reconocer que hay un _tú_ antes, un _tú_ durante y un _tú_ después de cada relación, por lo que forjas tu propio camino, aun cuando tienes compañía y amor.**

Entonces, cuando nuestro relato confluye con el de otra persona, no hacemos elecciones basadas en el encaprichamiento ni seguimos la visión del amor del otro ni dejamos pasivamente que las cosas sigan su curso sin saber qué queremos. En lugar de eso, expresamos de manera gradual el patrón que hemos desarrollado para ver cómo encaja con el suyo. Y, cuando volvemos a estar en soledad, reflexionamos y evolucionamos.

Autocontrol y paciencia

Dos de las habilidades fundamentales que aprendemos en soledad son el autocontrol y la paciencia. Están conectadas, porque, cuanto más mejoramos nuestro autocontrol, más pacientes podemos ser. Sin esas dos habilidades, tendemos a seguir nuestras sensaciones y lo que quiera que nos atraiga.

El autocontrol es el tiempo y el espacio que creas entre el momento en que te sientes atraído por algo y el momento en que reaccionas a ello. El maestro budista Rigdzin Shikpo escribe: «El deseo es algo que proyectamos al exterior, hacia otra persona u objeto. Pensamos que existe de forma externa, en nuestro objeto de deseo. Pero el deseo en realidad yace en nuestro cuerpo y en nuestra mente, razón por la cual nos identificamos con él a través de las sensaciones que nos produce».[35] Cuando logramos separar nuestro propio deseo de la persona a la que deseamos, comenzamos a sentirnos menos presionados por él y podemos dar un paso atrás y valorarlo desde una posición más alejada y menos acuciante. En lugar de dejarte guiar por tus sensaciones, el espacio que creas te proporciona la contención necesaria para asegurarte de que la reacción se ajuste a quien quieres ser. Esa habilidad para contenerte —para crear espacio— se ve magnificada por el autoconocimiento.

La soledad nos concede tiempo y espacio entre la atracción y la reacción. Nos preguntamos a nosotros mismos: «¿Esto es realmente sano para mí? ¿Me beneficiará? ¿Es bueno para mí a largo plazo?». Desarrollamos el autocontrol para detenernos a formularnos estas preguntas, y la paciencia para tomarnos nuestro tiempo contestándolas. Aprendemos la diferencia entre lo que sienta bien y lo que nos nutre. A menudo, si algo es saludable para nosotros, parece duro antes, pero mejora después. El ejemplo más claro es el ejercicio, aunque se extiende a decisiones más complejas, como dedicar un sábado a ayudar a un amigo con la mudanza o romper una relación que sabes que no funciona. Y que lo que no es saludable para nosotros parece estupendo antes, pero no acaba bien. Piensa en lo estupenda que te parece la idea de comerte un gran pedazo de tarta de chocolate antes de hacerlo, pero en el fondo no es bueno para ti. Lo mismo se aplica a decisiones más importantes, como llevar a una boda a alguien con quien sales porque no quieres estar solo incluso cuando sabes que se hará una idea equivocada.

Un yo completo

Nos han instruido para buscar a nuestra «media naranja» o a alguien que nos «complete». ¿Significa que estamos incompletos sin una pareja? Aunque estas expresiones se utilizan a la ligera, nos predisponen a una dependencia de otra persona imposible de colmar. Miramos a nuestra pareja y, en esencia, decimos: «Me aburro, entretenme. Estoy cansado, dame energías. Estoy frustrado, consuélame. Soy infeliz, anímame». Tratamos a nuestras parejas como si fueran ibuprofeno humano, recurriendo a ellas en busca de alivio instantáneo.

No constituye un error absoluto esperar esto. Los miembros de una pareja se regulan el uno al otro: los cambios en tu cuerpo producen cambios en su cuerpo, y viceversa. La neurocientífica Lisa Feldman Barrett escribe: «Cuando estás con alguien que te importa, es posible que vuestra respiración se sincronice, al igual que el latido de vuestros corazones».[36] Esta conexión empieza cuando eres un bebé —tu cuerpo aprende a sincronizar sus propios ritmos, haciendo que coincidan primero con los de la persona que te cuida— y continúa hasta la edad adulta. Pero, como señala Barrett, «lo mejor para tu sistema nervioso es otro ser humano. Lo peor para tu sistema nervioso es otro ser humano». Sincronizarnos con otras personas puede proporcionarnos acceso a sus vibraciones malas además de a las buenas. Por eso necesitamos regularnos, reconfortarnos, tranquilizarnos o animarnos nosotros mismos. Si siempre recurrimos a otros para que nos ayuden a calibrar nuestros sentimientos, seguiremos más como ese niño que es incapaz de calmarse y depender de sí mismo. Cuando estás triste, si tienes suerte, tu pareja sabrá cómo hacerte sentir mejor. La gente puede ayudarte y lo hará, y eso sienta bien, pero quizá no sea lo que necesitas. Si alguien nos asegura que todo irá bien, resulta agradable escucharlo y recibir su amor y su apoyo, pero lo que quizá necesitemos realmente es tiempo a solas para descubrir cómo mejorar nuestra situación.

En soledad, practicamos proporcionándonos lo que necesitamos antes de esperarlo de otra persona. ¿Eres amable contigo mismo? ¿Eres sincero contigo mismo? ¿Estás emocionalmente disponible para ti mismo? ¿Apoyas tus propios esfuerzos? No tienes que contestar a estas preguntas de inmediato. Cuanto más tiempo pases en soledad, mejor sabrás cómo contestar. La gente decide cómo tratarnos en gran medida al observar cómo nos tratamos nosotros. La forma en que hablas de ti mismo afecta a cómo hablará la gente contigo. La forma en que permites que te hablen refuerza lo que la gente piensa que mereces.

Una relación con otra persona no curará tu relación contigo mismo. Terapia, amistades y una pareja es posible que nos ayuden a abordar las fuentes de nuestra tristeza y a comprenderlas, pero mucha gente sigue sintiendo que su pareja no la comprende. Nuestra cultura a menudo nos alienta a trasladar a otra persona la responsabilidad de desentrañar nuestros sentimientos. Esperamos que dicha persona entienda nuestras emociones aun cuando ni nosotros mismos lo hacemos. Otros pueden ayudarte, pero, si no intentas comprenderte tú, nadie puede hacerlo por ti. Todos hemos tenido el típico amigo que nos dice «Tienes razón, tienes razón, tienes razón», pero sabes que no va a seguir tu consejo. Necesita hacer el trabajo solo. Esperar que una pareja solucione tus problemas es como intentar que alguien redacte un trabajo por ti. Tienes que ir a clase, estudiarte el material y redactarlo personalmente o no habrás aprendido nada. Podrías pensar: «Genial, ¿dónde está esa clase en la que me enseñarán a llevar una vida plena? ¡Me apunto!». Pero ya estás en esa clase. Para eso está la soledad. Cuando llegas a una relación como una persona completa, sin buscar a alguien que te complete o sea tu media naranja, puedes conectar y amar de verdad. Sabes cómo quieres pasar tu tiempo, lo que te importa y cómo te gustaría crecer. Tienes el autocontrol para esperar a alguien con quien puedas ser feliz o la paciencia para valorar a alguien con quien ya estás. Reconoces tu capacidad para aportar valor a la vida de otra persona. Con esta base, estás listo para dar amor sin dependencia ni miedo.

Por supuesto, las relaciones nos sanan a través de la conexión, pero te estás concediendo ventaja al aprovechar al máximo el tiempo que pasas en soledad. **Quieres compartir viaje con alguien, no que ese alguien sea tu viaje.**

Esta etapa de la vida está diseñada para ayudarnos a aprender cómo querernos a nosotros mismos. Si no asimilas las lecciones del primer ashram del amor, entonces no sabrás lo amable que eres y lo que tienes que ofrecer. Se trata de una práctica diaria en la que nos preparamos para estar en una relación sin dejar de sernos fieles a nosotros mismos. Es una de las reglas más duras de este libro, y la más importante.

Cualquier paso dirigido a conocerte a ti mismo en soledad te ayudará a amar a otros, porque, además de saber lo que aportas a una relación, el *proceso* mismo de aprender a comprenderte y a quererte a ti mismo te ayuda a entender el esfuerzo que requiere amar a otra persona. El trabajo que nos ha llevado entendernos nos enseña que, incluso cuando estamos con alguien que nos importa, nos costará comprenderlo. Quizá la lección más importante que ofrece la soledad consiste en ayudarnos a asimilar nuestra propia imperfección. Esto nos prepara para amar a otra persona, con toda su belleza e imperfección.

Regla 2

Presta atención a tu karma

> Que no te guíen otros, despierta tu propia
> mente, atesora tu propia experiencia y elige
> tu propio camino.[37]
>
> ATHARVAVEDA

Cuando Jonny y Emmett se conocieron, en un retiro empresarial, Emmett sintió una conexión instantánea. «Fue lo más natural del mundo —me explicó—. Al cabo de unas citas, estábamos pasando todos los fines de semana juntos. Me dijo que me quería». Sin embargo, al cabo de tres meses juntos, Jonny rompió con él. «Es la tercera vez que alguien me dice que no puede "darme lo que quiero". Pero ¡lo único que quiero es una relación seria! Solo tengo mal karma en las relaciones», me dijo. Tenía razón, en cierto modo, pero el karma no significa lo que ni Emmett ni la mayoría de la gente piensa. El karma es la ley de causa y efecto. Toda acción produce una reacción. En otras palabras, el karma hace que tus decisiones actuales, buenas y malas, determinen tu experiencia futura. La gente piensa que el karma significa que, si haces algo malo, te ocurrirán cosas malas, como que alguien rompa contigo porque tú rompiste con otra persona. Pero no es así como funciona. El karma está más relacionado con la actitud con la que tomamos una decisión.

Si hacemos una elección o actuamos, ya sea con verdadera comprensión o sin ella, recibimos una reacción basada en dicha elección. Si le ocultas a tu pareja que vas a una fiesta y luego allí te topas con su mejor amigo, que le dice a tu pareja que te ha visto, y tu pareja se molesta, eso es karma en acción. Hiciste una elección y tienes que vivir con las consecuencias. El castigo y la recompensa no son el propósito del karma. Más bien, el karma está intentando enseñarte; en este caso, transparencia y honestidad. No quiero que atribuyas todas las cosas buenas y malas de tu vida o del mundo al karma. No es productivo. El karma es más útil como herramienta que como explicación. Te permite utilizar tus experiencias pasadas para elegir mejor ahora.

EL CICLO DEL KARMA

El karma empieza con una impresión. Desde el momento en que nacemos, deciden por nosotros. Estamos rodeados de información y experiencias que nos moldean: nuestro entorno, nuestros padres, nuestros amigos, nuestra educación y nuestra formación religiosa. No escogemos estas influencias, pero observamos y absorbemos sus mensajes. *Samskara* es la palabra en sánscrito para «impresión», y cuando somos jóvenes recogemos *samskaras*.[38] Las impresiones de estas experiencias influyen en nuestro pensamiento, comportamiento y respuestas. A medida que una impresión cobra fuerza, comienza a dar forma a nuestras decisiones. Si creciste echándote la leche en un cuenco y después añadías los cereales, eso se convierte en tu norma. Luego te mudas y tienes un compañero de piso que te dice que lo estás haciendo mal, que tiene mucho más sentido poner los cereales antes de añadir la leche. Ahora tienes donde elegir. ¿Te quedarás con la impresión que asimilaste de niño o probarás una nueva manera? A medida que nos hacemos mayores, adquirimos la inteligencia para controlar nuestras impresiones escogiendo lo que vemos y a quién escuchamos. También tenemos la oportunidad de revisar, corregir y desaprender impresiones pasadas.

En la juventud, eligen por ti.

Esas elecciones se convierten en impresiones.

Como adulto, utilizas estas impresiones para hacer tus propias elecciones.

Dichas elecciones generan un efecto, una consecuencia o una reacción.

Si estás satisfecho con la consecuencia, es probable que no cambies tu impresión.

Pero, si no te gusta la consecuencia, tienes la posibilidad de revisar la impresión y decidir si te desvió del camino correcto. De ser así, puedes romper el ciclo formándote una nueva impresión, que te conduce a una nueva elección, de la cual, a su vez, obtienes una nueva reacción.

Este es el ciclo del karma.[39]

CICLO KÁRMICO

Se genera un efecto

Se genera un nuevo efecto...

Tomar una decisión

Impresión

Nueva elección

Nueva impresión

Feliz: sigues adelante

Infeliz: te formas una nueva impresión

Se supone que debemos aprender de nuestro karma, utilizarlo para conformar nuestra toma de decisiones, pero no resulta fácil. La vida es ajetreada y pensamos que debemos aceptar lo que hemos aprendido porque así son las cosas. Pero, tanto en el amor como con los cereales, nuestros *samskaras* pueden extraviarnos.

El karma y las relaciones

Tuve una clienta cuyo exnovio la marcó. Era sumamente ambicioso y estaba intentando afianzarse en una nueva carrera. A ella le gustaba su ímpetu, pero el hecho de que nunca estuviese disponible no la hacía feliz. Entonces, conoció a un hombre sumamente atento. Al final de la primera cita, él le pidió que salieran de nuevo y, a partir de entonces, no podría haber estado más disponible: le enviaba mensajes, hacía planes y le preguntaba qué tal le iba el día. ¡Era justo lo que había estado buscando! En apenas unas semanas, empezaron a pasar la mayor parte del tiempo juntos. Pero, al cabo de unos meses, ella se dio cuenta de lo que estaba ocurriendo en realidad. No era atento sin más, era obsesivo. La atención que le estaba prestando se basaba en la inseguridad, no en el amor. Era posesivo y tenía miedo de que ella lo dejara. Mi clienta había escogido basándose en una impresión. El karma le enseñó que su impresión era demasiado reactiva. No necesitaba ni quería ser el centro de la vida de otra persona. Solo quería que él se hallase presente cuando estaba con ella. En el curso de esas dos relaciones, mi clienta se sirvió del karma para aclarar lo que buscaba en un compañero.

Las impresiones que nos formamos en nuestra juventud nos dictan qué aspecto debería tener el amor y qué sensación debería producir. Insinúan lo que resulta atractivo y lo que es estúpido, cómo deberíamos tratarnos y ser tratados, a qué profesión debería dedicarse la otra persona y quién debería pagar la cena. Sin embargo, si no entendemos cómo se formaron nuestras impresiones y cómo escogemos, entonces no dejamos de repetir el mismo karma. Las mismas impresiones conducen a las mismas elecciones. Amamos a otros en respuesta al modo en que nos han amado otros. Pero, si conseguimos situar nuestras impresiones en contexto, para identificar y comprender su origen, entonces tenemos la perspectiva y la oportunidad para formarnos una nueva impresión. Por ejemplo, si entiendo que hago sentir culpable a mi pareja porque mi madre me hacía sentir culpable a mí, entonces ese reconocimiento me impulsa a romper el ciclo. Comprender nuestras impresiones es el primer paso para liberarnos de los *samskaras* establecidos en una infancia sobre la que no teníamos ningún control.

Las elecciones basadas en esta nueva impresión son conscientes. Podemos ver si nos gustan más los resultados. Si nuestros padres tenían una relación volátil y apasionada, podríamos formarnos la impresión de que ese es el aspecto que debería tener el amor. Pero, si tenemos claro que no nos gusta el resultado de esa volatilidad —y a veces nos damos cuenta de esto cuando somos jóvenes—, entonces creamos una nueva impresión y decidimos que el amor que nosotros buscamos es justo el modelo contrario al de nuestros padres. Esta nueva impresión puede suponer sus propios retos: es posible que vayamos demasiado sobre seguro o que nos centremos tanto en lo que no queremos que olvidemos pensar en lo que sí queremos. Pero hemos abierto nuestra mente y nos hemos liberado de nuestro primer *samskara*, y ahora tenemos la oportunidad de crear nuevas impresiones mediante prueba y error.

El karma es un espejo que nos muestra adónde nos han llevado nuestras elecciones. Escogemos a las personas equivocadas y repetimos errores en las relaciones a causa de los *samskaras* que traemos con nosotros desde el pasado. En lugar de permitir de manera inconsciente que el pasado nos guíe, quiero que aprendamos de nuestro pasado para tomar decisiones. Necesitamos identificar esos *samskaras* para gestionar su influencia. Lo hacemos por dos motivos: primero, cuando aprendemos del pasado, lo sanamos y, segundo, este proceso nos ayuda a dejar de cometer los mismos errores.

Sacar a la luz nuestros samskaras

Nuestras expectativas y deseos en torno a las relaciones se ven determinados por nuestras primeras experiencias con el amor. Piensa en dónde asimilaste tus primeras ideas acerca del amor. Las influencias más fuertes es probable que sean el amor del que fuiste testigo entre tus padres o tutores; el amor que recibiste o no recibiste de ellos; las primeras películas románticas que viste, y las primeras relaciones serias que mantuviste. En nuestra búsqueda del amor, subconscientemente intentamos repetir o reparar las experiencias pasadas. Imitamos o rechazamos. Pero a menudo concedemos un peso excesivo a estas influencias tempranas. Afectan a nuestras elecciones, para bien y para mal. Interfieren con nuestro juicio más de lo que advertimos.

Comencemos con una visualización. Estamos intentando no aferrarnos a quienes somos y reconectar con una parte subconsciente de nosotros mismos, y la visualización es la mejor forma que conozco de viajar a otro tiempo y lugar.

HAZ LA PRUEBA: MEDITACIÓN DE TU YO MÁS JOVEN

Intenta sacar a la luz las impresiones que ha dejado tu pasado y comprender cómo influyen en tu idea del amor. No es cuestión de achacar la culpa a otros ni de subirlos a un pedestal. Se trata, simplemente, de aislar los patrones emocionales que te influyeron en los primeros años de vida.

Puedes pensar en esta meditación como en una excavación arqueológica. Hay artefactos que encontrar: algunos tesoros enterrados, algunos parcialmente expuestos, otros sin ningún valor. Muestran la riqueza y el daño de los años pasados y tienen mucho que enseñarnos acerca de la vida.

Accede a los deseos no cumplidos o resueltos visitándote a ti mismo a la edad de trece o catorce años. Dale a tu yo más joven todas las palabras, los conocimientos y los abrazos que necesita. Recibe a tu yo más joven con los brazos abiertos. ¿Qué necesitaba escuchar tu yo más joven que a ti nunca te dijeron?

Eres hermoso.
Eres valiente.
Cree en ti mismo.
Estarás bien.
No eres tonto.

¿Qué diría tu yo más joven en respuesta?

Gracias por volver para contarme esto.
No te estreses tanto.
Deberías volver a cantar.

Después de que hayas mantenido esta conversación con tu yo más joven, abraza a esa versión de ti mismo y dale las gracias por esta percepción.

Cuando guío a la gente a través de esta meditación, la mayoría encuentra que tenía algún tipo de inseguridad en su juventud, y ese niño sigue en su interior, luchando todavía con esa desconfianza en sí mismo. Sin embargo, después de la meditación, un hombre me contó que su yo más joven le estaba diciendo: «Somos fuertes. Podemos enfrentarnos a cualquier cosa». Su ego estaba salvaguardando su vulnerabilidad. Incluso si sentimos que no hay nada que sanar, a veces las heridas son tan profundas que ya ni las vemos. Adoptamos un enfoque estoico, nos decimos que estamos bien, pero no reconocemos que debemos evaluar nuestra situación. Al cabo de un año, este hombre me envió un mensaje inesperadamente para decirme: «Me doy cuenta de que necesito ser más compasivo con la gente a la que quiero y conmigo mismo. Es que no estoy programado para eso. No siento que tenga tiempo para los pensamientos y emociones de otras personas». Respondí: «No dedicas tiempo a tus propias emociones». Había tardado un año, pero por fin estaba listo.

La meditación de nuestro yo más joven nos ayuda a identificar los dones y las carencias que no se han separado de nosotros desde la infancia, pero esto es solo el primer paso para liberarnos de malas impresiones y asumir el control de las decisiones que tomamos en las relaciones. Para profundizar en ello, examinaremos tres influencias en nuestros *samskaras*: nuestros padres, los medios de comunicación y nuestras primeras experiencias con el amor.

DONES Y CARENCIAS PARENTALES

En la columna «Modern love» («Amor moderno») del *New York Times*, la escritora Coco Mellors describe su enamoramiento de un vecino que le deja claro que no quiere mantener una relación.[40] Mellors sabe que le está mintiendo cuando le contesta que ella tampoco quiere nada serio y reconoce lo siguiente: «Aunque en ese momento no lo sabía, estaba repitiendo un patrón familiar. Crecí persiguiendo el amor de mi padre, un hombre que, como mi vecino, podía mostrarse afectuoso o ausente dependiendo del día».

Matha Pitha Guru Deivam es una frase en sánscrito muy repetida en el hinduismo.[41] Significa «madre, padre, maestro, Dios». Tu madre es tu primera gurú. Ella te enseña acerca del amor. Te enseña acerca del cuidado no mediante la instrucción, sino a través de sus interacciones contigo. Y tu padre está justo a su lado, por supuesto. Es un principio freudiano clásico que las primeras relaciones con nuestros padres y cuidadores establecen dinámicas que, como Mellors, nos vemos empujados a replicar como adultos.[42] Cuando somos jóvenes, dependemos por completo de nuestros padres y descubrimos formas de atraer su atención, de inspirar su afecto y de sentir su amor. El amor que nos dan determina cómo nos enfrentamos al amor. *Matha Pitha Guru Deivam* es un concepto sencillo con implicaciones de gran alcance.

En su libro *Una teoría general del amor*, Thomas Lewis, Fari Amini y Richard Lannon, profesores de psiquiatría en la Universidad de California, en San Francisco, escribieron: «Exhibimos nuestros conocimientos inconscientes en todos los movimientos irreflexivos que llevamos a cabo en la danza del amor. Si un niño tiene los padres adecuados, aprende los principios correctos: que el amor significa protección, cuidado, lealtad, sacrificio. Llega a saberlo no porque se lo digan, sino porque su cerebro de manera automática reduce la confusión a algunos prototipos regulares. Si tiene unos padres emocionalmente malsanos, un niño memoriza sin darse cuenta la lección de su conflictiva relación: que el amor es asfixia, que la ira es aterradora, que la dependencia es humillante o alguna variante abrumadora más de entre un millón».[43] Pero creo que incluso el niño con los padres *adecuados* se enfrenta a sus propios desafíos en lo que se refiere a encontrar el amor. Si un niño crece viendo el amor como protección, lealtad y sacrificio, eso es lo que identifica con el amor. A menos que las experiencias de nuestra niñez fueran traumáticas, y a menudo incluso si lo fueron, tendemos a verlas como normales. Entonces, cuando nos quiere alguien que lo demuestra de un modo distinto —por ejemplo, a través de la alegría, el tiempo y la abundancia—, puede llevarnos más tiempo advertir y apreciar esas cualidades como auténticas expresiones de amor. Si tus padres te quisieron, es posible que te conviertas en una persona buena y amable. O podrías exigir a las personas a las que conoces un nivel imposible de amor. A menos que trabajemos en examinar nuestros *samskaras*, a menudo no somos conscientes de estas impresiones. Damos por sentado sin más que el modo en que pensamos y sentimos constituye la respuesta razonable. De esa manera, los dones que nos ofrecen nuestros padres pueden crear tantos escollos como las carencias. **Si existe una carencia en la forma en que nos criaron nuestros padres, buscamos que otros la llenen. Y, si hay un don en la forma en que nos criaron nuestros padres, buscamos que otros nos proporcionen lo mismo.**

El amor de mi madre fue un regalo: me capacitó para dar amor a otros. Pero mis padres nunca asistieron a mis partidos de fútbol. Debido a esa carencia, primero busqué la validación de mis compañeros. Quería que mis amigos de la escuela pensaran que era fuerte y duro porque estaba ansioso por recibir el apoyo que no obtenía en casa. Para cuando me convertí en monje, aún no había encontrado el modo de satisfacer mi anhelo de validación. Pero, durante mis estudios en el ashram, me miré en el espejo del karma y me di cuenta de que, aun cuando recibía la validación que ansiaba, nunca estaba satisfecho. Incluso cuando recibía una auténtica retroalimentación positiva de otras personas, nunca estaba satisfecho. Y creo que esto ocurre a menudo: es difícil para otros entender aquello por lo que de verdad pasamos para obtener un buen resultado. **Primero, buscamos la validación de los más cercanos. Luego, insatisfechos, la buscamos en todo el mundo. Y, finalmente, la encontramos en nosotros mismos.** Fue la carencia que habían creado mis padres lo que acabó enseñándome esta lección. Tenía que estar satisfecho conmigo mismo.

Los dones y carencias parentales actúan de distintos modos en nuestras relaciones. Mis padres siempre me hacían regalos que me hacían sentir especial en mi cumpleaños, mientras que el regalo que recibía Radhi de su familia era tiempo de calidad. Se trata de aspectos preciados de cada una de nuestras infancias, pero, en mi cumpleaños, Radhi podría concederme tiempo de calidad, cuando yo espero un regalo. Cuanta más conciencia cobramos de nuestras expectativas y de dónde provienen, más capaces somos de comunicar nuestras necesidades y adaptarnos a

DONES Y CARENCIAS PATERNALES

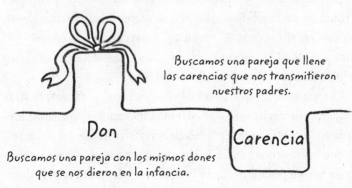

Buscamos una pareja que llene
las carencias que nos transmitieron
nuestros padres.

Don

Carencia

Buscamos una pareja con los mismos dones
que se nos dieron en la infancia.

nuestra pareja. Todos respondemos de maneras diferentes a los dones y las carencias a los que nos enfrentamos. Si veías a tus padres discutir, es posible que te hayas vuelto un adulto tendente a discutir y a ponerte a la defensiva. O tal vez sanes y hagas un esfuerzo consciente para no tratar a otros así. También podrías ayudar a otros a enfrentarse a sus conflictos. Si tus padres crearon un hogar volátil, quizá intentes mantener la paz todo el tiempo y ocultar tus verdaderos sentimientos. El karma nos deja escoger cómo responder, y las opciones pueden ser sutiles y variadas. No es cuestión de tener razón o no. Estamos buscando dónde hemos utilizado nuestro karma de modos que han beneficiado nuestras relaciones y dónde seguimos eligiendo inconscientemente. Si tu padre era un capullo, es posible que salgas con un montón de capullos hasta que por fin madures y sientes cabeza con un buen tipo. En eso consiste aprender la lección del karma.

Muchos sentimos que no nos criaron del modo adecuado. Podría tratarse de cualquier cosa, desde no tener las necesidades básicas cubiertas hasta no contar con oportunidades que nos habrían ayudado en la vida. Incluso si nuestros padres creen en nosotros, incentivan nuestros puntos fuertes, nos aseguran que nuestras decepciones no son el fin del mundo y afianzan nuestra seguridad de otras formas, no pueden regalarnos una psique perfectamente desarrollada con un bonito envoltorio. Y muchos padres lidian ellos mismos con la autoestima, la seguridad en sí mismos, la mejora personal, el amor propio y el autocuidado. Les cuesta trasladar estas cualidades a sus hijos cuando tienen sus propias dificultades.

Podría parecer que estamos condenados al fracaso, pero te prometo que no es así. Solo estamos haciendo demasiado hincapié en lo que nuestros padres deberían haber hecho o deseando que hubiesen actuado de un modo distinto en lugar de averiguar lo que podemos hacer nosotros. Independientemente de lo imperfecta que fuera la situación en la que llegamos al mundo, podemos aprender de nuestro karma y utilizarlo para guiarnos hacia la relación que deseamos y a través de ella.

HAZ LA PRUEBA: IDENTIFICA LOS DONES Y CARENCIAS PARENTALES

RECUERDOS

Escribe tres de tus mejores recuerdos de infancia.
Escribe tres de tus peores recuerdos de infancia.
Identifica un momento difícil de tu infancia. ¿Tus padres te ayudaron a superarlo? ¿Cómo? ¿Cómo te afectó?

Es posible que las respuestas no sean simples. Una respuesta cariñosa podría haberte calmado o podría haber fomentado una relación dependiente. Una respuesta dura podría haber dañado tu autoestima o reforzado tu resiliencia. Lo que importa no es si tus padres fueron los mejores padres del mundo, la cuestión es cómo afectó su trato a tu desarrollo.

EXPECTATIVAS

¿Cuáles eran las expectativas de tus padres con respecto a ti? ¿Esas expectativas te motivaron? ¿Te presionaron? ¿Cómo afectaron a tus relaciones?
    Si tus padres esperaban que alcanzaras cierto nivel de éxito o que mantuvieras una relación con un determinado tipo de persona, podrías verte innecesariamente ligado a ese resultado o podrías haber reaccionado en contra. ¿Cómo siguen actuando esas fuerzas en tu vida? Tenía una amiga cuyos padres le incul-

→

←——

caron que debía casarse con alguien ambicioso, pero su último novio rompió con ella y le dijo lo siguiente: «No quiero ser tu socio. Quiero ser tu novio». Debía dejar atrás lo que sus padres querían de ella y replantearse sus ideas de lo que debería ser un verdadero compañero.

MODELOS

¿Qué elementos de una relación ilustraron tus padres que te gustaban / no te gustaban?
Muy a menudo, en las relaciones rechazamos o repetimos lo que hicieron nuestros padres. Si discutían, es posible que evites el conflicto. Si tenían una dinámica de poder determinada, es posible que esperes lo mismo en tu relación o lo evites a toda costa.

APOYO EMOCIONAL

¿Qué clase de amor y apoyo emocional te gustaría que te hubiesen dado tus padres? ¿Qué echaste en falta?
Una vez que eres consciente de un don o una carencia que trasladas a tus relaciones, puedes empezar a abordarlos.

1. *Reconoce.* El primer paso es reconocer dónde y cuándo te desvía de tu camino esa impresión. ¿Proviene de las redes sociales? ¿Cuando estás con un grupo de personas en concreto? ¿Cuando intentas divertirte con tu pareja? ¿Cuando viajas?
2. *Recuérdate a ti mismo.* El recordatorio es una nota dirigida a ti mismo acerca de cómo quieres o no quieres ser. Establece un recordatorio que te llegue en el momento en que corres el riesgo de actuar de un modo en el que preferirías no hacerlo. ¿Te enfrentas a un desafío en el que esperarás una clase de apoyo que tu pareja no suele proporcionarte? ¿Tienes celos cuando

——→

←

ves a tu pareja interactuar en grupos? Antes de que ocurra, encuentra un modo de recordarte que quieres cambiar en ese momento, tiempo y espacio. Podría ser tan sencillo como poner un pósit en el espejo del baño o escribir una nota en tu diario o pedirle a tu pareja que te recuerde en qué estás trabajando.

3. *Repite.* Convierte el recordatorio en un mantra, una frase que te repites a ti mismo una y otra vez. Al hacerlo, es más probable que te venga a la mente en el momento en que lo necesites. Podría ser: «El amor está libre de culpa» o «La ira no es la respuesta» o «Pregunta antes de dar por sentado».

4. *Modera.* Antes de que ceda una reacción o expectativa, verás que te dejas llevar menos por ella. Avisa a tu pareja para que sepa que estás trabajando en moderarla.

5. *Elimina.* Finalmente, con el tiempo, con atención y repetición, romperás con el hábito de la expectativa.

Tanto si nuestros padres nos desatendieron como si nos satisficieron de todas las maneras posibles, cuando abandonamos el nido, estamos programados para mirar hacia el exterior, hacia otros, en busca de validación y satisfacción, en lugar de hacia dentro, hacia nosotros mismos. Nos vemos atraídos hacia parejas que pueden llenar nuestros vacíos, pero también es posible que no logremos abrir la mente y el corazón a gente que quizá encaje mejor con nosotros.

Mirarnos en el espejo del karma nos ayuda a dejar de perseguir a otros que tal vez satisfagan necesidades emocionales de nuestra infancia y empezar a satisfacerlas nosotros mismos. Al mismo tiempo, cuanta más conciencia cobres de estas influencias en toda tu vida, más capaz serás de ver cómo impactan los padres de una pareja en ella. Esto te otorga mayor paciencia contigo mismo y con tu pareja.

Magia de película

Nuestros padres no son los únicos *samskaras* en nuestro acercamiento al amor. Desde que somos niños, el cine, la televisión, la música y otros medios nos venden un ideal romantizado del amor. Blancanieves canta: «Algún día mi príncipe vendrá», y se nos promete que la persona de nuestros sueños aparecerá, la reconoceremos de inmediato como nuestro destino y se nos llevará en volandas hacia el atardecer.[44]

En *Forrest Gump*, Tom Hanks, en el papel principal, se sube a un autobús el primer día de clase y, cuando Jenny lo invita a sentarse a su lado, narra: «Yo nunca había visto nada tan hermoso en toda mi vida. Era como un ángel».[45] Ahí arranca la historia de amor. Las historias románticas quieren que creamos en el amor a primera vista. Pero, en su libro *Face value*, el profesor Alexander Todorov muestra que es probable que las primeras impresiones sean equivocadas. «Pensamos que la gente que parece feliz es más de fiar y que la gente que parece cansada es menos inteligente, aunque estas impresiones no tengan ninguna relación con la realidad. Asignamos cualidades positivas a rostros que consideramos "típicos"» y, «aunque no hay ningún rostro humano "medio", nos gustan los rostros que más se acercan a nuestra propia definición de una cara típica».[46] A pesar de la escasa fiabilidad de las primeras impresiones, un grupo de psicólogos de la Universidad de Pensilvania recopiló datos de más de diez mil personas que habían probado las citas rápidas y descubrió que la mayoría decidían si se sentían atraídas por alguien en tres segundos.[47]

Hay estudios que demuestran que primeras impresiones como esa se ven fácilmente influidas por factores que es posible que ni siquiera detectemos. Psicólogos de la Universidad de Yale hicieron que los participantes de un estudio sostuvieran brevemente una taza de café caliente o helado. Se les entregaba un dosier que contenía información acerca de una persona a la que no conocían y se les pedía que la describieran. La gente que había sostenido el café caliente describía a los individuos sobre los que leía como sustancialmente más cordiales que la que había sostenido café con hielo.[48] (La próxima vez que quedes para una primera cita, quizá prefieras llevar a esa persona a tomar una buena taza de chocolate caliente en lugar de un helado).

En lo que se refiere a conocer gente, el «efecto contexto» hace referencia a cómo puede influir en nuestra impresión el ambiente en el que conocemos a una persona.[49] Piensa que te encuentras con alguien en el vestíbulo de un cine después de haber visto una comedia romántica; te inclinarás más a pensar en su potencial como pareja que después de ver el documental *Babosas: Diablillos de la naturaleza*. O imagina que conoces a alguien en una boda, lo cual es como acabar de ver un centenar de comedias románticas. Es posible que veas a esa persona con mayor potencial para el matrimonio que si la hubieses conocido en un bar.

Las imágenes cinematográficas del amor establecen un patrón de cómo debería surgir el amor y a menudo nos hacen sentir como si no alcanzásemos el nivel de romance que deberíamos. En *500 días juntos*, Tom, que escribe tarjetas de felicitación, muestra a su jefe una tarjeta de San Valentín y dice: «Si alguien me diera esta tarjeta, señor Vance, me la comería. Estas tarjetas y las películas y el pop tienen la culpa de todas las mentiras y el dolor, de todo».[50]

Hollywood no es ni de lejos el único culpable. Las películas de Bollywood que yo veía de niño tuvieron un gran impacto en mí. Soñaba con ese «Vivieron felices y comieron perdices» que Bollywood siempre pregonaba. Cualquiera pensaría que dejé atrás estas ideas cuando serví como monje, pero, como describí en la introducción, cuando quise pedirle a Radhi que se casase conmigo, mis imágenes de compromisos provenían de este *samskara*. De ahí la orilla del río, el canto a capela y el espectáculo con los caballos. Lo mío con Radhi salió bien, gracias a Dios, pero su reacción alérgica me recordó que debía pensar en la persona que tenía delante en lugar de sucumbir a las influencias de los medios de comunicación que me rodeaban.

De manera similar, cuando quise comprarle un anillo de compromiso, le pregunté a un amigo cómo se escogía. Me dijo que comprara el anillo más bonito que pudiera, con un gasto equivalente a dos o tres meses de mi sueldo, y lo hice. No le pregunté cómo había dado con esa cifra. Si lo hubiese hecho, probablemente me habría contestado: «Ah, es lo que me dijeron a mí cuando iba a prometerme». Apenas unos años más tarde, averigüé que, antes de la Segunda Guerra Mundial, solo el 10 por ciento de los anillos de compromiso llevaban diamantes engastados.[51] Luego, la industria de los diamantes se las ingenió para convertirlos en la joya oficial del matrimonio y del amor. Casi cincuenta años después, tras haber conseguido eso, se propusieron dictar cuánto debía gastarse un hombre en un anillo. En 1977, un anuncio de los joyeros De Beers mostró la silueta de una pareja en la playa. La sombra de un hombre desliza un anillo con diamante en la sombra del dedo de la mujer, y el dorado del anillo es el único color del anuncio. Se besan y la voz en *off* dice: «El anillo de compromiso de diamantes. ¿Cómo si no iba a durar el salario de dos meses para siempre?».[52] ¡Fueron los joyeros quienes dictaron al mundo cuánto debía gastarse un hombre en un anillo de compromiso! Ese anuncio se emitió antes de que mi amigo hubiera nacido siquiera. Y aun así influyó en él, en mí y en millones más, extendiendo la creencia de que, si quieres a alguien, deberías gastarte un buen dinero en un diamante.

Hoy en día, se producen menos comedias románticas, pero, cuando analizamos nuestras ideas del amor, tenemos que

remontarnos a las que nos inculcaron cuando éramos pequeños, antes de que viéramos las cosas con una actitud crítica,
antes de que tuviéramos alguna experiencia frente a la cual juz-
garlas. Cuando Lily James interpretó a Cenicienta en la película
de 2015, el zapato de cristal de Swarovsky no le entraba en el
pie. «No hay doncella en el reino a la que le quepa el zapato
—declaró al *Washington Post*—. Así que el príncipe se va a morir solo».[53] **La promesa de un «felices para siempre» resulta ser
un obstáculo para el «felices para siempre».**

HAZ LA PRUEBA: AMOR EN LOS MEDIOS

Piensa en la primera vez que escuchaste una canción de amor o
viste una película que determinó o cambió lo que sientes acerca
del amor. ¿Qué características del amor presentaba? ¿Crees en
ellas? ¿Las has alcanzado en tus relaciones pasadas?

«Ya me tenías con el hola», *Jerry Maguire*[54]
«Ojalá supiera cómo dejarte», *Brokeback mountain*[55]
«Para mí tú eres perfecta», *Love actually*[56]
«Como desees», *La princesa prometida*[57]
«¿Deseas la luna? Dime solamente una palabra, la cogeré con
un lazo y te la entregaré», *Qué bello es vivir*[58]
«Solo soy una chica, delante de un chico, pidiendo que la
quiera», *Notting Hill*[59]

Cuando comprendemos los *samskaras* que nos han inculcado
los medios de comunicación acerca de las historias de amor, no
necesitamos la perfección de Hollywood en nuestras relaciones.
Estamos dispuestos a probar un amor que empieza despacio y se
desarrolla de manera distinta.

Primeros amores

Nuestras ideas del amor también se ven determinadas por nuestros primeros romances. En 2015, la artista Rora Blue invitó a la gente a enviar mensajes anónimos a sus primeros amores.[60] Más de un millón de personas respondieron con notas como: «Me hundiste, pero sigo escribiéndote notas de amor en platos y servilletas de papel», «Siempre te llevaré grabado en los huesos», «Me encantaba perderme en ti, pero hace mil años y sigo sin encontrarme a mí mismo» o «Si mantengo los ojos cerrados, se parece a ti». Hay una razón lógica para que los primeros amores creen *samskaras*. Un área fundamental de nuestro cerebro —el córtex prefrontal— no se desarrolla por completo hasta que tenemos unos veinticinco años.[61] Como describe Daniel Amen, experto en el cerebro, el córtex prefrontal nos ayuda a pensar antes de hablar y actuar, y a aprender de nuestros errores.[62] Los jóvenes *piensan* con sus sentimientos. Sin el filtro del córtex prefrontal completamente desarrollado, gran parte de nuestra vida mental pasa por nuestra amígdala, un centro cerebral asociado a procesos emocionales como el miedo y la ansiedad. A medida que envejecemos, nuestra pasión se ve templada por la razón y el autocontrol, y no sentimos con el mismo abandono. Los que experimentamos la pasión del amor joven quizá lo recordemos como más intenso que nada en la vida adulta, aunque no fuera ideal ni sano siquiera.

La primera vez que te implicas en una relación por puro deseo es posible que la otra persona te rompa el corazón. Si no asumes la lección y entras en la relación siguiente de nuevo por deseo, entonces la segunda vez es posible que acabes aburrido y actuando de un modo impropio de ti. La tercera vez, la persona en cuestión podría dejarte sin blanca. El karma te ofrecerá la misma lección a través de personas diferentes una y otra vez hasta que cambies. Y a veces te ofrecerá las mismas lecciones con tu pareja una y otra vez. Las enseñanzas védicas dicen que hay tres niveles de inteligencia.[63] En el primer nivel, cuando alguien te dice que el fuego te quemará, escuchas y aprendes, y jamás tocas el fuego. En el segundo nivel, lo experimentas por ti mismo: tocas el fuego, te quema y aprendes a no volver a tocarlo. En el tercer nivel, continúas quemándote, pero no aprendes nunca. Si no seguimos nuestro karma, estamos atascados en el tercer nivel de inteligencia y conservamos las cicatrices. Olvidamos que lo que experimentamos en el pasado contiene información acerca de cómo nos sentiremos si lo hacemos de nuevo. A menudo, cuando creemos que tenemos mala suerte en las relaciones, el verdadero problema es que seguimos haciendo caso omiso de la información y rechazando la lección kármica. En otras palabras: si no aprendes nada, repites el error. El karma te empuja a reflexionar sobre la decisión, la razón por la que la tomaste y lo que deberías hacer de un modo distinto la próxima vez.

Revisemos en profundidad los tipos de personas con las que salimos y qué lecciones kármicas nos ofrecen.

El rebelde. En la película *Sé lo que hicisteis el último verano*,[64] Julie le dice a Ray: «Odio esto, de verdad que lo odio. Vas a ir y te vas a enamorar de algún estudiante de filosofía de cabeza rapada, vestido de negro, cubierto de tatuajes y piercings».

Ray responde: «Suena atractivo».

Este personaje se encuentra una y otra vez en el cine y la literatura: desde Rochester, en *Jane Eyre*,[65] y Heathcliff, en *Cumbres borrascosas*,[66] hasta Edward, en *Crepúsculo*.[67]

Sentirse atraído por alguien que rechaza el sistema no es necesariamente un error. Pero, si sigues esperando que la aventura y el misterio den paso a la lealtad y la responsabilidad,

TIPOS DE PERSONAS CON LAS QUE SALIMOS

El rebelde   La persecución   El proyecto

El pendón   El opulento

es hora de que aprendas de tus elecciones. ¿Por qué te sientes atraído hacia esa persona? ¿Te ofrece la relación que quieres? Si estás listo para avanzar hacia un compromiso más profundo, entonces necesitarás escoger a alguien basándote en las cualidades que ofrece en lugar de en su actitud rebelde sin más.

La persecución. En ocasiones, nos sentimos atraídos por alguien que no se encuentra disponible emocionalmente, ni siquiera físicamente. No para de moverse, pero a veces se detiene el tiempo suficiente para que no perdamos la esperanza. Nos sentimos cautivados, así que nos convencemos de que de pronto nos dedicará su tiempo y su atención. Estamos seguros de que, cuando por fin se centre en nosotros, se enamorará. Así que nos dedicamos a rastrearlo. ¿Dónde está? ¿Cómo pasa su tiempo cuando podría estar con nosotros? ¿Cuándo llamará? ¿Cómo podemos hacernos visibles y disponibles sin parecer desesperados? Cuando nos vemos atrapados en la persecución, no llegamos a conocer a una persona, a descubrir compatibilidades, a aprender acerca del otro y a crecer juntos. Invertimos toda nuestra energía romántica, pero no obtenemos nada a cambio. En su libro *Why him? Why her?*, la antropóloga Helen Fisher, principal consejera científica de Match.com, explica que hacerse el difícil crea un fenómeno que denomina «atracción de la frustración». Escribe: «Las barreras intensifican sentimientos de amor romántico... probablemente porque los circuitos cerebrales asociados al placer, la energía, la concentración y la motivación continúan trabajando cuando se pospone una recompensa». Sin embargo, añade que algunos investigadores han estudiado el resultado de hacerse el difícil y no han hallado pruebas de que ayude a establecer una relación a largo plazo. Tampoco importa si eres tú el que se hace el difícil; si no pasáis tiempo juntos, no estáis construyendo una relación.[68]

Si te atrae la emoción de la persecución, toma conciencia de lo que estás eligiendo. Si empiezas una relación con un músico que está constantemente en la carretera, no puedes esperar que deje su carrera y pase todo su tiempo contigo. Cuando alguien no está disponible, por lo general seguirá así. ¿Te sientes atraído por esa persona porque estás buscando a alguien que esté tan ocupado como tú? ¿O creciste con un padre o una madre que no estaba disponible, de modo que es el único nivel de amor que crees que te mereces? Para utilizar tu karma bien, debes ser consciente de a quién estás escogiendo, por qué y si encaja con lo que quieres en la vida, como empezaste a explorar en la regla 1.

El proyecto. A veces, una pareja necesita que la salven. Te ves obligado a cuidar de ella, a prestarle atención, a proporcionarle ayuda y estabilidad. Es posible que esto apele a tu lado cuidador. A corto plazo, te hace sentir competente y al mando. Esa persona te necesita, y tú sientes que puedes ayudarla a llevar una vida mejor. Pero a largo plazo, si no cambia, te sientes agotado y resentido porque te has convertido en su cuidador. No sois iguales. Y tú estás invirtiendo mucho más en la relación.

Dominar una relación refuerza nuestro ego y nos hace sentir importantes. No requiere que nos cuestionemos o sigamos las sugerencias de nuestra pareja. Pero en última instancia interfiere en la conexión a largo plazo que estamos intentando forjar. Nos vemos atraídos por la dinámica más que por la persona. Si te gusta guiar, dirigir y aconsejar, puedes encontrar eso en otros ámbitos de tu vida.

HAZ LA PRUEBA: ROLES EN LAS RELACIONES

Aquí tienes algunas preguntas para ayudarte a examinar qué rol adoptaste en tu última relación o esperas tener en una relación nueva. ¿Es lo que quieres? Interpretarás todos los papeles que describo más abajo, pero te conviene avanzar hasta el punto en el que os apoyéis mutuamente mientras os permitís momentos como solucionadores y dependientes.

TIPO 1: SOLUCIONADOR
¿Te veías constantemente intentando solucionar, ayudar o hacer mejor a la otra persona? ¿Estabas intentando encargarte tú, intentando alcanzar sus objetivos por ella?

TIPO 2: DEPENDIENTE
¿Sentías que dependías demasiado de tu pareja? ¿Acudías a ella con todos tus problemas y esperabas que hallara soluciones?

TIPO 3: SOSTÉN
¿Te gustaba su personalidad, respetabas sus valores y querías ayudarle a alcanzar sus metas?

$\longrightarrow$

←⎯⎯

¿Respetabas cómo pasaba su tiempo y conservaba su espacio o siempre quisiste cambiarlo?

El solucionador tiene mentalidad parental. Sientes que es responsabilidad tuya cuidar de la otra persona, protegerla. Su felicidad es tu prioridad. Esta mentalidad puede resultar útil, pero también implica excederse. Cuando asumes la responsabilidad del cuidado de tu pareja, haces que se comporte como un niño. **El dependiente** tiene una mentalidad infantil. Dependes de tu pareja. Quieres que lo arregle todo y te enfadas cuando no puede solucionártelo. A veces, nos instalamos en esta mentalidad cuando tenemos una pareja dominante. Es posible que resulte reconfortante contar con alguien que tome las riendas. Pero salimos perdiendo cuando no seguimos nuestro propio camino y damos forma a nuestra propia vida. **El sostén** es el paladín de su pareja. No eres padre ni madre, no eres un niño, estás hombro con hombro con tu pareja. Intentas ser responsable, intentas desarrollar paciencia, intentas ayudar a la otra persona a crecer, pero no intentas controlar de manera excesiva. Esta es la mentalidad de «está perfecto» de Ricitos de Oro.

Para hacer un test que te ayude a establecer tu rol en una relación, por favor, visita www.RelationshipRoles.com.

Es natural que entremos y salgamos de estos tres roles a lo largo de nuestras relaciones. A veces tomamos la iniciativa. A veces nos sentimos más cómodos siguiendo al otro. Lo que estamos intentando evitar es salir con un tipo de persona con el que nos vemos atascados en la misma dinámica todo el tiempo.

Ser solucionador a jornada completa significa que tu pareja no está haciendo su propio viaje. No tenemos derecho a quitarle eso. No es nuestro papel arreglar algo que quizá no esté roto. Ser frágil a jornada completa significa que te falta seguridad y buscas validación por parte de otros. Te sientes roto y quieres a alguien que te arregle. Estar con alguien que apoya este lado tuyo interfiere con que te responsabilices de tu propio crecimiento, alegría y éxito.

⎯⎯→

←

El sostén es un ideal por el que esmerarnos. Los dos miembros de la pareja se comunican de igual a igual. Tu compañero siempre te está enseñando, pero tú siempre le estás enseñando a él. Y, cuando ambos entendéis que estáis enseñando y aprendiendo al mismo tiempo, es entonces cuando creáis una relación. (Más acerca de esto en la regla 3.)

El pendón. Cuando salimos con alguien que se acuesta con otras personas, está comunicando con claridad que no le interesa un compromiso exclusivo. Si es lo que estás buscando, plantéate si merece la pena quedarte en esa relación por un sexo genial. El sexo puede distraer nuestra atención e impedir que escojamos bien con quién estar y si seguir con esa persona, y una de las mayores causas de esa distracción es la hormona oxitocina. Según el neurocientífico y psiquiatra Daniel Amen, la oxitocina está relacionada con los sentimientos del enamoramiento, y la liberación de la oxitocina puede mantener e incluso acelerar la vinculación emocional y la confianza.[69]

Por lo general, los hombres tienen niveles inferiores de oxitocina que las mujeres, pero el sexo hace que sus niveles se disparen más de un 500 por ciento.[70] Robert Froemke, neurocientífico de la Universidad de Nueva York, afirma que la oxitocina actúa como un dial de volumen, «elevando y amplificando la actividad cerebral relacionada con lo que quiera que alguien ya esté experimentando».[71] Durante y después del sexo, nos sentimos más enamorados, pero en realidad no se trata de amor. Nos sentimos más cerca químicamente aunque no estemos cerca emocionalmente. Además, la hormona tiene un efecto bloqueante temporal en los recuerdos negativos, de modo que todas esas cositas que te preocupaban o la discusión anterior —la cual podría ser una señal importante de advertencia— podrían desvanecerse después del sexo.[72]

Cuando entrevisté en mi pódcast a John y a Julie Gottman, expertos en la relación entre marido y mujer, John dijo que la oxitocina puede ser la «hormona de la insensatez». Afirma: «Sigues pensando que va a ir bien porque esa hormona te hace sentir sano y salvo, y no ves las alertas que la persona te envía y que dicen "No soy de fiar"».[73]

Si alguien deja claro que no le interesa comprometerse, aún puede existir una conexión divertida, pero sabes que es poco probable que aprendas mucho de él.

El opulento. El Bhagavad Gita habla de seis opulencias: conocimiento, fama, dinero, belleza, fuerza y renuncia.[74] A veces, nos sentimos atraídos por alguien que posee una sola opulencia, y con eso basta para convencernos prematuramente de que estamos enamorados. En la canción *Halo*, de Beyoncé, la luz que envuelve a alguien convence a la cantante de que esa persona es «todo lo que necesita», aunque el halo de alguien no es necesariamente un indicador preciso de quién es.[75] En psicología, el «efecto halo» es un tipo de sesgo cognitivo por el que nos formamos una impresión de alguien o algo basándonos en un solo rasgo o característica[76] Por ejemplo, si alguien es atractivo, es más probable que le asignemos otros atributos positivos, como la inteligencia, el sentido común o la amabilidad. Este efecto halo en particular se llama «estereotipo de atracción». Un estudio demostró que los profesores puntuaban a los alumnos atractivos de un modo más favorable cuando la clase era presencial, pero no cuando la clase era online y los profesores no veían a los alumnos. Otros estudios mostraron que los camareros más atractivos obtenían mejores propinas. Cuando vemos a alguien guapo, quizá asumamos de manera inconsciente que es más rico o más ambicioso o más agradable, etcétera, y esto puede influir en nuestra atracción hacia él.

El Bhagavad Gita dice que las seis opulencias nos muestran la falibilidad del deseo. Queremos atención, pero ni un millón de «me gusta» logrará que nos sintamos amados. Queremos belleza, pero intentamos hacer que la juventud (que no es el único tipo de belleza) dure eternamente. Queremos dinero, pero el dinero no compra la felicidad. Prueba a teclear «ganadores de la lotería» en Google si necesitas pruebas. Si buscamos las opulencias en una pareja, nos venden gato por liebre. El Bhagavad Gita dice que el amor de Dios consiste en conocer su grandeza, pero sentirse atraído hacia su dulzura.[77] Es posible que conozcas todos los logros y premios de tu pareja, pero eso no la define como individuo. Aunque sentirnos atraídos hacia nuestra pareja por lo que tiene o lo que ha alcanzado no es mal comienzo, no es un buen final. Los logros y capacidades no importan tanto como las cualidades y los actos. Cometemos el error de atribuir cualidades a gente basándonos en sus habilidades. Damos por sentado que un buen comunicador será de fiar. Pensamos que un escritor debe ser sesudo y un gerente ha de ser organizado. El único modo de saber qué cualidades posee realmente una persona es pasando tiempo con ella y observándola. Solo cuando conocemos a alguien de manera íntima y profunda encontramos la dulzura que posee.

HAZ LA PRUEBA: REFLEXIONA Y APRENDE DE UNA RELACIÓN PASADA

Tendemos a basar el éxito en las relaciones en cuánto duran, pero su verdadero valor radica en cuánto aprendemos y crecemos con ellas. Si comprendemos eso, podemos examinar las elecciones que hemos hecho, valorar por qué escogimos a una persona,

$\longrightarrow$

←

dilucidar qué fue mal y desarrollar un mejor sentido de a quién elegir y si tenemos que cambiar algo para la próxima vez.

1. ¿En qué energía estabas cuando escogiste estar con tu ex?[78]

   Energía de la ignorancia. En esta energía, es posible que eligieses a alguien porque estabas aburrido, porque no había nadie más alrededor o porque te sentías solo. Las elecciones llevadas a cabo en la ignorancia conducen a la depresión, el dolor y el estrés.

   Energía de la pasión. En esta energía, escogiste a alguien porque querías una de las opulencias. Las decisiones tomadas en la pasión empiezan bien, pero tienen que ahondar en la comprensión y el respeto o acaban de un modo terrible.

   Energía de la bondad. En esta energía, escogiste a alguien con quien te sentías conectado y compatible. Existía respeto mutuo, y a menudo estas relaciones terminan con algunos sentimientos de respeto aún intactos.

2. ¿Por qué se acabó? Sé tan sincero contigo mismo como puedas cuando valores lo que fue mal en esta relación.

3. Aprende de ello. ¿Qué se te ocurre que intentarás hacer de un modo distinto la próxima vez? ¿Puedes entrar en tu próxima relación desde una energía de bondad? ¿Puedes dejar de lado las opulencias y buscar cualidades que conviertan a alguien en una buena pareja?

Atraes lo que usas para impresionar

Las opulencias ponen de relieve un modo muy práctico de comprender el karma. Si nos sentimos atraídos hacia alguien por su ambición, eso es lo que obtenemos: una persona cuya prioridad es la ambición. No hay nada malo en la ambición... hasta que te das cuenta de que deseas contar con alguien que tenga mucho tiempo para pasarlo contigo. A veces, sentimos que ninguna de las opciones que tenemos delante son personas con las que queremos salir. Y entonces debemos preguntarnos: «¿Por qué son estas mis opciones?». ¿Por qué atraemos a esas personas y cómo podemos atraer a las que deseamos? De nuevo, la respuesta está en el karma. Si introduces algo en el mundo, lo recibes de vuelta. Esto es el karma en su forma más básica. Si utilizo dinero para presentarme como valioso, atraeré a alguien que cree que el dinero es lo que me hace valioso.

Cuando nos presentamos, estamos señalando la dinámica que queremos, cómo esperamos que nos traten, lo que pensamos que merecemos. Tuve un cliente que era un emprendedor de éxito. Estaba molesto porque todas las mujeres que conocía solo lo querían por su dinero. Pero todas las fotos que colgaba en su perfil online lo mostraban en un supercoche o delante de otra casa que se había comprado. Decía: «No soy así cuando me conoces». Sin embargo, no debería haberle sorprendido el hecho de atraer a un tipo determinado de persona.

Si utilizas la riqueza para impresionar a alguien…, te estás comprometiendo a conservar tu riqueza. Pero un día es posible que quieras cambiar cómo pasas tu tiempo. Es posible que quieras sentir que tu pareja te valora.

Si utilizas tu cuerpo para impresionar a alguien…, te estás poniendo en una situación en la que el envejecimiento es difícil de aceptar. Un día tu cuerpo cambiará, y quizá quieras a una pareja cuyo amor dure años.

Si utilizas tu estatus social para impresionar a alguien…, es posible que descubras que alguien con un estatus social más alto es más atractivo para tu pareja. O algo puede cambiar tu estatus, y querrás un compañero capaz de apoyarte en una mala época.

Si utilizas tu intelecto para impresionar a alguien…, es posible que descubras que no sientes una conexión emocional.

Si utilizas el sexo para impresionar a alguien..., estás estableciendo un patrón para la conexión física que puede resultar difícil de sostener para uno de vosotros o para ambos si disminuye la atracción. Cuando nos exponemos al mundo, ya sea en una primera cita, en redes sociales o en una app de contactos, estamos diciendo: «Esta es la versión de mí que quiero que te guste». Es importante que expongas la versión de ti mismo que quieres que atraiga a alguien, en lugar de la versión de ti que crees que debería atraer a alguien. Son dos cosas distintas. Si atraes a alguien a través de un personaje, entonces o vas a tener que fingir que eres esa persona para siempre, o esa acabará descubriendo tu verdadero yo.

Un estudio demostró que el 53 por ciento de las personas que tenían citas online mentían en su perfil; las mujeres más que los hombres, y con mayor frecuencia sobre el aspecto (haciendo cosas como subir una foto antigua para parecer más jóvenes), y los hombres más a menudo sobre su situación económica.[79] Teniendo en cuenta que los hombres tienden a considerar el atractivo físico como una característica altamente valiosa en una compañera en potencia, y las mujeres tienden a considerar el éxito económico de un modo similar, puedes ver cómo podía salir eso. Incluso si tu posicionamiento es más sutil y estás dispuesto a interpretar el papel que te has inventado de manera indefinida, en el fondo siempre sabrás que el otro no te quiere por quien eres realmente. Has hecho que se enamore de un personaje que has creado, no de ti. Al fingir que eres otra persona, atraerás conflictos a tu vida. Ahórrate ese tiempo y esa energía.

Es natural querer presentar la mejor versión de ti mismo. Quizá lo estés haciendo a través de las opulencias, ya sea dejando caer en la conversación a qué universidad fuiste, llevando a tu cita a un restaurante caro para demostrar riqueza o subiendo tus fotos más seductoras a una web de citas. Enseguida, podemos vernos atrapados juzgándonos a nosotros mismos por nuestros ingresos o el modo en que los evidenciamos en posesiones materiales; por nuestros amigos o seguidores; por nuestro atractivo físico. Pero todos conocemos a gente que posee un alto *valor* según esa métrica y aun así tiene una baja autoestima. Hay un dicho que dice que el hombre pobre mendiga fuera del templo mientras el hombre rico mendiga dentro. O, como explica Russell Brand, «Cuanto más me desligo de las cosas que creí que me harían feliz, como la fama, el dinero y las opiniones de otros, más se me revela la verdad».[80] Nos promocionamos utilizando nuestras opulencias, pero hacerlo no nos beneficiará a largo plazo. Queremos mostrar nuestra verdadera personalidad, valores y objetivos, para que nos amen por lo que más nos importa.

Lo contrario también es cierto. Toma conciencia de si las opulencias son lo que te atrae hacia tu pareja y ten cuidado si son lo único que te atrae. No querrás acabar con alguien que solo te atrae físicamente, o cuya vida social te cautiva, o con quien solo conectas por el trabajo, o cuyo éxito externo se gana tu admiración. Estas cualidades están ligadas a situaciones y características temporales. No durarán, y cuando hayan concluido lo mismo ocurrirá con la relación.

Cuando conocí a Radhi, yo no tenía nada. No, no es cierto. La verdad es que llevamos juntos desde que lo único que tenía para ofrecerle era yo mismo, y eso pareció bastarle.

HAZ LA PRUEBA: LO QUE EXPONES

Cuando existe disparidad entre lo que atrae a tu pareja y lo que más te gusta de ti mismo, es posible que te cueste estar a la altura de su visión. Primero, haz una lista de lo que te gusta de ti mismo. Piensa en las cualidades de las que más orgulloso estás e intenta mantenerte alejado de las opulencias. ¿Eres amable, afectuoso, trabajador, sincero, creativo, agradecido, flexible, responsable? Ahora, por cada una de tus relaciones largas o definitorias, haz una lista de las cualidades que crees que esa persona veía y apreciaba en ti. Queremos desarrollar relaciones en las que se nos ama por lo que amamos en nosotros mismos.

LO QUE QUIERES DE OTRA PERSONA DÁTELO PRIMERO TÚ MISMO

Una vez que tenemos una idea más clara de los *samskaras* que hemos acumulado a lo largo de los años, podemos observar cómo han influido en nuestras decisiones y ver si nos gustan los resultados. No queremos cometer los mismos errores una y otra vez. Queremos traer los dones de nuestro pasado al presente, pero no podemos dar por sentado que nuestra pareja los recibirá exactamente como esperamos. No queremos traer carencias a nuestras relaciones, esperando que nuestra pareja las supla. Queremos suplir nuestras propias carencias.

Mientras observas a tu pareja o pareja en potencia, considera lo que te atrae de ella. ¿Tu juicio se ve influido por criterios obsoletos procedentes de tu pasado? Si tus padres te dedicaron toda su atención, ¿esperas lo mismo de una pareja? ¿Las películas que viste de joven te llevan a esperar levitar? ¿Tu primer amor era distante e inaccesible, de modo que estás atrapado en un patrón de repetición de esa dinámica? Uno de mis clientes se enfadaba muchísimo con su mujer cuando ella llegaba tarde de trabajar. Quise saber por qué reaccionaba de forma tan fuerte y, en el transcurso de nuestro trabajo, se dio cuenta de que su propia madre siempre llegaba tarde a casa y aquello molestaba a su padre. Él había heredado la ansiedad de su padre. Le pregunté qué significaba para él que su mujer se retrasase. Después de pensarlo un poco, me dijo: «Es como si yo no le importase y no quisiese pasar tiempo conmigo». Le sugerí que preguntase a su esposa al respecto, y hablamos de que, en lugar de decirle: «¿Cómo es que llegas siempre tarde?» en un tono acusador, podría preguntar: «¿En qué has estado trabajando? ¿Es emocionante o estresante?». Resultó que su mujer estaba estresada por un proyecto y pensaba que en el plazo de tres meses podría empezar a llegar a casa antes. No se había dado cuenta de que a él le habría tranquilizado saber de ese proyecto y cuándo podría acabar, pero aún más importante fue que él hubiera constatado que el motivo de su tardanza difería de su interpretación. No era un «y comieron perdices», pero él fue capaz de reconciliarse con la situación en lugar de sufrir la ansiedad heredada. Le pidió que pasaran tiempo juntos durante el fin de semana e idearon la forma de atender a las necesidades de ambos.

Nuestras relaciones no deben ser respuestas a lo que nuestros padres nos dieron o no nos dieron, ni bálsamos para las inseguridades de nuestra juventud. Si recurrimos a nuestra pareja para suplir una carencia emocional, esto ejerce demasiada presión en nuestra pareja. Estamos pidiéndole que se haga cargo de nuestra felicidad. Es como decir: «No conduciré mi coche hasta que mi pareja le eche gasolina». ¿Por qué esperar a que otra persona te haga feliz? Y de ahí que sea tan sumamente importante que sanemos nuestras propias heridas, ocupándonos en persona de ese proceso en lugar de achacar la culpa y la responsabilidad a una pareja. Si tratamos de llenar un antiguo vacío, escogeremos a la pareja equivocada. Una pareja no puede suplir todas las carencias. No puede deshacer nuestro equipaje emocional por nosotros. Una vez que hemos satisfecho nuestras propias necesidades, nuestra posición nos permite ver mejor lo que puede aportarnos una relación.

Entretanto, y siempre, puedes proporcionarte a ti mismo lo que quieres recibir. Si deseas darte un capricho, podrías hacer planes para ir a algún sitio al que no hayas ido nunca, organizarte tu propia fiesta de cumpleaños o arreglarte para un evento próximo. Si quieres sentirte respetado en el trabajo, podrías decidir hacer una lista de todo aquello con lo que has contribuido a un proyecto. Pensamos en sentirnos valorados, respetados o amados como principales necesidades en una relación, pero, cuando de alguna manera atendemos a esas necesidades personalmente todos los días, entonces no tenemos que esperar a que nuestra pareja las satisfaga mediante un gesto magnánimo.

HAZ LA PRUEBA: DATE A TI MISMO LO QUE QUIERES RECIBIR

Suple tus propias carencias buscando formas de mimarte como quieres que te mimen otros.

Nunca me he sentido valorado por mis padres.
Si quieres que te valoren…
¿Por qué quieres que te valoren?
¿Qué puedes hacer a diario para sentirte valorado?

Nunca he sentido que mis padres pensaran que era especial.
Si quieres sentirte especial…

$\longrightarrow$

←——

¿Por qué quieres sentirte especial?

¿Qué puedes hacer a diario para sentirte especial?

Mis padres no respetaban mis sentimientos ni mis opiniones.

Si quieres sentirte respetado...

¿Por qué quieres que te respeten?

¿Qué puedes hacer a diario para respetarte a ti mismo?

Estas preguntas son difíciles, así que tómate tu tiempo. Es posible que las respuestas no lleguen enseguida. Sopésalas durante un día. Una semana. Puede que poco a poco empieces a identificar pensamientos negativos recurrentes que arrastras desde tu pasado. Si no paras de decirte a ti mismo: «No soy nadie hasta que alguien me diga que soy alguien», eso te hará más propenso a la inseguridad, el estrés y la presión. Si a menudo te dices que no eres lo bastante bueno, acabas por no ser lo bastante bueno. Necesitamos interrumpir esos patrones negativos desarrollando nuevos patrones de pensamiento. Puede resultarte forzado o falso, pero, cuando practicas estos nuevos patrones de pensamiento positivo, empiezas a vivir a la altura de ellos.

COMPRUEBA QUÉ TAL ESTÁS

Reserva tres minutos antes de empezar el día y tres minutos al final para asegurarte de que estás supliendo tus propias carencias. Imponer nuevos hábitos al principio o al final de las cosas es natural para nosotros y la mejor forma de atraer los comportamientos y creencias que necesitamos en nuestra vida.

En los tres minutos que has reservado por la mañana, siéntate a solas y escoge algo que se te ocurra que puedes hacer hoy para mejorar tu día. Podría ser decidir quedar para comer con un amigo al que no has visto en una temporada. Podría ser presentarte en una clase de yoga o no responder al teléfono durante la primera hora de la mañana. Despertarte y esperar que el día sea magnífico es externalizar el día. En lugar de eso, escoge una sola cosa que puedes hacer tú mismo y que podría cambiarte el día a mejor.

En los tres últimos minutos del día, analiza cómo te has sentido con lo que habías escogido. ¿Ha ayudado con tu día? ¿Deberías volver a probarlo mañana u optar por otra cosa?

Expandir nuestro amor

Nuestra preparación para el amor comenzó con dos reglas que nos guiaban hacia la soledad y el autoexamen. Empezamos con prácticas para transformar la sensación de soledad en un tiempo productivo a solas. Deshicimos el equipaje de nuestro pasado y comenzamos a desbloquear nuestros *samskaras* para aprender de nuestro karma. Tanto si estás en una relación como si la estás buscando o saliendo de una, estas reglas te ayudan a desarrollar y conservar las habilidades que necesitas para el amor. ¡A estas alturas ya estás mejor preparado para el amor que la mayoría de la gente! Y eso abre la puerta a que compartas tu amor con otra persona. Eknath Easwaran, uno de los traductores del Bhagavad Gita, dijo: «El amor crece con la práctica, no hay otra forma».[81] Ahora, al pasar a la práctica del amor, desarrollaremos nuestra habilidad para reconocerlo, definirlo, potenciarlo, confiar en él y, cuando estemos preparados, si lo estamos, abrazar el amor.

Carta de amor a ti mismo

Escribirte una carta puede ayudarte a establecer un diálogo contigo mismo y a cobrar conciencia de cómo piensas y te sientes. Esto, a su vez, te ayudará a tomar decisiones y dar los próximos pasos en tu vida.

Querido yo:

Llevamos juntos desde el principio y es gracias a ti por lo que puedo experimentar esta vida. Estás más cerca de mí que nadie, eres el único que sabe todo lo que he visto y hecho. El único que ha contemplado el mundo a través de mis ojos, que conoce mis pensamientos más íntimos, mis temores más oscuros y mis sueños más grandes.

Hemos pasado por mucho juntos; por todo, en realidad. Los subidones más altos y los bajones más bajos. Estás conmigo en mis mejores momentos y en los que me gustaría volver a empezar. Y, pase lo que pase, siempre te quedas conmigo. Somos auténticos compañeros: eres el único del que puedo decir sin ninguna duda que siempre estará conmigo.

Pero, a pesar de tu lealtad, de tus cuidados, a veces te he ignorado. No siempre te he escuchado cuando me decías lo que era mejor para mí o me empujabas en la dirección que debía seguir. En lugar de mirarte a ti, miraba hacia fuera, hacia lo que otros hacían o decían. Me distraía, de manera que no oía tu voz. En lugar de cuidar de ti, a veces presionaba demasiado. Y aun así nunca me has abandonado. Siempre me has perdonado. Y siempre me has recibido bien, sin criticarme ni juzgarme.

Por todo eso, te doy las gracias. Gracias por ser amable conmigo. Por ser fuerte. Por estar siempre dispuesto a aprender y crecer conmigo a través de mis errores, y de mis triunfos. Y por devolverme una y otra vez lo mejor que albergo en mi interior. Gracias por enseñarme lo que el amor condicional significa realmente.

Con amor,

Yo

MEDITACIÓN PARA LA SOLEDAD

Esta meditación se centra en el amor propio. Cuando practicamos el amor y la gratitud hacia nosotros mismos, nutrimos la tierra en la que echa raíces el amor y de la cual crecerá y florecerá el amor en sus numerosas formas.

Esta meditación se practica mejor en la cama, antes de dormirte por la noche y cuando te despiertas por la mañana.

1. Busca una postura cómoda.
2. Cierra los ojos, si te hace sentir bien. Si no, simplemente relaja la vista.
3. Tanto si tienes los ojos abiertos como cerrados, baja la mirada levemente.
4. Inspira hondo. Y espira.
5. Si tu mente se distrae, no pasa nada. Devuélvela con suavidad a un espacio de calma, equilibrio y quietud.

Meditación de agradecimiento hacia uno mismo

1. Respira normal y naturalmente. Tómate un momento para advertir el patrón de tu respiración.
2. Permite que tu concentración pase a tu cuerpo. Fíjate en dónde se halla en contacto con la cama y dónde no. Si tienes una sábana o manta contigo, fíjate en la sensación donde te toca la piel.
3. Ahora, centra la atención en las plantas de los pies. Fíjate en lo que sientes en ellas. Expresa agradecimiento hacia tus pies por lo que te permiten hacer. «Me siento agradecido por vuestro apoyo. Me siento agradecido por cómo me afianzáis y me conectáis con la tierra». Utiliza el lenguaje que te resulte cómodo y natural.

4. Permite que tu atención ascienda hasta la parte inferior de tus piernas, tus rodillas y tus muslos. Fíjate en lo que sienten. Exprésales tu gratitud. «Gracias por vuestra estabilidad. Gracias por ayudarme a moverme por el mundo».

5. Desvía la atención a tus brazos. Fíjate en la parte superior de los brazos, en los codos, los antebrazos y las manos. Da gracias. «Gracias por todo lo que hacéis para ayudarme a interactuar con el mundo que me rodea, por capacitarme para cuidarme y expresarme».

6. Permite que tu atención se traslade a tu rostro. Fíjate en la nariz, que te permite oler; la boca, que te capacita para comer; los ojos, que te dejan ver, y los oídos, que te dejan oír. Expresa tu gratitud. «Estoy agradecido por la riqueza que traéis a mi vida, permitiéndome disfrutar de una comida nutritiva, escuchar música, oler flores y captar la belleza de la naturaleza y el mundo que me rodea».

7. Ahora, tómate un momento para ir al interior, bajo la piel. Explora lentamente hacia abajo, empezando por tu cerebro. Expresa gratitud hacia tu cerebro por todas las importantes funciones que es capaz de llevar a cabo. «Gracias por todo lo que haces para coordinar y controlar este maravilloso organismo que soy. Por capacitarme para procesar la información, pensar, bromear, apreciar, sentir compasión y actuar».

8. Baja la concentración hasta el corazón. Fíjate en su ritmo al latir dentro de tu pecho. Expresa tu gratitud. «Gracias por trabajar todo el día y toda la noche, tanto si lo aprecio como si no. Tanto si lo reconozco como si no».

9. Desvía tu atención a los pulmones. Fíjate en cómo tu caja torácica se expande y se hunde con cada respiración. Dales las gracias. «Gracias por llenarme de vida».

10. Deja que tu atención baje hasta tu estómago. Fíjate en lo que sientes. Da las gracias a tu estómago. «Te agradezco que digieras la comida para crear la energía que necesito para cada día».

11. Lentamente, devuelve tu atención a todo tu cuerpo. Tómate un momento para expresar gratitud a tu cuerpo o tu mente por lo que quiera que te llame la atención en este momento.

SEGUNDA PARTE

Compatibilidad:
Aprender a amar a otros

El segundo ashram, *Grhastha*, es la etapa de la vida en la que extendemos nuestro amor a otros sin dejar de amarnos a nosotros mismos. Esta etapa introduce los retos de aprender a comprender, apreciar y cooperar a diario con otra mente, otro conjunto de valores y otro conjunto de gustos y aversiones. Aquí exploramos los retos del kama/maitri, «amar a otros».[82]

Regla 3

Define el amor antes de pensarlo, sentirlo o decirlo

Mi novio me dijo que me quería y, al cabo de una semana, hizo como si no existiera.

Le dije a mi pareja que la quería. Contestó: «Gracias».

Llevaba varias semanas saliendo con una chica. Cuando le dije que creía que me estaba enamorando de ella, me contestó que necesitaba más espacio.

Estamos juntos desde hace tres años y nos decimos «te quiero» antes de acostarnos. Lo mismo cada noche. Ya no estoy seguro de que signifique nada.

Decimos «te quiero», o aguardamos al momento adecuado para decirlo, o esperamos que alguien nos lo diga a nosotros, pero no existe un consenso universal acerca de lo que significa. Para algunas personas, decir «te quiero» significa: «Quiero pasar el resto de mi vida contigo». Para otras, significa: «Quiero pasar la noche contigo». Entre esas dos intenciones, hay un número infinito más, y algunos lo decimos sin ninguna intención en particular porque, en ese momento, sencillamente sentimos algo que interpretamos como amor. Esto deja mucho espacio para la confusión, los malentendidos y las falsas expectativas. La escritora Samantha Taylor cuenta: «La primera vez que le dije a mi marido que lo quería, llevábamos poco tiempo saliendo y estábamos pasando una de esas largas noches al teléfono. En los tiempos en que la gente hablaba de verdad por teléfono. Desvariando a causa de la somnolencia, le dije que quería decirle que lo quería pero no quería asustarlo. "No te preocupes —me contestó él—. Para mí, decir 'te quiero' no es para tanto. Quiero a mi madre. Quiero a mis amigos. También te quiero a ti". Genial. Me quería como a su MADRE. Qué romántico». Él le estaba diciendo que su definición de «te quiero» era diferente de la de ella: amplia, sin presión y no especialmente romántica. Añade: «Por suerte, debió de llegar a quererme de un modo romántico, porque llevamos casados casi diez años».[83]

Decimos «te quiero» en tantos contextos distintos —con la familia, los amigos y los amantes— que tan solo indica la existencia de alguna clase de afecto. Y, aun así, tenemos expectativas basadas en lo que damos por sentado que significa para la otra persona. «Te quiero» no incluye compromiso. No promete que quieres tener hijos con esa persona. No garantiza que vayas a esforzarte en hacer que una relación funcione. Es un bonito comienzo, pero no un sustituto para muchas otras conversaciones trascendentales.

Un estudio demostró que los hombres tardan menos en decir «te quiero» que las mujeres, lo que les lleva una media de 88 días. La friolera del 33 por ciento declara su amor en el transcurso del primer mes. Las mujeres tardan una media de 134 días, y el 23 por ciento de ellas declaran su amor el primer mes. Cuesta imaginar que la gente que siente amor al cabo de unas semanas colme realmente las expectativas de lo que sus parejas piensan que significa esa declaración.[84]

Es posible que pienses que conoces a alguien porque habéis pasado tiempo juntos y te gusta su personalidad, pero puede que no conozcas sus sueños, sus valores, sus prioridades, las cosas que le importan. Crees que sabes lo que siente, pero solo conoces su mente. El amor requiere tiempo.

No estoy diciendo que tengas que comprender a alguien por completo antes de enamorarte. Siempre estamos aprendiendo cosas nuevas acerca de nuestra pareja. Sin embargo, con excesiva frecuencia nos lanzamos al amor basándonos en una cantidad ínfima de información. En cualquier otro ámbito de tu vida, es muy poco probable que tomes una decisión importante basándote en tan poca información.

El amor no es algo meridianamente claro, o quieres a alguien o no, y no hay una sola forma de hacerlo. Hay quien renueva sus votos cada diez años, ya sea para volver a comprometerse con el amor o para expresar cómo este ha evolucionado. Otros mantienen una relación a distancia. Algunos tienen amigos con derecho a roce. Otros se divorcian, pero encuentran el modo de ejercer de padres juntos de manera tranquila y pacífica. Hace poco, en una boda, un tipo se me acercó y me dijo que acababa de salir de una relación larga. Afirmó: «Nos queremos el uno al otro, pero dejarlo era la mejor forma de seguir queriéndonos». Eso también es amor. Descartar las numerosas formas de amor es perderse numerosas posibilidades hermosas. Comprender los matices te permite definir y honrar el amor que tienes con la persona con la que estás. En cuanto decimos «te quiero», vamos a tener que estar a la altura de esas palabras, no según nuestra definición, sino según la definición de la persona a la que queremos. En el reverso de la moneda, cuando aceptamos el amor de otra persona, tenemos que darnos cuenta de que ella no se rige por nuestra definición del amor.

Antes de decidir que estamos enamorados, antes de declararle a otra persona que la queremos y antes de que determinemos lo que significa cuando nos dirigen esas palabras, debemos considerar cómo definimos el amor. ¿Qué esperamos que nos haga sentir el amor? ¿Cómo sabemos que amamos a alguien? ¿Cómo sabemos si esa persona nos quiere a nosotros? La única forma de evitar malentendidos es hablar del amor utilizando mucho más que esas tres palabras. Esta regla nos ayudará a dilucidar qué queremos decir cuando decimos «te quiero», lo que puede significar o no cuando nuestra pareja nos lo dice y cómo encontrar un significado que podamos compartir.

LAS CUATRO FASES DEL AMOR

Cuando nos decimos mutuamente que nos queremos, rara vez nos extendemos, a menos que sea para añadir alguna floritura romántica como «mucho» o «hasta el infinito y más». Está bastante claro: o hemos declarado nuestro amor o no. No caben muchas variaciones o grados de amor. Pero podemos seguir el ejemplo de la práctica del amor en la tradición *bhakti*, un movimiento del sigo XVIII del hinduismo. El *bhakti* describe el viaje de enamorarse de lo divino en etapas: la primera es *sraddha*, donde tenemos la chispa de la fe que nos hace interesarnos por lo divino.[85] Fíjate en que, incluso cuando hablamos de conectar con lo divino, existe un deseo anterior. La curiosidad y la esperanza nos llevan a implicarnos. Esto nos conduce a la etapa siguiente: *sadhu-sanga*, desear relacionarse con personas espiritualmente superiores. Aquí encontramos un maestro/guía/mentor espiritual que puede ayudarnos a desarrollar nuestra práctica. Después de eso, está *bhajana-kriya*, en la que llevamos a cabo actos de devoción, como asistir a los servicios y rezar. A medida que nuestra devoción se hace más profunda, nos liberamos de todo apego material (*anartha-nivrtti*), alcanzamos la estabilidad (*nistha*) en la autosuperación y hallamos entusiasmo (*ruci*) para servir a la divinidad. Esto nos conduce al último apego, denominado *bhava*. Esta es la etapa previa del amor puro por la divinidad. Entonces, finalmente, alcanzamos el amor puro por lo divino, *prema*. Esta es la etapa suprema de la vida, en la que hemos alcanzado la forma más alta de una relación de amor divino, liberados del sobrecogimiento y la reverencia o de cualquier tipo de jerarquía.

Dado que las etapas del amor *bhakti* describen una relación íntima y directa entre una persona y su dios, pueden aplicarse de diferentes maneras a cómo nos queremos unos a otros. Así que he decidido ajustar el modelo a nuestra realidad y reinterpretarlo para la práctica de comprender y amar a otra persona.

En lo que se refiere al amor, esperamos reconocerlo cuando lo sintamos. Pero cabe que nuestra experiencia con el amor sea distinta en épocas distintas. Las cuatro fases que estoy a punto de describir pueden parecerse todas al amor y dar la sensación de amor, y todas forman parte del viaje del amor.

¿Cómo sabes si estás enamorado de alguien? El amor no es que te llamen todos los días, o que te retiren la silla para sentarte, o sentirte confuso y acalorado cuando ves a alguien. El amor no es un cuento de hadas puramente romántico y no son las cualidades de una lista que tachamos de forma pragmática. Echar un vistazo a estas fases nos ayuda a comprender el amor de un modo diferente, definir el amor por nosotros mismos y articular mejor nuestros sentimientos de amor. Al mismo tiempo, ver los niveles del amor nos ayuda a comprender por qué nuestro compañero podría tener un concepto del amor distinto del nuestro. Saber en qué fase estás te ayudar a orientarte para progresar a la fase siguiente; cuando no puedes verte pasando a la siguiente, entonces podrías disfrutarla durante un tiempo, pero sabiendo que no es sostenible.

Quizá no progresemos exactamente en este orden, y el resto de este libro te enseñará cómo volver por estas fases. Se trata de un ciclo que repetiremos no solo con una pareja, sino prácticamente con cualquiera que desempeñe un papel importante en nuestras vidas. Esta es la práctica del amor.

1. Atracción
2. Sueños
3. Lucha y crecimiento
4. Confianza

Fase uno: Atracción

En la fase uno, sentimos una chispa de intriga, interés y atracción. Esto nos lleva a querer descubrir si alguien merece nuestro tiempo y esfuerzo. Los investigadores describen lo que llamamos amor como tres impulsos marcados en el cerebro: deseo, atracción y apego.[86] Cuando pasamos de la lujuria a la atracción, estamos tomando el deseo generalizado de conectar con alguien y centrándolo en una persona en concreto. Los químicos del cerebro implicados en el deseo difieren de aquellos que producen atracción.[87] El deseo se halla más gobernado por la testosterona y el estrógeno, mientras que la atracción incluye dopamina (el químico de la recompensa) y norepinefrina (la versión cerebral de la adrenalina, que, combinada con la dopamina, puede generar ese sentimiento de euforia en torno al objetivo de nuestra atracción). Además, los niveles de serotonina, la hormona que nos hacer sentirnos bien, en realidad caen en esta fase, lo que contribuye a nuestros sentimientos de ansiedad y pasión en las primeras etapas de la atracción. Experimentamos un excitante aumento de la esperanza y abrigamos la creencia de que alguien podría ser la persona adecuada para nosotros. Sentimos intriga e interés. Como en una aplicación de contactos, deslizamos a la derecha. El amor a menudo empieza con este emocionante indicio de posibilidad. Significa: me intrigas. Quiero más. Una química así resulta increíble, pero deberíamos tener cuidado de no pensar que esa química es el único modo en que empieza el amor o que es la totalidad del amor. El tiempo te ayuda a comprender si lo que estás sintiendo es de verdad amor. Piensa en cuando encargas una silla en una página web. Online se ve bien. Encaja a la perfección en una habitación de tu tienda online favorita de decoración. Pero cuando llega no resulta cómodo sentarse en ella. En la atracción, observamos a las personas por su aspecto, pero no entendemos cómo es mantener una relación con ellas.

Conocía a un tipo que venía todos los días diciéndome que se había enamorado de una chica; alguien con quien se había topado o a quien había conocido por Instagram. Se pasaba una semana perdidamente enamorado. Y al cabo de unas semanas más era otra chica. En la fase de la atracción, tenemos atisbos de amor que nos muestran su belleza.

Permanecer en la fase de la atracción resulta placentero. Con gente nueva, hemos expuesto cuidadosamente lo que queremos que vean, nuestros mejores rasgos. Hay algunas discusiones, expectativas y decepciones. Podemos sostener la fantasía de una pareja perfecta. Pero ir más allá de la fase 1 requiere una conexión más profunda.

La ciencia respalda la idea de que tener conexiones más profundas presagia buenas relaciones. El profesor Matthias Mehl, de la Universidad de Arizona, en Tucson, y su equipo estudiaron si las conversaciones que mantenemos afectan a nuestro bienestar.[88] En concreto, observaron la diferencia entre la charla intrascendente y mantener discusiones serias y profundas. Hicieron que 79 participantes llevaran grabadoras durante cuatro días mientras seguían con su vida diaria. Los aparatos estaban diseñados para grabar fragmentos de ruido de ambiente y recogieron trescientas grabaciones por participante a lo largo de los cuatro días. A continuación, los investigadores escucharon las grabaciones y constataron cuándo los participantes se encontraban a solas o hablando con otros, y cuándo su conversación era superficial («¿Qué tienes ahí? ¿Palomitas? ¡Mmm!») o profunda («¿Se enamoró de tu padre? Entonces, ¿se divorciaron poco después?»). Los investigadores también midieron el bienestar de los participantes a través de una serie de afirmaciones como: «Me veo como alguien feliz, satisfecho con mi vida». Descubrieron que los niveles más altos de bienestar se asociaban más a gente que mantenía conversaciones profundas que a aquellos que tenían charlas más intrascendentes.

Profundizar no es una técnica. Solo la auténtica experiencia conduce a una conexión real. Pero podemos examinar nuestra disposición a abrirnos y mostrarnos vulnerables con las personas mientras desarrollamos confianza con ellas. Los científicos sociales dicen que la vulnerabilidad lleva al «sinceramiento recíproco en aumento».[89] Lo que esto significa es que, con el tiempo, una pareja empieza a revelarse vulnerabilidades mutuamente, es decir, a sincerarse. Compartir partes de ti no significa desnudar tu alma entera de golpe. A veces, llevados por el deseo, nos vemos tentados a hacerlo. Pero, si desvelamos poco a poco nuestra personalidad, nuestros valores y objetivos, empezamos a ver que existe una conexión. Permitirte ser vulnerable con esta intención hace que sigas sintiéndote protegido, que no te expones demasiado y demasiado rápido con una persona en la que no puedes confiar. Si todo va bien, revelas facetas de ti mismo cada vez más íntimas a un ritmo al que te sientes cómodo; ahí es cuando entra el aumento. El sinceramiento es un regalo que os hacéis el uno al otro, es decir, recíproco. Es con sinceramiento recíproco en aumento como empezamos a conocer de verdad a una persona.

La regla de las tres citas. En mi experiencia trabajando con clientes, tres citas suelen proporcionar suficiente tiempo para decidir si otra persona y tú haríais buena pareja. Estas tres citas no tienen por qué ser las primeras, y no tienen por qué ir una detrás de la otra. Puedes extenderlas en el tiempo. ¡A veces resulta agradable ir al cine sin más!

En estas citas, te concentrarás en tres áreas: si te gusta su personalidad, si respetas sus valores y si te gustaría ayudarla a alcanzar sus objetivos. En aras de la simplicidad, voy a sugerir que te concentres en estas cualidades de manera secuencial, una por cita, pero probablemente irás descubriendo algún aspecto de cada dimensión durante cada cita. Primero, empezamos con la personalidad, porque es lo más fácil de captar y comprender y con lo que conectar. En su personalidad, verás cómo la ha moldeado su pasado. Segundo, explorarás sus valores, lo que define quién es hoy. Y, tercero, intentarás reconocer sus metas, que encierran lo que quiere en el futuro.

Primera cita. ¿Os divertís juntos? ¿Disfrutáis de la compañía mutua? ¿La conversación fluye? ¿Qué te hace sentir cómodo y qué te hace sentir incómodo? La primera cita es para averiguar si de verdad disfrutáis de la personalidad del otro. Para hacerlo, necesitáis ir cambiando entre la charla intrascendente y la conversación profunda. Los temas sobre los que tendemos a hablar, películas favoritas o planes de vacaciones, no nos ayudan a conocer a la persona en profundidad. En lugar de eso, puedes empezar a formular las preguntas que os empujen a los dos para revelar detalles más personales, incluidas vuestras rarezas e imperfecciones. Recuerda: compartimos nuestras vulnerabilidades poco a poco, a medida que nos conocemos y confiamos el uno en el otro, de modo que en esta cita concéntrate en ver si disfrutas y aprecias su personalidad. Intenta descubrir algo nuevo acerca de él o ella o ver un lado que no le has visto.

Aquí tienes algunas preguntas que puedes formular en la primera cita. Verás que son acerca de gustos y preferencias. Se adentran en áreas en las que la mayoría de la gente se siente cómoda, pero crean la posibilidad de mostrar verdaderas pasiones. Cuando le preguntas a alguien cuál es el mejor plato que ha comido nunca, la pregunta no gira únicamente en torno a gastronomía. Abre una conversación más amplia acerca de dónde y cuándo disfrutó de ese plato y qué lo hacía especial. Si le preguntas acerca de qué le gustaría saber más, descubres sus curiosidades e intereses frustrados. Si das con un fuerte interés, como el gusto por el cine o la literatura, puedes ahondar en por qué le gusta lo que le gusta y averiguar su nivel de introspección. Aunque creas que conoces bien a tu pareja, las respuestas podrían sorprenderte.

¿Qué te encanta hacer?
¿Tienes un lugar favorito?
¿Hay algún libro o película que hayas leído o visto más de una vez?
¿Qué es lo que más ocupa tus pensamientos ahora mismo?
¿Sobre qué te gustaría saber más?
¿Cuál es el mejor plato que te has comido nunca?

Esto no es un interrogatorio. Toda conversación tiene dos lados, y un aspecto de la personalidad de tu pareja que revelarán estas preguntas es si siente curiosidad por ti. ¿Te pregunta por tus propias respuestas a estas preguntas y ahonda cuando desvía la conversación hacia ti?

HAZ LA PRUEBA: PREPÁRATE PARA LA PRIMERA CITA

Coge las preguntas que he sugerido que le formules a tu cita y escribe tus propias respuestas a ellas.

¿Qué te encanta hacer?
¿Tienes un lugar favorito?
¿Hay algún libro o película que hayas leído o visto más de una vez?
¿Qué es lo que más ocupa tus pensamientos ahora mismo?
¿Sobre qué te gustaría saber más?
¿Cuál es el mejor plato que te has comido nunca?

Una vez que tengas las respuestas, pregúntate qué podrían decirle de ti a alguien. ¿Sacan a relucir alguno de tus grandes intereses? ¿Te dan la oportunidad de revelar aspectos importantes de tu personalidad? Si no, ¿hay otras preguntas que lo harían? De ser así, añade esas preguntas a la lista que lleves a tu próxima cita.

Segunda cita. Tu *segunda cita* podría tener lugar tras numerosas citas en las que quedáis para bailar, ir a museos o charlar durante la cena. Pero saber que disfrutáis de las mismas películas o que os gusta la misma cocina no te dice realmente si vuestros valores son compatibles.

Poco a poco, anima a tu acompañante a que comparta historias y detalles importantes sobre su vida. Turnaos con estas preguntas y asegúrate, una vez más, de que no es un interrogatorio. De hecho, si vacila ante una pregunta, podrías decir: «Sé que es una pregunta difícil, ya contesto yo primero». Tus respuestas pueden revelar tus propios valores. Si la pregunta es quién es la persona más fascinante que has conocido nunca, no des un nombre sin más. Cuenta lo que te interesa de esa persona, lo que has aprendido de ella y lo que le preguntarías si pudieses verla de nuevo. Si estás contando una historia sobre algo que has hecho y que no es nada propio de ti, entonces explica lo que sí es propio de ti, por qué te aferras a ese valor y qué te hizo apartarte de él.

Si la persona no se muestra abierta de inmediato, no pasa nada. Incrementar el sinceramiento lleva su tiempo. A veces, cuando nosotros estamos listos para compartir, pensamos que es el momento adecuado para que la otra persona se abra también. Pero la gente lo hace a su propio ritmo, con sus propios tiempos. Formula preguntas y escucha las respuestas con atención para juzgar si la persona vacila. Dale la oportunidad de cambiar de tema preguntando: «¿Es un tema demasiado serio?» o «¿Preferirías no entrar en eso ahora mismo?».

No solo queremos evitar interrogar a nuestra cita, tampoco queremos compartir demasiado. Acaparar toda la atención solo hará que la otra persona se sienta abrumada. Tu capacidad para mostrarte abierto y vulnerable la ayudará a mostrarse abierta y vulnerable a su vez, y a compartir aquello con lo que se sienta cómoda en esta fase.

Aquí tienes algunas preguntas poco comunes que puedes probar en la segunda cita y que te ayudarán a saber lo que encuentra interesante tu acompañante, cómo afronta los retos, lo que valora, si tolera el riesgo y cómo toma decisiones.

¿Quién es la persona más fascinante que has conocido nunca?

¿Qué es lo más impropio de ti que has hecho nunca o que te gustaría hacer?

¿Has experimentado algún giro importante en tu vida?

Si te tocase la lotería, ¿en qué te gastarías el dinero?

¿Qué es lo más espontáneo que has hecho nunca?

¿Con qué situación difícil has lidiado en el pasado?

¿De qué sientes orgullo?

¿Qué harías si tuvieses dinero suficiente para no tener que trabajar?

Fíjate en que estas preguntas abordan asuntos más profundos sin presión ni intensidad. No le estás preguntando a alguien por el peor momento de su vida o su secreto más oscuro. Estas preguntas están formuladas para descubrir cosas de la otra persona, pero de un modo alegre. No trates tus opiniones como si fuesen mejores que las de tu acompañante. Son solo diferentes puntos de vista que surgen de diferentes entornos, diferentes experiencias, diferentes educaciones.

Tercera cita. La tercera cita debería tener lugar cuando te resulte natural compartir algunas ideas para el futuro. De la misma manera que no necesitas compartir los mismos valores, no necesitas tener los mismos objetivos. Uno de vosotros podría tener su vida entera planificada, mientras que el otro sigue explorando lo que da sentido a su vida. En la tercera cita, puedes probar con algunas preguntas más profundas, como las que te propongo a continuación.

¿Tienes un sueño que te gustaría cumplir algún día: un trabajo, un viaje, un logro?

¿Qué te gustaría cambiar de tu vida?

Si pudieses conocer a alguien, ¿quién sería?

¿Hay algún momento o experiencia concreta que te haya cambiado la vida?
¿Hay alguien a quien consideres tu mayor maestro?

Utilizando la información que recoges en estas tres citas, puedes determinar si te gusta la personalidad de tu cita, respetas sus valores y quieres ayudarla a perseguir sus metas. Fíjate en los verbos que he escogido. No tenéis que tener la misma personalidad, siempre y cuando disfrutéis el uno del otro. No tienes que compartir sus valores, siempre y cuando los respetes. Sus objetivos ni siquiera tienen que ser cosas que tú desees o disfrutes. Pero ¿te interesa que esos aspectos de quién es y quién quiere ser sean parte de tu vida cotidiana, se desarrollen cerca de ti o a tu lado? Si su objetivo es robar un banco, debería ser motivo de ruptura. Podría ser que te guste tanto que te emocione ayudarle con lo que sea que persiga. O, si su objetivo es que todas las personas tengan hogar en Los Ángeles, una meta tan noble podría de por sí hacerlo más atractivo.

La atracción nos lleva a soñar. Cuando nuestra atracción hacia alguien se prolonga en el tiempo, empezamos a fantasear con la relación que podría desarrollarse, con las aventuras que podríamos vivir con esta persona, con cómo sería nuestra vida juntos. Nos encontramos en la fase dos.

Fase dos: Sueños

En la segunda fase del amor, muchos de nosotros nos movemos rápido. Nuestra atracción por esta persona nos dice que podría encajar con nuestros sueños. Pero dichos sueños pueden nublar nuestra visión de la otra persona y nuestras necesidades. En esta fase, nos esforzamos por desmontar falsas expectativas y centrarnos en diseñar, construir y nutrir una relación fuerte, basada en expectativas realistas, más que en sueños embriagadores.

Falsas expectativas. En esta fase del amor, a menudo tenemos en mente una lista de las cualidades que debería tener nuestra pareja. A veces, son muy específicas o se hallan ligadas a las opulencias: es exitoso, tiene casa propia, le gusta ver el baloncesto, tiene una edad determinada o unas condiciones físicas concretas, está listo para casarse el año que viene. La psicóloga Lisa Firestone dice que estas expectativas poco realistas se ven exageradas por la tecnología.[90] «Las páginas de citas online pueden promover la abrumadora noción de que existen elecciones infinitas en el mundo, lo que a algunos nos deja atrapados en un ciclo de búsqueda perpetua o en lo que un [equipo de investigadores] definió como "ir de compras en busca de relaciones".[91] Es posible que involuntariamente nos encontremos buscando la perfección o a una persona que pueda cumplir todo criterio imaginable que hayamos creado en nuestra mente (o en nuestro perfil)». Esta elaboración de listas puede convertir nuestros sueños en requisitos. Cualquier compañero potencial llegará con un pasado, retos y, posiblemente, traumas, al igual que nosotros. No encontrarás a alguien que cumpla todos los requisitos de tu lista sin más.

Está bien que diferentes personas colmen las diferentes necesidades de tu lista. La investigación demuestra que las personas más felices tienen múltiples relaciones cercanas, así que, tanto si estamos solos como en pareja, no deberíamos pretender que una sola persona satisfaga todas nuestras necesidades. John Cacioppo, neurocientífico que ha investigado el amor y el afecto, declaró al *New York Times*: «Uno de los secretos para una buena relación es sentirse atraído por alguien elegido, en lugar de necesitado».[92]

También podríamos esperar que nuestra pareja quiera las mismas cosas que nosotros de la vida: el mismo patrón de vida, la misma estructura familiar, los mismos gustos y aversiones, los mismos amigos, las mismas ideas de cómo debería ahorrarse y gastarse el dinero, los mismos planes para el futuro en cuanto a lo mucho que trabajaremos, el éxito que tendremos, dónde viviremos, cómo afrontaremos los retos inesperados y con qué frecuencia haremos cambios. Aunque no lo digamos, o lo pensemos siquiera, inconscientemente creemos que debemos compartir valores y objetivos para estar enamorados. Cuando una persona quiere pasar el domingo con la familia, y la otra quiere irse a jugar al golf, o una quiere quedar con sus amigos, pero la otra no está lista, pueden tomárselo como una señal de que no están hechas para estar juntas. O, más adelante en una relación, si la otra persona no quiere mudarse cuando nosotros queremos hacerlo, podríamos tomárnoslo como que significa que no nos quiere. Y, si no quiere casarse cuando nosotros queremos, pensamos que es el fin.

Tampoco es extraño en esta fase que esperemos que nuestra pareja nos lea la mente, que nos comprenda en cuanto hablamos y que esté de acuerdo con nosotros. Esperamos que canalice nuestras emociones y deseos, que elija el regalo por el que nos morimos, que intuya cómo nos gustaría celebrar nuestro cumpleaños, qué queremos para cenar esta noche, cuánta atención deseamos, cuánto espacio necesitamos.

Pero crear algo juntos es mejor que querer lo mismo. **Cómo gestionáis vuestras diferencias es más importante que hallar vuestras similitudes.**

En la fase dos, fundamentamos nuestros sueños en la realidad estableciendo ritmos y rutinas que crean el espacio para nutrir la relación lenta y cuidadosamente.

Ritmos y rutinas. En lugar de perseguir el sueño de lo que podría ser vivir felices para siempre con esta persona, dedica tiempo a conocerla, a construir vuestra conexión. **Los sueños son una ilusión. La realidad es mucho más interesante.** En entornos empresariales, cuyos sistemas son fuertes, insto a los líderes a incorporar algo de sentimiento con el fin de relajar la rigidez de la organización y el proceso. Y en las relaciones, donde el sentimiento es fuerte, incorporo sistemas para ayudar a aportar estructura y orden al paisaje emocional.

Los ritmos y rutinas nos ayudan a mantener una regularidad que nos permite llegar a conocernos de forma gradual y auténtica. Reconocemos que los dos estamos buscando una relación a largo plazo y esperando que sea esta. En el momento en que establecemos ritmos y rutinas juntos, ponemos expectativas realistas basadas en cuánto tiempo pasaremos juntos y cómo lo pasaremos. No tenemos que preguntarnos cuándo volverá a llamarnos la persona que nos interesa. No jugamos a juegos como esperar un número de días determinado antes de devolver una llamada.

También empezamos a establecer límites sanos mientras observamos cómo responde nuestra pareja. Los límites pueden ser físicos —algunas personas deciden tomarse su tiempo para llegar a la intimidad sexual— y también pueden estar relacionados con el tiempo y las emociones. Un breve estudio realizado por High-Touch Communications descubrió que, después del trabajo, la mayoría de la gente espera que familia, amigos y compañeros románticos respondan a un mensaje en el transcurso de cinco minutos. Sin embargo, cuando se trataba de horas de trabajo, daba a la familia y amigos una hora, pero ¡seguía esperando que un compañero romántico respondiera en cinco minutos! (Yo he aprendido a dar a Radhi unos cinco días. ¡Y con un recordatorio!).[93]

El psicólogo clínico Seth Meyers aconseja a las parejas formadas recientemente que hagan un ejercicio de precaución.[94] En *Psychology Today*, escribe que mucha interacción física de inmediato magnifica las emociones y puede influir en cómo ves a la otra persona. Mirarla a través de unas gafas de cristal de color rosa puede hacerte pasar por alto alarmas que serían más aparentes o preocupantes si no te hallases bajo la influencia de los químicos que liberamos como resultado del contacto físico, en especial del sexo. Además, estás forzando la intimidad emocional con alguien a quien apenas conoces y, como señala Meyers, «si no conoces realmente a la persona que despierta esas intensas reacciones emocionales, es posible que corras riesgos. Si la persona es amable y buena y desea las mismas cosas que tú, no hay problema; si la persona no tiene los mismos objetivos en una relación que tú, es posible que acabes sintiéndote solo y traicionado». Recomienda que, al menos durante el primer mes, no os veáis el uno al otro más de una vez a la semana; si las cosas van bien, entonces podéis incrementar poco a poco la frecuencia de vuestras citas. «Cuando te encuentras con un nuevo amigo potencial, por ejemplo, probablemente no te apresuras a verlo varias veces a la semana tras vuestro primer encuentro —escribe Meyers—. ¿Por qué deberían ser tan distintas las normas para iniciar una relación romántica?».

El tiempo y el espacio que pasamos separados mejora el tiempo que pasamos juntos. Queremos encontrar un equilibrio entre el tiempo juntos, el tiempo solos, el tiempo con nuestros propios amigos y el tiempo con amigos en común. En una semana, podríais decidir pasar una noche a solas, tres noches juntos, dos noches con amigos a los que conocéis los dos y una noche con vuestros propios amigos.

Esto os proporciona tiempo juntos, tiempo para relajaros, tiempo para experimentar la energía de otras personas juntos y tiempo para relajaros de un modo distinto con vuestros propios amigos. Cuando hagas esto, deberías decirle a tu pareja por qué es importante para ti estructurar tu tiempo de este modo. Limitarnos a decir: «Necesito tiempo para estar solo» hace que se pregunte qué ha hecho mal, mientras que decir: «Necesito tiempo para estar solo porque estoy estresado» le da una oportunidad de apoyarte y mostrar comprensión. El calendario que aparece más abajo es solo una muestra, pero te da una idea de cómo elaborar tu propio calendario.

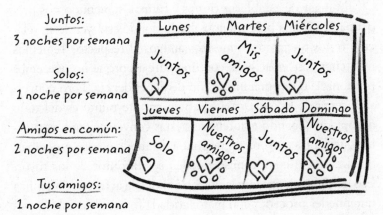

CALENDARIO SOCIAL SEMANAL

Juntos:
3 noches por semana

Solos:
1 noche por semana

Amigos en común:
2 noches por semana

Tus amigos:
1 noche por semana

Lunes	Martes	Miércoles	
Juntos ♥	Mis amigos ♡°₀°	Juntos ♥	
Jueves	Viernes	Sábado	Domingo
Solo ♡	Nuestros amigos ♡°₀°	Juntos ♥	Nuestros amigos ♡°₀°

HAZ LA PRUEBA: ESTABLECE UN CALENDARIO

Juntos, calculad la frecuencia con la que habláis, os enviáis mensajes y os veis. Buscad un ritmo tranquilo que funcione para los dos. No todas las semanas tienen que ser iguales, pero, cuando te has hecho una idea de cómo vas a pasar tu tiempo, no tienes la sensación de estar compitiendo con otros intereses.

Noches solo
Noches juntos
Noches con familia o amigos en común
Noches con tus propios amigos

En lugar de establecer ritmos y rutinas, a menudo nos preocupamos o nos preguntamos hacia dónde está yendo la relación o nos quejamos a nuestros amigos al respecto. Tememos mantener conversaciones con una pareja porque no queremos presionarla o dar una impresión de dependencia. Pero conversar acerca de lo que os parece bien en este punto es del todo apropiado. Cuando mantenemos estas conversaciones, es posible que la otra persona no responda del modo en que esperabas. Su ritmo y su compromiso pueden ser distintos de los tuyos. Eso no significa que la relación esté abocada al fracaso. Significa que puedes proceder con más claridad. Te has ahorrado las semanas y meses que, de otro modo, quizá hubieras pasado esperando a que se desarrollara la relación.

En lugar de:	Haz esto:
Preguntarte por qué no llama nunca	Establece un momento para conectar, en lugar de dejarlo en manos de la esperanza o la suerte
Pensar que está demasiado ocupado	Hablad de lo ocupados/ disponibles que estáis durante la semana
Pensar que va demasiado rápido	Dile que te gustaría ir más despacio, pero que eso no significa que no estés interesado
Pensar que va demasiado lento	Dile que quieres asegurarte de que aspiráis a las mismas cosas
Preocuparte por qué no te ha presentado a su familia y amigos	Obtén información acerca de sus relaciones más íntimas preguntando y descubriendo quién es importante para él y por qué
Preguntarte si está viendo a otras personas	Pregúntale si quiere una relación de exclusividad y escúchalo

En estas conversaciones, es posible que no siempre te guste lo que oyes. Si la persona no reacciona o no responde del modo que querías, no significa que la relación no vaya a funcionar. Significa que podéis avanzar en una dirección u otra con claridad.

Fase tres: Esfuerzo y crecimiento

Se supone que debemos enamorarnos, estar enamorados y seguir enamorados. Pero no podemos hacer nada de esto si esperamos que cada día sea San Valentín. Los problemas son inevitables. Llegan cuando, como pareja, indefectiblemente descubrimos los distintos aspectos en los que no estamos de acuerdo. En la fase dos, hacemos frente a esas diferencias y desacuerdos, y descubrimos si deseamos dedicar el esfuerzo que requiere resolverlos o vivir con ellos.

Cuando era monje, como podrás imaginar, dedicamos mucho tiempo a la introspección, y en un momento dado mi maestro nos pidió a un grupo de nosotros que calificáramos, en una escala del 1 al 10, cuánto bregábamos con nuestra mente. Nuestro trabajo era intenso, y todos nos dimos un número bastante alto. Entonces dijo: «Bueno, imaginad que hubiese dos mentes intentando entenderse». Dos personas distintas de hogares distintos con sus propias creencias, valores, expectativas y sueños: no hay forma de que el experimento se desarrolle sin contratiempos. El amor significa que valoras a tu pareja lo suficiente para afrontar los aspectos difíciles.

Las relaciones están diseñadas magistralmente para fastidiarnos. Resulta más fácil cuando estás solo, sin nadie que te cuestione o atestigüe tus defectos, pero no es por eso por lo que estás en una relación. Aportar conciencia a tu relación es incómodo. Muchas parejas se topan con una oportunidad de realización y sienten que es una carga. Esperamos que el amor fluya de manera natural, pero eso es sumamente raro, y a menudo significa que no estamos abordando los temas más difíciles. Necesitamos cometer errores, identificar lo que necesitamos para cambiar y trabajar para hacerlo mejor. Es entonces cuando crecemos como individuos y juntos.

Muchos de estos desafíos son sencillos y domésticos. En mi casa, por ejemplo, cuando era niño, cenábamos, tomábamos el postre y pasábamos un rato charlando; luego, recogíamos. En casa de Radhi, cenaban, recogían, tomaban el postre y, solo cuando todo estaba hecho, se relajaban y conversaban. Cuando empezamos a tener invitados en casa como pareja, Radhi recogía sola, enfadada porque yo no la ayudaba. Yo siempre decía que limpiaría más tarde, y lo decía en serio. Pero ella estaba bloqueada en el ritual de su familia, y yo, en el de la mía. Alguien podría decir que limpiará después y su pareja podría creer que solo está holgazaneando, pero la mayoría de las veces este tipo de diferencias tienen su origen en el entorno familiar, la cultura y los hábitos.

Los pequeños obstáculos son temas como: ella ronca; él siempre llega tarde; preferiría ver la tele, cuando yo quiero ir a un museo; no soporto a su mejor amiga; quiere pasar todas las vacaciones en casa de sus padres; tiene tres gatos, y yo soy alérgica. Y podría haber obstáculos mayores, como: tiene una deuda enorme; tiene un carácter que me da miedo; mantenemos una relación a distancia y ninguno de los dos quiere mudarse; ella no quiere tener hijos, y yo sí.

Desacuerdos de todas las clases pueden desafiar tu confianza en vuestro vínculo. Podrías sentir: «Creí que te quería, pero...».

En esa situación, hay tres caminos que puedes tomar. Dos de ellos conducen a comprensiones importantes. Puedes dejar la relación, en cuyo caso te das cuenta de que esa persona no encaja con tus prioridades. Podéis afrontar el problema juntos y crecer, en cuyo caso te sientes bastante positivo acerca de vuestro vínculo y evolucionáis juntos. O podéis seguir juntos sin cambiar nada, en cuyo caso no comprendéis nada. Te aconsejo que no elijas la tercera opción.

Esta fase es muy importante en lo que se refiere a definir el amor. Porque o bien te das cuenta de que algo es un motivo de ruptura para ti, o bien ves que estás dispuesto a pasar por el crecimiento que implica afrontar ese problema. Si se trata de esto último, saldréis de la experiencia con un amor más fuerte y resistente. Trataremos retos como estos en las relaciones en mayor profundidad en las reglas 5 y 6.

Fase cuatro: Confianza

Una vez que hemos superado un reto juntos, crecemos. Aprendemos a tolerar, a amoldarnos y a adaptarnos. El crecimiento que logramos juntos se convierte en confianza. Evaluar la amplitud de tu confianza en alguien es un modo de comprender y definir tu amor en la cuarta fase, la más alta. A veces, damos por sentado que la confianza es binaria: o confiamos en alguien o no. Pero la confianza aumenta de manera gradual a través de actos, pensamientos y palabras. No deberíamos confiar en alguien al instante solo porque se muestra amable con nosotros. Le concedemos nuestra confianza porque, poco a poco, día tras día, hemos compartido más de nosotros y hemos visto lo que hace con nuestra sinceridad. Todas las fases anteriores se erigen una sobre otra para traernos hasta aquí.

La confianza empieza por nosotros mismos. Necesitamos ser de fiar. Esto significa alinear lo que pensamos, decimos y hacemos. Cuando pensamos algo, lo expresamos y luego llevamos a cabo la idea. Esto significa que podemos confiar en nosotros mismos. Así, si siento que necesito una noche para mí, se lo comunico a mi pareja. Y luego me tomo el tiempo. Siento el beneficio del regalo que me he hecho a mí mismo y confío en mí para cuidarme. Mi pareja me ve llevando a cabo mis ideas, observa los resultados y reconoce mi fiabilidad. Luego, hago lo mismo por ella. Cumplo con las promesas que le he hecho. Le demuestro que soy de fiar y, al hacerlo, la inspiro para responder con el mismo nivel de confianza.

Confiamos más en las personas cuando nos hacen sentir seguros, cuando toman decisiones sanas y cuando sentimos que rigen su vida basándose en valores con los que estamos de acuerdo. Para evaluar la profundidad y la amplitud de tu confianza en tu pareja, considera estos tres aspectos: confianza física, confianza mental y confianza emocional.

La confianza física es cuando te sientes seguro y cuidado en su presencia. Tu pareja quiere estar contigo, está presente y atenta, y su compañía te produce una sensación agradable.

La confianza mental es cuando confías en su mente, sus ideas, su juicio. Es posible que no estés de acuerdo con cada decisión que toma, pero confías en el modo en que toma decisiones.

La confianza emocional es cuando confías en sus valores y en quien es como ser humano. ¿Te trata bien? ¿Te apoya? ¿Confías en cómo se comporta no solo contigo, sino con otras personas de su vida, desde sus amigos cercanos hasta un camarero?

No pasa nada si no tienes una confianza absoluta en tu pareja en todo este abanico, y es posible que cometa errores que desafíen tu confianza. Cuando identifiques los puntos débiles, considera la importancia de esa debilidad. ¿En qué te afecta? Si no confías en tu pareja en aspectos que son relevantes para ti, puedes mostrar buen talante y mantener la confianza hablando con sinceridad de los problemas. Es imposible tener confianza si no hay sinceridad, existen secretos o se recurre a la luz de gas.

La confianza se construye muy lentamente y necesita ser nutrida y sostenida. Piensa en ello como crecer por puntos de porcentaje. Cada vez que alguien piensa, dice o hace lo mismo, la confianza crece un punto de porcentaje. Al principio confías en que la otra persona diga la verdad: acerca de quién es, de qué está haciendo y de lo que piensa. Cada vez que lo hace, la confianza crece otro punto. Entonces, a medida que le pedimos que comprenda nuestras emociones y nos atiende, se van sumando los puntos. Cuando compartimos nuestros defectos, la confianza crece aún más. Pero también fluctúa. Si el otro no logra comprendernos o nos engaña o nos traiciona, nuestro nivel de confianza se hunde y necesita reconstruirse. Cuando superamos un reto juntos, la confianza vuelve a crecer. Empezamos a confiar a la otra persona nuestros planes y sueños. Y, finalmente, confiamos lo suficiente en ella para compartir nuestro trauma.

Cuando nuestra confianza es alta, sentimos un amor física y emocionalmente seguro. Nuestra pareja se convierte en la persona a la que acudimos con las buenas y las malas noticias, sabiendo que estará de nuestro lado y junto a nosotros, ayudándonos a capear los retos y celebrar los éxitos.

HAZ LA PRUEBA: CONFIANZA COTIDIANA

Una de mis formas favoritas de mostrar confianza cada día es observar si alguien cumple una promesa y reconocerlo. A menudo, recompensamos a la gente con gratitud y agradecimiento cuando nos sorprende con un gesto bonito. Tu pareja prepara una cena deliciosa que no te esperabas y la colmas de gratitud. Lo mismo ocurre cuando hacen algo que rara vez hacen. Pero la confianza llega con la fiabilidad. ¿Qué hay de la pareja que nos

$\longrightarrow$

←

hace la cena habitualmente? Deberíamos demostrar que apreciamos los esfuerzos que hace cada día. Cuanto más lo recompenses, más lo repetirá. Y construimos su confianza en nosotros del mismo modo, demostrándola.

Esta semana, intenta agradecer a tu pareja el esfuerzo y la energía que aporta constantemente a vuestra relación. Sé concreto. En lugar de decir: «Gracias por escuchar», puedes decir: «Sé que siempre llego a casa y descargo las emociones del trabajo contigo. Valoro mucho que me escuches y me aconsejes».

El amor nos lleva por todas estas fases una y otra vez. Nunca dejamos de profundizar en nuestra fe en el otro. Nuestra atracción se ve renovada de forma interminable. Trabajamos para eliminar impurezas. El amor significa que somos felices de recorrer este ciclo juntos.

Ahora, los sueños que tenías en la fase dos son reales. Quizá sean distintos; probablemente, sean mejores que nada de lo que te atreviste a soñar. En lugar de fantasear, podéis probar nuevos sueños juntos.

HAZ LA PRUEBA: CONSTRUID SUEÑOS REALISTAS JUNTOS

Estableced un chequeo mensual. Una hora al mes para hablar de vuestra relación. Esto os da una oportunidad para reafirmar lo que está funcionando y redireccionar lo que no está funcionando.

Identifica un punto culminante. ¿Por qué te sientes agradecido? Esto os ayuda a los dos a saber lo que está yendo bien.

→

←

Identifica un desafío. ¿Qué es lo que os está costando? Esto os ayuda a ver lo que debéis trabajar.

Encuentra algo por lo que trabajar juntos el mes entrante. Podría ser una cita nocturna, la celebración de un cumpleaños, un viaje, un plan para reformar una habitación en casa. Podéis consultar alguna página web para organizar unas vacaciones que queráis tomaros. De este modo, estáis construyendo vuestros sueños juntos. Juntos, estáis trabajando en cómo queréis que sea vuestra relación.

Experimentar todo lo que las relaciones pueden ofrecer implica enfrentarse a los retos y las recompensas de todas las etapas del amor. A veces, la gente se precipita de una relación a otra porque está intentando evitar los retos que exige el amor. Podría salir con alguien cada tres meses y pasarlo muy bien. Pero no hay ningún crecimiento en el ciclo de flirteo, sexo casual y descarte. Son la comprensión y el crecimiento continuos lo que nos ayuda a sostener la diversión del amor, la conexión del amor, la confianza del amor, la recompensa del amor. Si nunca nos comprometemos, nunca llegaremos a amar.

Una vez que estáis en una posición de confianza y compromiso, tu pareja y tú os reveláis el uno al otro y compartís más de vosotros de lo que permitís que nadie vea. Este intercambio os sitúa en una posición única. Normalmente, no pensamos en las relaciones en términos de aprendizaje y enseñanza, pero eso es justo lo que exploraremos en el próximo capítulo: cómo aprender de nuestra pareja y enseñarle.

Regla 4

Tu pareja es tu gurú

El amor no consiste en mirarse el uno al otro,
sino en mirar en la misma dirección.[95]

ANTOINE DE SAINT-EXUPÉRY

Existe un antiguo cuento zen acerca de un joven que, en busca de un maestro, decidió visitar dos ashrams. En el primero, se acercó al gurú, se inclinó ante él y dijo:

—Estoy buscando gurú. ¿Crees que puedes enseñarme?

El gurú sonrió.

—Por supuesto, creo que serías un alumno maravilloso y me encantaría compartir mi sabiduría contigo.

Entonces, el joven visitó el segundo ashram, se acercó al gurú y se inclinó ante él.

—Estoy buscando gurú. ¿Crees que puedes enseñarme?

El gurú se inclinó a su vez ante él, pero negó con la cabeza.

—En realidad, lo que sé es muy poco —respondió—, pero, si quieres pasarte más tarde, quizá podamos sentarnos y ver la puesta de sol.

El joven sonrió y asintió, y entonces escogió al segundo gurú.

Cuando presenté las etapas vitales de los Vedas, mencioné que nos referimos a cada una de ellas como un ashram. Los ashrams a menudo se asocian a un maestro, un gurú. Desde la antigüedad, gente procedente de todas partes del mundo ha viajado para aprender de maestros espirituales como Ramakrishna o Neem Karoli Baba, o hasta Dharamsala para aprender del Dalai Lama en su templo. Un gurú es más que un maestro, un guía o un instructor. Es como el capitán de un barco que te ayuda a transitar las aguas turbulentas de la vida con compasión y amistad profundas.

En el ashram, los maestros se sentaban al fondo del aula y escuchaban a los alumnos. Pedían retroalimentación después de dar las clases. No se nos asignaba a nuestros gurús; nosotros los elegíamos a ellos —un solo maestro que nos aceptara como alumno y protegido—, y ellos nos elegían a nosotros. En la escuela, antes de que fuera al ashram, tuve problemas con la autoridad. Tal vez fuera culpa de mi ego, pero me sentía juzgado y criticado por mis profesores. En contraste, los maestros que tuve como monje derrochaban compasión, empatía y humildad.

Al comienzo de mi etapa como monje, estuve en Londres con mi gurú, Radhanath Swami. Nos alojábamos cerca del templo, y yo me encargaba de sus comidas y otras necesidades. Sin embargo, todos los días, lo primero que hacía él al verme era arrodillarse ante mí y tocar el suelo con la frente. Él tenía casi setenta años, y yo, solo veintidós, el chico nuevo en el barrio, pero él presentaba sus respetos al alma o fuerza espiritual que habitaba en mi interior. Nunca decía: «Eres mi discípulo, así que haz esto». Nunca jugó la carta del gurú. Y yo nunca dije: «Eres mi gurú, deberías solucionarme esto». Nunca jugué la carta del alumno. Cada uno de nosotros se dirigía al otro con reverencia y admiración. Una relación romántica comprometida pone de relieve esta admiración y respeto de un modo distinto, porque no hay un gurú y un alumno. Los dos sois gurús y alumnos para el otro.

Por lo general, no pensamos en nuestras parejas como maestros o guías. Pero, solos, ninguno de nosotros puede verse a sí mismo o al mundo con claridad. Sabemos, por nuestras reflexiones en soledad, que cada uno de nosotros ve el mundo y a los demás a través de un telescopio diferente con un alcance limitado. El investigador en psicología Jeremy Dean, del University College de Londres, dice que típicamente nos formamos nuestro concepto de cómo nos ven los demás basándonos en cómo nos vemos a nosotros mismos, es decir, inherentemente imperfectos.[96] Desde la visión de nuestra mente, somos el centro de nuestro propio mundo y todo lo que experimentamos está de alguna forma relacionado con nosotros; los psicólogos llaman a esto «sesgo egocéntrico». No se trata de narcisismo, sino de lo que conlleva ver el mundo a través de una única lente. Otros nos ven de un modo distinto, a través de sus percepciones. Por supuesto, nuestra pareja tiene sus propios sesgos, pero aprender a vernos a través de sus ojos expande y afina a un tiempo nuestra percepción de nosotros mismos. Tu pareja es como un espejo sostenido delante de ti. Ese espejo no está para hacerte sentir mal y no debería tener ese efecto. Cuando no puedes esconderte de alguien, eso te vuelve más transparente y consciente de en qué necesitas trabajar. No hay juicio ni presión, sino ánimo y apoyo mientras trabajas en ti mismo.

Tu pareja debería ser alguien con quien quieres aprender, de quien quieres aprender y a través de quien quieres aprender, y viceversa. Aprendemos con alguien cuando probamos algo nuevo y después reflexionamos en torno a ello. Aprendemos de alguien cuando tiene una experiencia que comparte con nosotros o utiliza para guiarnos. Aprender a través de alguien es lo más difícil. Al vivir con la mente, el corazón y la energía de otra persona, crecemos al observar su comportamiento hacia nosotros. Necesitamos tener la atención y la paciencia para procesar su conducta y descubrir la lección que nos está enseñando. Esto resulta especialmente difícil si nos está irritando. Damos por sentado que es culpa suya, en lugar de advertir que sus actos —y nuestras reacciones— nos están educando acerca de nosotros mismos. Al mismo tiempo, ofrecemos lecciones a nuestra pareja a través de nuestros actos y comportamiento hacia ellos. Este viaje compartido es el centro del ashram *Grhastha*, la segunda etapa de la vida.

Como gurús, pensamos en cómo afectan nuestros actos a nuestra pareja. **Un gurú ofrece orientación sin juicios, sabiduría sin ego, amor sin expectativas.** Ser un gurú para tu pareja no significa transmitirle sabiduría (eso suena desagradable, como poco), pero sí requiere paciencia, curiosidad, creatividad y autocontrol.

No puedes cultivar estas cualidades en aislamiento. Tu pareja es la persona más indicada para ayudarte a aprenderlas. Aunque las relaciones entre monjes no son románticas, vivir en un espacio comunal implicaba que no pudiéramos escondernos mucho los unos de los otros. Todo el mundo sabía si te aseabas. Todo el mundo conocía el tono de tu meditación. Las relaciones a largo plazo son similares, pero cada persona está aún más expuesta de lo que lo estábamos los monjes. Tu pareja lo sabe todo de ti, lo bueno y lo malo.

Cualquier persona con la que te encuentres podría tener algo que enseñarte, pero no todo el mundo es tu gurú. Nuestros mejores amigos, familiares más cercanos y compañeros monjes (para los que los tenemos) no pueden ayudarnos a aprender estas lecciones porque no pueden vernos de una forma tan completa como la gente a la que queremos románticamente. Un colega cercano podría valorar mis éxitos más que mi mujer, pero no haber visto nunca a mi familia. Un amigo podría ser mejor compañía en un partido de fútbol, pero no quiero irme a casa con él todas las noches. Un compañero de piso, como los monjes, sin duda verá la mayor parte de lo bueno y lo malo, pero quizá no esté lo bastante implicado para ayudarme a lidiar con mis problemas. Mi familia y amigos podrían sentir distintos niveles de respeto por mi práctica espiritual, pero ¡es Radhi la que sabe si he meditado esta mañana! Me ve más a menudo y en más contextos que nadie. Nadie está en mejor posición para ayudarme a ser mejor.

Cuando llevábamos alrededor de un año casados, tuve la suerte de disfrutar de un éxito en mi carrera, que a Radhi no pareció importarle mucho. No lo celebró. Había accedido a mudarse conmigo a Nueva York porque creía en mí, pero ahí estaba yo, ante ese gran momento, y, como no parecía impresionada, empecé a preguntarme: «¿Por qué no me respeta mi mujer?». Estaba seguro de que me quería. Nos conocimos cuando yo no tenía nada. Ella tenía otras opciones. Me decía que me quería de muchas maneras. Pero mi éxito material no estaba teniendo en ella el efecto que yo esperaba. Y entonces pensé en que, ese mismo año, cuando estábamos a cuatro meses de la ruina, le había dicho que lo solucionaría. Su respuesta fue: «Confío en ti». Me di cuenta de que no quería ni necesitaba que ella me quisiera por mis logros. No necesitaba que me validara. Es fácil respetar el éxito. Ella me estaba ofreciendo algo más grande: su apoyo incondicional y su fe en mí. Significaba más que lo que nunca lo haría el hecho de que celebrara mi éxito externo.

La indiferencia de Radhi hacia el éxito material me ayudó a desarrollar la cualidad de quererme a mí mismo por mis valores. Me lo enseñó sin pretenderlo. Nunca dijo: «Te quiero por tus valores». Lidié con todo esto yo solo. Así es como somos el gurú del otro sin instruirnos, esforzarnos o percatarnos de que lo estamos haciendo. Radhi no se dio ni cuenta de que había aprendido la lección hasta que, años más tarde, se lo conté. Tuve mucha suerte de que se enamorara de mí cuando no teníamos nada. Si ya hubiese tenido cierto nivel de reconocimiento, sin duda habría cometido el error de querer una esposa que valorase más mi éxito.

LAS RELACIONES SON PARA CRECER

Si escogemos a un compañero con el que podemos crecer, entonces siempre nos estará enseñando.

Los investigadores Arthur y Elaine Aron desarrollaron la teoría de la autoexpansión, que afirma que las relaciones —en especial con nuestra pareja— nos capacitan para vivir una vida más grande y rica expandiendo nuestro sentido del yo.[97] La teoría de la autoexpansión dice que nos vemos motivados para emparejarnos con alguien que aporta a la relación cosas que no tenemos ya, como habilidades distintas (¡Sabes desatascar una tubería!), rasgos de personalidad (¡Eres el alma de la fiesta!) y perspectivas (¡Creciste en el extranjero!). Nuestra pareja expande nuestro sentido de quiénes somos porque expande los recursos a los que tenemos acceso.

Las quejas más comunes que oigo a la gente sobre su pareja son, en esencia, que no hace lo que ellos quieren que hagan («No hace su parte de las tareas de la casa», «No respeta a mis padres», «Nunca me hace cumplidos», «Se le olvida mi cumpleaños»). Pero, si piensas que tu pareja debería hacer lo que tú quieres cuando tú quieres, quiero que cambies la forma de ver a tu pareja. Eso no es una relación, es posesión. La posesión nace del control. Decididamente, no queremos esa dinámica con nuestra pareja. Una buena relación de pareja es transaccional. Las transacciones son parte de llevarse bien con otra persona.

Sincronizamos agendas, coordinamos responsabilidades, equilibramos nuestras vidas. Pero una gran relación requiere más que transacciones. Requiere crecimiento. El amor no es solo conformidad o intercambio. El amor es afrontar las cosas juntos. Lo tratamos en la última regla, cuando revisamos la tercera fase del amor: decepción y revelación. En este capítulo, hablaremos sobre cómo podéis aprender más el uno del otro superando retos juntos.

La vida se disfruta más cuando os conocéis el uno al otro, os veis crecer y crecéis juntos. Decimos que queremos envejecer juntos, pero olvidamos dar importancia a la parte del crecimiento. La dinámica gurú/alumno es lo que te hace sentir que estás conectado con tu pareja. Tienes que trabajar en una relación para sacar algo de ella, pero no es una máquina expendedora. No puedes trabajar en ella y esperar una recompensa inmediata garantizada. Lo que inviertes tendrá que ser auténtico y sincero, y lo que recibas será revelador.

HAZ LA PRUEBA: VALORA SI TU PAREJA ES ALGUIEN DE QUIEN PUEDES APRENDER Y CON QUIEN CRECER

Incluso cuando estamos empezando a conocer a alguien, podemos advertir señales de que es algo más que una simple amistad y alguien con quien divertirte, de que sería una buena pareja con la que crecer. Si te haces estas preguntas, te sorprenderá cuánto sabes ya de la capacidad de tu pareja para aprender contigo.

Para cada pregunta, evalúa si tu pareja lo hace siempre, a veces o nunca.

$\longrightarrow$

1. *¿Le gusta descubrir cosas de sí misma?* Si no tiene curiosidad por sí misma, es posible que le cueste aprender de ti. Si a alguien le encanta crecer, te ayudará a crecer. ¿Le gusta probar cosas nuevas? ¿Es consciente de sí misma? ¿Está abierta a la terapia, el *coaching* u otras formas de desarrollo personal? ¿Le gusta mantener conversaciones acerca de cómo toma decisiones o hace elecciones?

☐ SIEMPRE   ☐ A VECES   ☐ NUNCA

2. *¿Entiende sus propias emociones?* ¿Se le da bien comprender y expresar sus emociones? ¿Habla de cómo le ha ido el día únicamente a un nivel superficial o comparte emociones de un modo auténtico? Cuando tu pareja cuenta una historia, ¿su estado emocional forma parte de ella?

☐ SIEMPRE   ☐ A VECES   ☐ NUNCA

3. *¿Intenta comprenderte? ¿Siente curiosidad por ti?* La autoconciencia, a menudo, pero no siempre, lleva a la curiosidad por otros. ¿Utiliza habilidades emocionales para comprenderte mejor? Si no ha alcanzado una posición en la que puede expandir su radio de cuidado y amor, significa que sigue en *Brahmacharya*. Aún es su propia alumna y no está lista para aprender de ti.

☐ SIEMPRE   ☐ A VECES   ☐ NUNCA

4. *¿Es capaz de entretenerse sola?* Resulta más fácil aprender con otra persona si le gusta la soledad. Significa que tiene su propio viaje y su propio camino, lo que te permite transitar tu propio camino a su lado.

☐ SIEMPRE   ☐ A VECES   ☐ NUNCA

←

5. *¿Está abierta a encontrar nuevas formas de solucionar problemas?* Por ejemplo, si tiene problemas con un colega, ¿habla contigo o con un amigo? ¿Está dispuesta a hablar con el colega, a proponer un acuerdo mutuo o a cambiar de enfoque invitando a comer a esa persona? Aprender y crecer implica tener la determinación y la flexibilidad para abordar los problemas desde nuevos ángulos. Esa predisposición es transferible a una relación.

☐ SIEMPRE   ☐ A VECES   ☐ NUNCA

6. *¿Apoya a otros en su crecimiento?* Observa si se esfuerza en apoyar a un amigo, un hermano o un pupilo. ¿Ayudar a otros forma parte de su vida? Esto demuestra que puede extender su radio de amor y cuidado, como se requiere en *Grhastha*.

☐ SIEMPRE   ☐ A VECES   ☐ NUNCA

7. *¿Te impulsa a ser más y mejor?* Una pareja puede hacer que sientas ambición, no para impresionarla a ella, sino porque cree en tus habilidades y te da la confianza para perseguir tus intereses e inclinaciones.

☐ SIEMPRE   ☐ A VECES   ☐ NUNCA

Tus respuestas a esta evaluación no determinan el éxito o el fracaso de tu relación. Fíjate en las preguntas a las que has respondido «nunca» o «a veces». Eso te indica las áreas en las que necesitas tomar la iniciativa. Si tu pareja nunca pasa tiempo en soledad, entiende que tendrás que aceptarlo o animarla a empezar a hacerlo de formas que la atraigan. Quizá se te ocurran actividades que la ayuden a dedicar tiempo a reflexionar. (Observa los ejercicios de Haz la prueba de la regla 1). O quizá tenga una baja conciencia

→

←——

de sí misma que afecta a vuestra relación. Si no intenta entenderte, debes educarla con amabilidad acerca de cómo trabajas, diciendo cosas como: «Cuando estoy cansado después del trabajo, tengo la mecha más corta. Dejemos nuestras finanzas para el fin de semana».

Cuando nos inscribimos en un curso o alquilamos un Airbnb, investigamos antes de comprometernos. Con ejercicios como este, investigamos nuestra propia relación. Una pareja que no encaja con todas nuestras expectativas podría seguir desarrollándose hasta convertirse en alguien con quien quieras aprender y crecer, si estáis abiertos a enseñaros mutuamente.

CONVIÉRTETE EN MEJOR GURÚ

En *The guru and disciple book*, Kripamoya Das habla de cómo los gurús espirituales tradicionales y sus alumnos se ayudan mutuamente.[98] Enumera catorce cualidades del gurú que describió por primera vez el filósofo Vedanta Desika. Yo he incluido las descripciones en sánscrito y las traducciones de Kripamoya Das de algunas de esas cualidades abajo para mostrar que las cualidades del maestro y del alumno que detallo se fundamentan en las escrituras.

No mandes, sirve

Una de las cualidades que enumera Kripamoya Das es *dambha asuyadhi muktam*, que significa: «No exhibe características desfavorables como el egoísmo o los celos».[99] ¿Recuerdas que mi gurú, Radhanath Swami, se postró ante mí? Un gurú no impone su posición sobre su alumno ni intenta controlarlo. El maestro zen Shunryu Suzuki tenía planeado visitar la Asociación Budista de Cambridge, en Massachusetts, a su llegada un miércoles por la noche. El día anterior, varios miembros empezaron a limpiar la casa para la visita. Estaban adecentando la sala de meditación cuando sonó el timbre: era Shunryu Suzuki, que llegaba un día antes. Cuando vio lo que estaban haciendo, sonrió, se arremangó y se sumó a la limpieza. Al día siguiente, encontró una escalera y se puso a limpiar las ventanas.[100]

Un gurú no vacila en adoptar cualquier posición si con ello ayuda a su alumno. No hay ego implicado. El gurú se siente honrado y agradecido por apoyar a otra persona. Un verdadero gurú no desea el poder, sino que empodera a su pareja.

El gurú no está intentando ordenar, exigir u obligar a su pareja a hacer nada o a ser de ningún modo determinado. En lugar de decir: «Deberías hacer esto», el gurú dice: «Me encantaría compartir esta idea contigo» o «¿Lo has considerado así alguna vez?».

En el ashram, si un monje no se despertaba a la hora, su gurú no gritaba: «¿Qué te pasa?, ¿por qué no has aparecido en la meditación de la mañana?». En lugar de eso, quizá dijera: «¿Has dormido bien? ¿Puedo ayudarte de algún modo?». El gurú se centra en la causa del comportamiento, no en su consecuencia.

En la película de Marvel *Doctor Strange*, el cirujano Stephen Strange es un narcisista prepotente.[101] Entonces, un accidente le daña gravemente las manos, con lo que queda incapacitado para practicar la cirugía. Desesperado por recuperar sus habilidades, viaja a Nepal en busca de un maestro. Cuando Strange llega, ve a un anciano con gafas y una larga barba sentado leyendo un libro.

—Gracias, maestro, por recibirme —dice.

La mujer que le sirve el té a Strange se incorpora.

—Es un placer recibirle —contesta.

Su educación ha comenzado.

La anciana le enseña un mapa de chakras, y él lo rechaza, aduciendo que ya lo había visto en tiendas de regalos. A continuación, tras obligar a Strange a experimentar las dimensiones alternativas, la anciana le pregunta:

—¿Había visto esto en una tienda de regalos?

Strange, sorprendido, dice:

—Enséñeme.

La anciana se limita a decir que no.

Nuestros poderes como gurús no son tan vastos y nuestras lecciones puede que no sean tan concisas, pero la cuestión es que, cuando tu pareja ve que no estás tratando de controlarla o imponerle tu autoridad, refuerzas su confianza y su seguridad.

Da ejemplo

Otra cualidad del gurú que enumera Kripamoya Das es *sthira dhiyam*, que significa que la mente permanece fija con firmeza, incluso en situaciones difíciles.[102] Esto quiere decir que el gurú debería intentar comportarse de un modo ejemplar. Radhi quería que yo fuera al gimnasio y comiera bien, pero no me ha atosigado al respecto. En cambio, me ha guiado hacia un estilo de vida más saludable viviéndolo ella. Radhi no busca atajos en su propia práctica, y yo no habría cambiado mis hábitos si ella no hubiese sido tan constante en su propio compromiso. El gurú no da ejemplo de buenos hábitos porque trate de sermonear, instruir o alardear, sino porque le produce alegría y felicidad. Tengo un cliente que se quejaba de que su mujer gastaba demasiado dinero en bolsos y zapatos. Sin embargo, cuando le pregunté por sus propios gastos, reconoció que acababa de comprarse un coche lujoso. Ella habría tenido que comprarse cientos de bolsos y zapatos para acercarse al coste de ese coche. De manera que mi cliente estaba imponiendo patrones con los que él mismo no cumplía. Si le preocupaban sus finanzas, podría haber propuesto que ambos empezasen a vigilar sus hábitos de gasto, pero no podía imponer sus valores en los gastos de ella sin controlar los propios. El gurú nunca le pedirá al alumno que haga algo con lo que no se sienta cómodo. Lidera mediante el ejemplo. San Francisco dijo: «No sirve de nada caminar a ninguna parte para predicar a menos que el camino sea la prédica».[103] Cuando lideras mediante el ejemplo, alcanzas a comprender lo difícil que es crecer, porque estás haciendo tú mismo el arduo trabajo del crecimiento. Esto te proporciona compasión y empatía hacia tu compañero, en lugar de juicios y expectativas.

Apoya sus metas, no las tuyas

Dayalum es la cualidad del gurú que consiste en ofrecer compasión y amabilidad espontáneas a los alumnos.[104] Extiendo esto para sugerir que el gurú debería asegurarse de que apoya el camino del alumno.

Hay una historia en la escritura *bhakti* sobre un puente de piedra que están construyendo por encima del mar entre la India y Sri Lanka. Todos los animales ayudan a construir el puente. El fuerte dios de los monos, Hánuman, va arrojando rocas y peñas enormes a la estructura, que crece. Advierte que la ardilla, ansiosa por hacer lo que le toca, está lanzando guijarros en la misma dirección. Hánuman se mofa de la ardilla: «¿De qué va a servir eso?».

Entonces el dios Rama, el virtuoso príncipe que supervisa el proyecto, interviene. Dice: «Los dos estáis haciendo todo lo que podéis según vuestras capacidades. La roca es igual que la piedrecita». Señala que los guijarros ayudan a mantener en su sitio las peñas y agradece a la ardilla sus esfuerzos.[105]

Nos enorgullecemos al advertir el potencial de nuestra pareja y la instamos a que lo desarrolle, pero no queremos imponerle nuestros objetivos. Nuestra meta se limita a ayudarla a llegar al paso siguiente de su viaje, no al paso siguiente de nuestra opinión de lo que debería ser su viaje. Si nuestra pareja quiere aprender a meditar, podríamos encontrar una app o un centro cerca donde pueda empezar a practicar, pero no le decimos con qué frecuencia debería meditar ni lo que debería esperar de la meditación. Si nuestra pareja tiene un conflicto con un miembro de la familia, podríamos indicarle recursos que los ayuden a reconciliarse o reorganizar nuestros planes para darle el tiempo para hacerlo, pero no vamos a planificar unas vacaciones con dicho pariente para forzar el asunto. Lo mismo se aplica a ponerse en forma o trabajar en objetivos o hacer amigos en un nuevo vecindario. Queremos ayudarla a convertirse en la mejor versión de la persona que quiera ser. Apoyamos sus sueños. Queremos de verdad verla crecer. Pero, si intentamos que haga algo que nosotros creemos que sería lo mejor para ella, es poco probable que confíe en nuestra visión.

Cuando Sokei-an Shigetsu Sasaki, un monje japonés que fundó la Sociedad Budista de América, acababa de empezar a estudiar el budismo zen, conoció al legendario maestro Soyen Shaku, el primer maestro budista zen que enseñó en Estados Unidos.[106] Shaku había oído que Sokei-an era tallador de madera. «Tállame un Buda», le dijo al joven monje. Unas semanas después, Sokei-an se presentó ante Shaku con una estatua de madera de Buda, que Shaku arrojó por la ventana. Como más tarde dijo Sokei-an, pareció un acto cruel, pero no lo fue. «Su intención era que yo mismo tallase el Buda». Shaku no quería un regalo de Sokei-an. Quería que Sokei-an hiciese algo por sí mismo. El gurú no proyecta sus metas, ambiciones y plazos en su alumno. El gurú deja que este le muestre cómo apoyarlo del modo que necesita y quiere. (Aunque también te sugiero que no tires por la ventana nada que te regale tu pareja).

HAZ LA PRUEBA: AYUDA A TU PAREJA A CONOCER SUS METAS

En lugar de decirle a tu pareja cuáles deberían ser sus objetivos y cómo alcanzarlos, hazle tres preguntas.

1. ¿Qué es realmente importante para ti ahora mismo?

2. ¿Qué necesitas para conseguirlo?

3. ¿Hay algo que pueda hacer yo para ayudarte?

De este modo, permites que tu pareja se guíe a sí misma hasta las respuestas. Comprender sus objetivos sin corregirlos para acoplarlos a los tuyos es uno de los mayores regalos que puedes hacerle a alguien. Cuando oímos los objetivos de otra persona, automáticamente los pasamos por nuestros propios filtros. Es demasiado pequeño o demasiado grande. Tu perspectiva es importante, pero no queremos ni proyectar ni predecir. No queremos compartir nuestras propias limitaciones o aspiraciones. Asegúrate de escuchar sus razones, lo que la motiva y por qué. Tú también aprenderás de esto.

Guíala para que aprenda a su manera

En la lista de Kripamoya Das, el gurú es un amigo y un guía que siempre persigue el bienestar de su alumno deseándole lo mejor: *dirgha bandhum*.[107] Un buen gurú observa y valora cómo aprende su pareja y determina el mejor modo de presentarle lo que quiere que aprenda. Si a tu pareja no le gusta leer, proponle un pódcast. Si eso no le llama la atención, comprueba si hay algún curso que le gustaría hacer. Algunos clientes me han dicho: «Mi pareja no practica suficiente meditación ni *mindfulness*. Estoy intentando que lea tu libro». Mi pregunta sería: «¿Con qué disfrutas? ¿Con el baloncesto? Tengo una entrevista increíble con Kobe Bryant. ¿Música? Tanto Jennifer Lopez como Alicia Keys han estado en el pódcast». Busca un modo de conectar a tu pareja con tus intereses a través de los suyos.

HAZ LA PRUEBA: IDENTIFICA EL ESTILO DE APRENDIZAJE DE TU PAREJA

¿Qué estilo de aprendizaje describe mejor a tu pareja?

Escucha. A tu pareja le gusta asimilar información nueva a través del oído. Le gusta escuchar pódcast, audiolibros o charlas TED.
Visión. A tu pareja le gusta ver que alguien demuestra una habilidad o seguir un diagrama. Tu pareja aprende mejor de YouTube o MasterClass.
Pensamiento. A tu pareja le gusta absorber la información mentalmente, así que quizá le gustaría leer un libro sobre un asunto de interés e ir tomando notas para expresarlo con sus propias palabras.
Movimiento. Tu pareja aprende mediante la acción. Querrá apun-

⟶

←———

tarse a un taller en el que probar nuevas habilidades a medida que las adquiera.

Encuentra el estilo de aprendizaje que se ajuste a tu pareja. Para hacerlo, primero pregúntale si sabe cómo aprende mejor. Si no lo sabe, pregúntale cuándo fue la última vez que aprendió algo nuevo y en qué forma le llegó. Si sigues en blanco, observa a qué dedica su tiempo libre. ¿Ve documentales? ¿Escucha audiolibros? Puedes ayudarla incluso a encontrar un modo de probar todos los enfoques y ver cuál prefiere. Luego aconséjale sobre cómo aprender a utilizar los formatos que he sugerido antes para cada estilo. Puedes hacerle un regalo que la inspire, investigar un poco por ella o experimentar juntos. Los gurús buscan modos creativos de compartir ideas para su compañero en lugar de forzarlo o presionarlo.

Querer ayudar a nuestra pareja no debería confundirse con querer controlar a nuestra pareja. Una de las formas más comunes de intentar controlar a nuestra pareja es imponer nuestros tiempos. Es posible que nosotros hagamos en un día algo que a nuestra pareja le lleva una semana. Tus tiempos no son los correctos. Un gurú avanza al tiempo y al ritmo del alumno, sin una fecha límite.

Si le dijese a Radhi: «Hablemos de nuestros objetivos ahora mismo», se cerraría en banda. Pero, si le propusiese: «El domingo, vayamos a algún parque y escribamos en nuestros diarios acerca de lo que queremos de este año, luego lo hablamos juntos», estaría encantada. Intento hacerle sugerencias que encajen con su ritmo. Deja que tu alumno imponga su propio ritmo y, si no alcanza sus objetivos y se siente triste, no sueltes: «Te dije que lo hicieses antes». Sé paciente y considerado mientras hace su trabajo, ofreciendo tu tiempo y recursos y apoyándolo mientras le das la confianza para que lo haga solo. No lo hagas por él, pero anímalo y guíalo de un modo alentador. Gracias a esta restricción, estás desarrollando la paciencia y la confesión. Así es como, en calidad de gurú, tú estás creciendo mientras ayudas a crecer a tu pareja.

No critiques, juzgues ni insultes

Kripamoya Das describe al gurú como alguien libre de un discurso engañoso, que siempre dice la verdad: *satya vacam*.[108] Yo tomo esto en una dirección ligeramente distinta, en la que te pido que seas consciente del modo en que hablas a tu pareja para no confundirla ni hacer que se cierre en banda. Decirle a tu pareja que es descuidada no va a cambiarla. «Deja de jugar a la PlayStation» no funcionará. Piensa en la clase en la que mejor aprenderías. Es agradable, accesible y hay un flujo natural de conversación y actividad. Nadie quiere un maestro que grita a la clase o castiga a los alumnos de pie en un rincón. Queremos alumnos que respeten a sus maestros y maestros que respeten a sus alumnos, un intercambio tranquilo y sostenible.

Algunos investigadores han identificado la retroalimentación crítica como uno de los desencadenantes más comunes que nos empujan a adoptar una actitud inamovible,[109] lo que la profesora de Stanford Carol Dweck describe en su libro *Mindset* como cuando vemos nuestras cualidades como rasgos fijos que no cabe cambiar.[110] Cuando adoptamos una actitud inamovible, nos centramos en la percepción de que se nos ha juzgado de algún modo como incompetentes, en lugar de ver la oportunidad de crecimiento que podría ofrecernos la crítica. Cuando nuestra pareja nos dice: «¡Cuando haces tú la colada, toda la ropa acaba arrugada!», escuchamos algo como: «Eres incapaz, un inepto». En calidad de gurús, debemos prestar atención a cómo hacemos la crítica para que sea más probable que esta se reciba con el ánimo que pretendemos. Algo más parecido a: «Te agradezco mucho la ayuda con la colada. Me he dado cuenta de que, cuando dejo un rato la ropa dentro de la secadora antes de doblarla, acaba arrugada. Así que ahora, si tengo que hacer un recado o alguna otra cosa, no pongo la secadora hasta que vuelvo. Podrías enfocarlo de otra manera, pero lo principal es que a ninguno de los dos nos gusta planchar. ¿Crees que podríamos probar eso? ¿O se te ocurre una idea mejor?». Sí, comunicar esto requiere muchas más palabras. Y, sí, requiere más esfuerzo enmarcar así tu retroalimentación, pero merece la pena, porque es más probable mantener a la otra persona atenta y receptiva a la crítica.

Los gurús no se sirven de la ira, las palabras duras o el miedo para inspirar a sus alumnos. Se dan cuenta de que el miedo es un buen motivador a corto plazo, pero a largo plazo erosiona la confianza. La crítica es comunicación descuidada. No es constructiva, compasiva ni cooperativa. Busca formas de comunicarte para que la otra persona pueda absorber, digerir y poner en práctica tu aportación de manera eficaz. Ofrécele un *bocadillo de amor* en el que le sirvas una crítica constructiva entre dos deliciosas rebanadas de retroalimentación positiva. Da sugerencias en lugar de críticas. Por ejemplo, el marido de una clienta estaba teniendo problemas con exigencias poco razonables por parte de su jefe. Quería decirle: «Bueno, ¡dejas que te pisotee!», pero eso habría herido su ego y sus sentimientos. En lugar de eso, le recordó que tenía mucho talento, pero era humano, y le sugirió que hablase con su jefe no en relación con lo que no podía hacer, sino con lo que podía hacer en el tiempo asignado. Pese a que su jefe era poco comprensivo e inflexible, el marido de mi clienta le dio las gracias por apoyarlo y, tras hablarlo más extensamente, decidieron que, después de que acabara ese proyecto, empezaría a buscar otro trabajo.

Imagina que te estás tomando unas vacaciones largamente esperadas y que tu pareja reservó en Airbnb para la fecha equivocada. En lugar de reprenderla por incompetente, recuerda todo lo que ha hecho para planear ese viaje. No digas: «¡Tú lo has echado a perder y tú lo arreglas!». En lugar de eso, ofrécete a reservar un hotel para la noche mientras arregláis lo de Airbnb. Recuerda: estás intentando nutrir la alegría de tu pareja. Resaltas lo bueno, ayudas a crear un camino, amplificas su potencial. En lugar de criticarla en público, la elogias en público y en privado.

En lugar de esto:	Di esto:
«Nunca haces x; qué mal se te da y» (criticar lo que hace mal)	«Aprecio cuando haces esto» (reconocer lo que hace bien)
«Si vuelves a hacerlo, te dejo»	«Así me siento cuando haces eso»
«¿Has visto lo que la pareja de x ha hecho por él/ella?»	«Agradezco muchísimo cuando haces x por mí»
«Esto es culpa tuya, así que arréglalo»	«Sé que esto te está costando; ¿cómo puedo ayudarte?»
«Has cambiado. Antes no eras así»	«Es normal que estemos cambiando y tengamos que reajustar nuestras expectativas»

SÉ MEJOR ALUMNO

A algunos de nosotros nos resulta más fácil guiar que ser guiados, en especial cuando nuestro compañero no es un gurú paciente y dotado. Pero, incluso en esas circunstancias, tenemos la oportunidad de aprender de nuestra pareja. ¿Y si se pasa todo el día de brazos cruzados? Bueno, quizá te moleste ver a tu pareja relajarse porque tú no te tomas un descanso. Tu pareja te está enseñando de manera inconsciente que tienes que darte un respiro.

Y si nuestro compañero nos critica o no se muestra propenso a ayudarnos a crecer, debemos ser el tipo de alumno que, mediante su comportamiento y cualidades, saca lo mejor de su gurú.

Mi gurú en el ashram decía que, si un maestro era un diez sobre diez, entonces el alumno podría ser tan solo un uno sobre diez, porque el maestro lo elevaría constantemente. Pero, si el maestro era un uno sobre diez, el alumno tendría que mejorar para ser un diez sobre diez con el fin de aprender del maestro. En otras palabras, si abordas tus estudios con suficiente diligencia, con una mente y un corazón abiertos, puedes aprender aún más de un maestro mediocre de lo que aprenderías de uno genial.

Sé curioso y mantén la mente abierta

Kripamoya Das también cita quince cualidades del buen pupilo. Una de ellas es *tattva bodha abhilasi*, que significa «está ansioso por aprender».[111] El término budista *shoshin* quiere decir «mente de principiante».[112] Deseamos afrontar nuestra relación con la buena disposición de un alumno nuevo, independientemente del tiempo que hayamos pasado juntos. El maestro zen Shunryu

Suzuki dijo: «La mente del principiante contiene muchas posibilidades; la del experto, pocas».

Como alumno, estar abierto a lo nuevo significa que, cuando tu pareja hace propuestas, invitándote a explorar terreno nuevo, estás receptivo. Si tu gurú te ofrece un mal consejo o te lo presenta con dureza, evita la comprensible tentación de rechazarlo o reaccionar con ira. En lugar de eso, explora la posibilidad de que tu compañero quizá tenga realmente alguna sabiduría que compartir, formulándole las preguntas correctas. Preguntas que no sean retóricas ni condescendientes, sino más bien esfuerzos sinceros para comprender la idea. Podrías preguntar: «¿Puedes ayudarme con ideas concretas?». O: «Si quisiera aceptar seguir tu sugerencia, ¿por dónde empezaría?». O: «¿Podrías explicarme eso paso a paso?». Hay un viejo dicho: «Cuando el alumno está listo, el maestro aparecerá». Es una relación simbiótica.

Practica la humildad

Para hacer las preguntas correctas, uno necesita inteligencia, pero también humildad. La humildad no implica ser sumisos y débiles. Significa estar abiertos al aprendizaje y ser sinceros con nosotros mismos y con otros acerca de nuestros puntos fuertes y debilidades. Kripamoya Das describía al alumno como *tyakta mana*, es decir, humilde, sin soberbia.[113] En efecto, la humildad es esencial para el amor en general porque mantiene el ego —enemigo del amor— a raya. El ego y el orgullo ponen fin a más relaciones que cualquier otra cosa, porque la mayoría de los malentendidos se basan en ellos. El ego nos atrapa en la falsa creencia de que siempre tenemos razón, de que sabemos lo que es lo mejor y de que la otra persona se equivoca. Esta creencia nos imposibilita aprender de nuestra pareja.

Si ves a Nathan Chen patinando en las Olimpiadas, no piensas: «Yo patino tan mal... Soy insignificante e inútil». Reconoces y aprecias su gracia y los años de esfuerzo que ha invertido en su arte. La humildad es honrar las habilidades de otra persona, sus destrezas y crecimiento en lugar de deshonrar los tuyos.

HAZ LA PRUEBA: VALORA LOS CONOCIMIENTOS DE TU PAREJA

La próxima vez que hables con tu pareja, fíjate en algo que se le dé bien que normalmente das por sentada. ¿Cómo puedes encontrar algo extraordinario en lo que ya conoces de una pareja? Tal vez piense antes de tomar una decisión. Tal vez escriba siempre atentas notas de agradecimiento. Tal vez te ofrezca buenos consejos cuando no sabes exactamente cómo pedir algo en el trabajo. Busca habilidades que posee tu pareja y nunca has reconocido. Cuando repares en una, compártelo con ella. Esa apreciación alimenta los puntos fuertes de tu pareja.

Sé buen traductor

Kripamoya Das dijo que el alumno domina la mente y el discurso: *danta*.[114] Stephen Covey, autor de *Los 7 hábitos de la gente altamente efectiva*, podría estar de acuerdo con esa afirmación.[115] Declaró: «La mayoría de la gente no escucha con la intención de comprender; escucha con la intención de responder». Hay tres pasos para contestar de manera efectiva cuando tu pareja comparte un problema que tiene contigo. Primero, hazte eco de lo que dice. Luego, di lo que has oído, explicándoselo con tus propias palabras. Finalmente, cuando estés seguro de que los dos comprendéis el asunto que os ocupa, cuéntale cómo te sientes. Tendemos a responder con lo que primero sentimos, utilizando lo que el otro nos ha dicho para justificar nuestros sentimientos.

Pongamos que tu pareja te dice: «Me avergoncé cuando no me presentaste a tus amigos». Te está diciendo cómo se siente.

Si respondes primero con cómo te sientes, podrías decir: «Bueno, nunca me incluyes en las conversaciones con tus amigos». Pero, si le dices: «He oído que estás molesto conmigo. ¿Por qué te he hecho sentir de ese modo?», das a tu compañero una oportunidad de asegurarse de que está explicándose de manera efectiva. Le estás mostrando cómo suena, y ahora puede centrarse más en cómo habla y comparte lo que está diciendo. Al mismo tiempo, estás aclarando lo que intentas hacer en la relación: conectar y hacer que la otra persona se sienta comprendida. Tu gurú puede tomar como ejemplo el tono que estableces tú.

HAZ LA PRUEBA: PRESENTA UNA NUEVA IDEA

Practica tus habilidades comunicativas sacando un nuevo tema y prestando atención a lo que dice tu pareja, escuchando sus opiniones y ayudándola a desvelar y articular los sentimientos, necesidades y carencias que se esconden tras sus palabras.

Escoge un tema abierto que no hayáis discutido nunca, uno que podría serviros a los dos de inspiración para imaginar algo nuevo que podríais hacer juntos.

Ideas propuestas:

¿Y si los dos dejásemos el trabajo y nos mudásemos?
¿Y si viajásemos un año entero?

$\longrightarrow$

← ─────

Si un día podemos retirarnos, ¿qué haremos con nuestro tiempo?

Si tuviésemos un millón de dólares para dar, ¿a quién se lo daríamos y por qué?

Preguntas para explorar (cada uno de vosotros puede responder a estas preguntas, pero deberías centrarte en escuchar sus respuestas):

¿Qué es lo primero que te viene a la cabeza cuando te hago esta pregunta?

¿Por qué te atrae lo que has dicho?

Luego, demuestra a tu compañero que lo has escuchado:

Explícale lo que le has oído decir que sería su idea.

Habla de las preferencias y prioridades que crees que pueden subyacer a esa idea.

Dile lo que has descubierto de él en esa conversación.

Habla de si hay una versión viable de lo que quería que podrías aportar a vuestras vidas ya.

Por ejemplo: si la pregunta fuese cómo pasaríais un año viajando, quizá tú te inclines a mudarte al sur de Francia para comer *pain au chocolat* durante un año entero, pero tu pareja quiera planear un viaje en bici por Estados Unidos. Puede que reconozcas su anhelo de actividad física. Quizá también esté expresando un deseo de experimentar el viaje a un ritmo más lento o pasar tiempo acampando por el camino. Una vez que hayas comprendido más de su fantasía, podrías considerar regalarle una bici por su cumpleaños. O quizá planear un fin de semana en bici juntos.

Esto constituye una práctica de cómo puedes escuchar a tu pareja en lugar de escuchar para replicar cuando os topáis con temas más desafiantes y con mayor carga emocional.

Da las gracias al gurú

Kripamoya Das dijo que el alumno está *krita-vid-sisya*, agradecido por el conocimiento.[116] Observa y aprecia cuando tu compañero te está ofreciendo ayuda sin recompensa ni retribución. No nos detenemos a menudo para darle las gracias por su presencia constante, su disposición para ayudar y las cosas pequeñas y sencillas que hace. Tómate tu tiempo para agradecerle que advierta lo que entiende y hace bien, aunque parezca sencillo y fácil. Mostrar la gratitud de esta forma crea un bucle de retroalimentación, en el que se siente agradecido por tu valoración e inspirado para continuar en el modo gurú.

HAZ LA PRUEBA: RECONOCE LAS HABILIDADES DEL GURÚ

Piensa en las habilidades de tu compañero como gurú. ¿Cuáles son sus puntos fuertes? ¿Te has tomado el tiempo para reconocerlos? Y, si percibes algunos de estos aspectos como debilidades, ¿hay algo que puedas aprender de ti mismo a partir de tu reacción? Busca los ámbitos en los que tu compañero es tu gurú y dale las gracias. Puedes darle las gracias de forma inesperada o la próxima vez que muestre esas cualidades.

1. **Lidera a través del servicio**
   Tu pareja está dispuesta a desempeñar cualquier papel con tal de ayudarte, aunque no sea su campo de especialidad. Tal vez actúe como gerente, contable, técnico informático, repartidor de comida. ¿Te ayuda a abandonar la compasión en lugar de decirte qué hacer?

$\longrightarrow$

2. Lidera con el ejemplo

¿A qué se compromete y qué hace sin falta? Si no se te ocurre nada, probablemente no estés buscando lo suficiente.

3. Te ayuda con tus metas, no las suyas

Tu pareja te permite ser tú mismo. No te obliga o te insta a ser distinto. Puede que no te sirva o te ayude, pero que no te obligue a ser alguien que no eres es una forma de apoyo.

4. Ofrece consejo sin críticas, juicios ni abusos

Cuando no has alcanzado tus metas o has cometido un error, tu compañero te apoya y te anima sin presionarte.

Los alumnos también necesitan reconocimiento. Puedes hacer el mismo ejercicio para las cualidades de un alumno.

Tu gurú no es tu dios

Junto con la receptividad que comporta ser un alumno, viene quizá la cualidad más importante para tu relación con tu gurú: conservar tu sentido del yo. Solo porque aprendas de él no significa que te adaptes a su ideal y dejes de aprender de nadie más. Tu compañero es tu gurú, no tu dios. Te ayuda a ser mejor, pero no es mejor que tú.

Es normal que hagamos propios algunos rasgos de nuestras parejas. Algunos estudios han descubierto que las parejas empiezan a adoptar los mismos gestos, a sonar igual, incluso a comer la misma cantidad de comida.[117] Fusionar algunos hábitos es inevitable, pero queremos conservar nuestra individualidad dentro de la relación. Queremos adoptar las cualidades positivas de nuestro compañero sin convertirnos en él (o en su asistente). Siempre estás escribiendo tu historia. Cuando conoces a alguien, comienzas a coescribir con él. Las historias se entrelazan. Las escrituras védicas lo describen como vuestro karma siendo entretejido, pero no vuestra alma.[118] Yo pienso en ello como coescribir vuestro karma juntos. El karma es la actividad de tu vida, pero tu alma es tu identidad. Podríais cambiar y crecer juntos, mezclando vuestros karmas, mezclando la energía de dos familias y dos comunidades, pero no pierdas tu identidad. **Recuerda tu propia personalidad, valores y metas. No pierdas el hilo de tu propia historia.** Pasa tiempo en soledad. No canceles planes con familia y amigos. Persigue tus intereses, no solo los de tu pareja. Esto no es menospreciar, ignorar o traicionar a tu pareja. Es estimular tu crecimiento de formas que ella no puede, lo que significa que tendrás incluso más que ofrecerle. Y, si ya no existe la posibilidad de seguir creciendo juntos, podéis tomaros un tiempo. No pasa nada.

Si nuestro compañero se vuelve abusivo hacia nosotros, debemos romper. Un gurú nunca enseñaría a través del maltrato. El maltrato solo te enseña a temer a tu pareja, a suprimir tus instintos, a ignorar tu propio dolor y a alimentar el ego de otra persona. El maltrato emocional, mental y físico debería ser motivo de ruptura para todos, y está claro cuando piensas en tu pareja como en tu gurú. ¿Por qué iba a hacerte daño tu gurú? ¿Cómo vas a crecer sometido al miedo y al dolor? Y, si estás sufriendo de cualquiera de estas formas, pero te culpas a ti mismo, intenta preguntarte: ¿Estoy aprendiendo de esta persona? ¿Está ella aprendiendo de mí? ¿Es esta la manera en que quiero aprender? Si las respuestas son «no», entonces decidir marcharte es el mayor regalo que puedes hacerte, y hay muchas organizaciones que pueden ayudarte a hacerlo de forma segura.

El mayor regalo del gurú

Oímos que algunas parejas han ido distanciándose, pero nunca que han ido uniéndose. Aun así, si no estáis distanciándoos, lo más probable es que sea eso lo que estáis haciendo: ayudaros el uno al otro, discretamente pero con seguridad, a observar, aprender y crecer en todas las direcciones. La incomodidad del cambio se ve compensada por el placer de la comprensión compartida. El crecimiento que un gurú y un alumno cultivan mantiene la novedad y la emoción incluso cuando la relación madura y vuestra familiaridad aumenta. En el próximo capítulo, hablaremos del modo más importante en que un gurú puede ayudar a un alumno a crecer: persiguiendo su propósito.

Regla 5

Lo primero es el propósito

El sentido de la vida es encontrar tu don.
El propósito de la vida es regalarlo.[119]

DAVID VISCOTT

DHARMA: LA BRÚJULA

Hace muchos años, pedí a una clienta y a su pareja que escribieran sus prioridades en orden. La lista de él decía: 1. Niños. 2. Tú (se refería a su mujer). 3. Trabajo. La de ella decía: 1. Yo. 2. Niños. 3. Tú (se refería a su marido). A él le dolió y lo conmocionó que ella se situara por encima de todo lo demás. Pero entonces ella lo explicó: «Me pongo a mí primero porque quiero daros la mejor versión de mí misma a ti y a nuestra familia». Anteponerse suena egoísta, y puede serlo si te comes todas las galletas o te quedas con el mejor asiento a la mesa. Pero, para que cualquiera de nosotros aporte su mejor versión a una relación, tenemos que perseguir nuestro propio propósito o llamada espiritual, lo que en el hinduismo se llama *dharma*.[120]

El *dharma* es la intersección de la pasión, la experiencia y el servicio. Vivir en tu *dharma* significa que has conectado tus talentos naturales e intereses con una necesidad existente en el universo. Tu *dharma* no tiene por qué ser tu trabajo. Tienes suerte si puedes ganarte la vida siguiendo tu vocación, pero no siempre es posible. Además, tu propósito no debe dominar tu vida. Podría tratarse de un hobby, de tu implicación en la iglesia, de ser padre, de abrir una empresa. Podría consistir en trabajar como voluntario en rescate de perros en tu tiempo libre, organizar un grupo local para ayudar a la gente a salir de las deudas o escribir un blog sobre presupuestos de viaje. El *dharma* no va tanto de una actividad en particular como, más bien, de por qué llevas a cabo esa actividad, ya sea crear algo, conectar con gente, compartir lo que has aprendido, servir a otros o al mundo. Sea lo que sea, tu *dharma* no es un interés ocasional. Es una pasión. Te define. Cuando lo practicas, piensas: «Esto es quien soy». **Tu *dharma* es un viaje, no un destino.** Puede llevarte mucho tiempo encontrar las formas de obtener sentido, felicidad y plenitud de tus intereses. Mientras alguien persiga su propósito, ya lo está viviendo.

Los Vedas describen el *dharma* como una de las actividades que nos impulsan en la vida, moldeando nuestras elecciones y actos, como se indica en el gráfico de la página siguiente.

Fíjate en que el *dharma* aparece primero en la lista, lo cual no es casualidad. El orden en los Vedas es intencionado, aunque estos propósitos se superpongan y se entrecrucen a lo largo de nuestra vida.[120] Puede que no pensemos en el propósito como una necesidad básica, como la seguridad económica y la conexión social, pero es aún más esencial.

El *dharma*[121] viene antes del *artha*[122] porque rige cómo inviertes tu tiempo, dinero y energía. Da sentido al dinero. El mismo principio se aplica a las relaciones: si no tienes sentido del propósito, no aportas consideración y compasión a tu búsqueda del placer. Cuando priorizas estas cuatro actividades en el orden que sugieren los Vedas, el *dharma* os clarifica los valores y

LAS CUATRO ACTIVIDADES

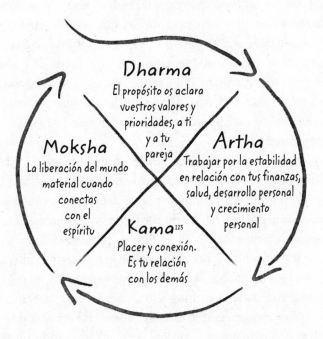

Dharma
El propósito os aclara vuestros valores y prioridades, a ti y a tu pareja

Moksha
La liberación del mundo material cuando conectas con el espíritu

Artha
Trabajar por la estabilidad en relación con tus finanzas, salud, desarrollo personal y crecimiento personal

Kama[123]
Placer y conexión. Es tu relación con los demás

prioridades a ti y a tu pareja. Persigues el dinero con un sentido más claro de cómo debería gastarse, y persigues el amor con un deseo de crear una vida plena con tu pareja. Al final, estas tres actividades llevan a *moksha*, donde todo lo que hacemos se consagra a un viaje espiritual.[124]

Los Vedas no son los únicos que priorizan el propósito. Investigadores de la Universidad de California, en Los Ángeles, y de la Universidad de Carolina del Norte querían ver si *hedonia* —el tipo de placer personal que procede de opulencias, como la fama o la riqueza, del beneficio propio y del placer— crea una sensación distinta en nuestro cuerpo a la de *eudaimonia* —la satisfacción que produce un profundo sentido del propósito y el significado en la vida—. Entregaron a los participantes una encuesta con preguntas como con qué frecuencia se sentían felices (*hedonia*) y con qué frecuencia sentían que su vida tenía dirección y significado (*eudaimonia*). Los investigadores encontraron que, mientras que los que tenían niveles más altos de *hedonia* generalmente experimentaban sentimientos más positivos, tenían perfiles inmunes más débiles, incluidos una inflamación más alta y otros marcadores que los hacían más propensos a la enfermedad.[125]

Anthony Burrow, profesor de desarrollo humano en la Universidad de Cornell, llevó a cabo otro estudio que mostraba que un fuerte sentido del propósito puede llegar a hacernos inmunes a los «me gusta» (o falta de ellos) que obtenemos en las redes sociales. Primero, él y su equipo de investigación hicieron que los participantes rellenaran una serie de cuestionarios que medían el grado en que se sentían conectados a un sentido de propósito en la vida. A continuación, dijeron a los participantes que estarían ayudando a probar una nueva red social. Primero, tuvieron que empezar a crear sus perfiles publicando un selfi. Los investigadores les dieron una cámara y, a continuación, fingieron subir la imagen a la red ficticia. Luego, al cabo de cinco minutos, dijeron a los participantes cuántos «me gusta» había obtenido su selfi comparado con las fotos de otros participantes: por encima de la media, en torno a los mismos o por debajo de la media. Finalmente, los participantes rellenaron otro cuestionario que medía la autoestima. Resultó que aquellos con un menor sentido del propósito en la vida experimentaban picos y descensos de autoestima basados en cuántos «me gusta» había recibido, o no, su selfi, mientras que aquellos con un sentido del propósito más fuerte se veían relativamente poco afectados. Su autoestima se mantenía inalterable.[126]

El propósito aísla y protege nuestra autoestima, y la investigación ha conectado la alta autoestima con relaciones más satisfactorias. Como dice Burrow: «Nos enfrentamos a los altibajos de la vida, pero el propósito es un ingrediente activo que nos ayuda a permanecer estables». Nos aportamos esa estabilidad unos a otros. Es una base sobre la que podemos construir la vida con nuestra pareja.[127]

Hay una historia que se atribuye a Buda acerca de dos acróbatas, un maestro y su ayudante.[128] El maestro se subió a lo alto de un palo de bambú y le dijo a su asistente que lo siguiera y se pusiera de pie sobre sus hombros. «Demostraremos nuestra destreza a la multitud, y nos darán algo de dinero. Tú cuidarás de mí y yo cuidaré de ti, y de ese modo estaremos a salvo». El ayudante valoró la situación y negó con la cabeza. «No, maestro —dijo—. Tú cuidarás de ti y yo cuidaré de mí, y así los dos estaremos a salvo». De ahí que la mujer de mi cliente no anduviera desencaminada cuando antepuso su propósito en la lista de prioridades. El enfoque de una pareja a sus *dharmas* debería ser como el de los dos acróbatas: «Tú haz lo que tengas que hacer mientras yo hago lo que tenga que hacer».

La gente piensa que anteponer a la otra persona es una señal de amor. Fantaseamos con la idea de hacer sacrificios y consagrarnos a otra persona, y hay formas muy bonitas de hacerlo. Pero he visto a gente que deja de lado su propio propósito y, al cabo de unos años, se siente perdida y confundida. Lamenta sus decisiones y se resiente con su pareja por no haberla ayudado a priorizar su propósito. Y con razón: yo no apruebo el resentimiento, pero, si tu pareja soporta verte abandonar tu propósito, eso no es amor. **Tú debes anteponer tu propósito, y tu pareja debe anteponer el suyo.** Entonces, os unís con la energía positiva y la estabilidad que produce la persecución de vuestros propósitos.

Es posible que te preguntes por qué hablo de encontrar tu propio propósito en un libro acerca de relaciones. Se trata de algo que haces en soledad, incluso dentro de una relación. Pero, al igual que la soledad nos ayuda a emprender una relación con autoconocimiento, saber cuál es nuestro propósito nos ayuda a sostener y hacer crecer una relación aferrándonos a nuestro sentido del propósito y apoyando los esfuerzos de nuestra pareja para hacerlo también.

En toda relación, hay en realidad tres relaciones: la relación del uno con el otro, tu relación con tu propósito y la relación de tu pareja con su propósito. Tenemos que prestar atención a las tres. Parece difícil, pero en realidad hace la vida más fácil. Si quieres amar de verdad a alguien y darle lo mejor de ti, entonces tienes que ser tu mejor versión. Del mismo modo que a un padre agotado le cuesta más cuidar de sus hijos, a alguien que no se ocupa de su propio propósito le cuesta apoyar a su compañero en el suyo. Al cuidar de nosotros mismos, nos preparamos para cuidar de otros. Como la terapeuta matrimonial y familiar Kathleen Dhalen deVos declaró al *HuffPost*, las parejas más felices son las que pueden dejar atrás su obsesión inicial mutua para priorizar sus propios intereses y objetivos. «Cuando las parejas dependen únicamente del otro para satisfacer todas sus necesidades sociales e intimidad emocional, esta "fusión" puede reprimir el crecimiento personal sano y amenazar con convertirse en codependencia». DeVos añade que las parejas necesitan mantener su identidad emocional dentro de la relación en lugar de dejar que la relación los defina.[129]

Cuando los dos perseguís de forma activa vuestro propósito, vuestra relación se beneficia de distintas formas. El *dharma* te ayuda a vivir una vida apasionada, inspirada y motivada, una vida que quieres compartir con alguien. También tienes el placer de vivir con alguien que se siente realizado. Ver a alguien a quien quieres hacer algo que le encanta produce una gran alegría. Es más, eres más consciente de las pruebas que se encuentra en el camino o empatizas más al respecto.

Cuando no perseguimos nuestros propósitos, surgen los problemas. A veces, cuando crees que hay un problema entre tu compañero y tú, la raíz de la insatisfacción es que un miembro de la pareja, o los dos, no está siguiendo su propósito. Mi clienta Aimee estaba molesta porque su compañero, Marco, guitarrista de un grupo emergente, estaba siempre de gira. Sin embargo, cuando acortó una gira para pasar más tiempo con ella, Aimee se sintió demasiado culpable para disfrutarlo. Se dio cuenta de que, si ella misma tenía una meta por la que trabajar, eso solucionaría el problema entre ambos. Cuando Aimee, que era pintora, empezó a dar clases en el garaje de un amigo y se emocionó organizando una exposición colectiva con los mejores trabajos, Marco se aseguró de poder dejar la gira para asistir a la inauguración y, aunque ella estuvo ocupada durante su visita, se sentía orgullosa de lo que había conseguido y feliz de compartirlo con él.

Incluso en un hogar aparentemente ideal —en el que vuestra vida laboral y vuestra vida doméstica cumplen todos los requisitos—, si uno de los miembros de la pareja desconoce su propósito o no está comprometido de forma activa con él, ese vacío individual afecta a la relación. El miembro de la pareja sin propósito podría experimentar celos del progreso del otro, en cuyo caso los dos se pierden la alegría, la energía y la satisfacción que se producen mutuamente dos personas impulsadas por su propósito.

Si un miembro de la pareja se siente perdido, podría empezar a sentir que no le importa a su compañero, quien en comparación está ocupado y se siente realizado. El compañero ocupado podría preocuparse por que el otro no tenga vida más allá de la relación. Podría sentirse responsable de entretenerlo y mantenerlo ocupado. En última instancia, cada uno podría estar resentido con el otro por cómo pasa su tiempo.

En una relación, debemos tener cuidado de que ninguno de los miembros de la pareja pierda lo que le importa, lo que valora y lo que lo hace sentirse fiel a sí mismo. Ahora, nos fijaremos, primero, en cómo puedes priorizar tu *dharma* dentro de una relación y, luego, en cómo ayudar a tu compañero a priorizar el suyo.

Cómo priorizar tu dharma

Sal Khan fue a la escuela de negocios, pero no creía tener el valor para ser emprendedor.[130] En lugar de eso, comenzó una carrera lucrativa en un fondo de cobertura emergente. Después, durante una visita de la familia, descubrió que su prima de doce años estaba teniendo problemas con las matemáticas. Sal se ofreció a darle clases a distancia. Estaban en 2004, así que los dos se sirvieron de una combinación de llamadas de teléfono y tecnología primitiva de mensajería. Al cabo de unos meses bajo su tutela, la prima de Sal volvió a hacer la prueba de nivel de matemáticas y pasó de una clase para niños con dificultades a una avanzada. Otros miembros de la familia, luego amigos de todo el país, empezaron a recurrir a Sal. Este comenzó a grabar las clases y a subirlas a YouTube, y creó además un programa personalizado para que la gente practicara las lecciones. Así nació la Khan Academy. Sal seguía disfrutando de su trabajo en el fondo de cobertura, pero estaba muy entusiasmado con la oportunidad de compartir sus lecciones con la esperanza de que ayudasen a otros. Había encontrado su propósito.

Si no sabes por dónde empezar, te recomiendo que sigas esta progresión:

La pirámide del propósito

Aprende: dedica tiempo a aprender en el ámbito de tu propósito.
Experimenta: coge lo que has aprendido y pruébalo para descubrir lo que funciona para ti y lo que no.
Progresa: lleva a cabo tu propósito, forjando consistencia y estabilidad en lo que estás haciendo.
Esfuérzate: afronta los retos que, inevitablemente, surgirán y utilízalos para crecer.
Gana: celebra los éxitos, tanto los grandes como los pequeños.

Aprende

El propósito comienza con la curiosidad. Pensamos que «comenzar» significa «hacer», pero en realidad empieza con el aprendizaje. No te saltes o evites la fase de aprendizaje. La razón por la que aseguramos que el conocimiento es poder es que puede ayudarte a superar cualquier temor a lo inesperado.

HAZ LA PRUEBA: APRENDE SOBRE TU PROPÓSITO

Aprendemos acerca de nuestro propósito considerando y explorando nuestros intereses y habilidades.

PASIONES

Hazte preguntas para identificar tus pasiones.

Si consiguieras que te pagasen por hacer cualquier cosa, ¿qué harías?

¿Hay algún pasatiempo que te gustase de niño, pero que ya no hagas?

¿Posees algún talento oculto?

¿Has visto a alguien que creas que tiene el trabajo de tus sueños?

¿Hay algo que se te diese bien y que echas de menos?

¿Tienes algún talento al que no has podido dedicarte últimamente?

PUNTOS FUERTES

Identifica qué papeles desempeñas en casa o en el trabajo para saber cuáles son tus puntos fuertes.

El *organizador*: planea cumpleaños y viajes, siguiendo los tiempos acordados. Se centra en plazos, resultados y la visión de conjunto. Se le da bien dirigir a la gente.

El energizante: extrovertido, entusiasta y optimista, el energizante hace que la gente se emocione para hacer lo que ha planeado el organizador.

→

El empático: emocionalmente inteligente, paciente, sabe escuchar y apoyar, el empático es intuitivo acerca de lo que siente la gente.

El analizador: se centra en los detalles, sistemático, cuidadoso y prudente, el analista capta los asuntos que podrían volverse problemáticos.

Tu propósito es donde tus pasiones se entrecruzan con tus habilidades.

Una vez que hayas identificado pasiones y habilidades, encuentra formas de aprender acerca de ellas.

1. Ve a una clase, lee un libro o escucha un pódcast de un tema de tu interés. ¿Puedes obtener un certificado que te ayude a desarrollar tu talento?

2. Busca grupos de personas que puedan inspirarte con lo que hacen y cómo lo hacen.

3. Prueba algo en el ámbito de tu propósito durante el fin de semana. Observa lo que te emociona y despierta tu interés.

Mi forma favorita de aprender consiste en hablar con gente que ya está haciendo lo que yo quiero hacer. Cuando un médico asiste a una conferencia sobre una enfermedad en concreto, conecta con otros médicos que estudian esa enfermedad. Descubre avances científicos. Oye hablar de nuevos tratamientos e investigación. Lo mismo se aplica a cualquier ámbito de pasión. Un mentor te ayudará a formarte una imagen de cómo puedes empezar a perseguir tu propósito y del aspecto que podría tener tu vida a medida que continúas viviendo en tu propósito. El mentor también puede ofrecerte consejos concretos sobre los primeros pasos que dar, cómo crear redes y adónde recurrir para aprender más.

Incluso si no encuentras a gente de tu campo, el hecho de estar cerca de otros que persiguen su propósito de manera activa puede resultar sumamente inspirador. Haz preguntas, sé curioso. Busca a gente que disfrute hablando de cómo halló su camino. Si no hay en tu comunidad, observa a los grandes que cuentan sus historias en libros, en YouTube, en charlas motivacionales y en pódcast.

HAZ LA PRUEBA: REÚNETE CON UN MENTOR

1. Busca mentores potenciales.
Utiliza tus contactos existentes para conectar con gente que sea experta en tu campo.

Contacta con ellos en las redes sociales.

Examina las fuentes que has utilizado para aprender (libros, charlas motivacionales, pódcast, etcétera) e investiga si aquellos que podrían ofrecer consejo están dispuestos a concederte aunque sean diez minutos para hacerles preguntas.

2. Haz preguntas. Toma notas sobre sus respuestas.
Empieza con preguntas logísticas, tácticas y prácticas:

¿Cómo empezaste?
¿Qué hiciste para mejorar?
¿Qué técnicas utilizas?
¿Tienes socios?
Y cualquier otra pregunta sobre cómo funciona el proceso.

$\longrightarrow$

← ▬▬

No temas ser específico con tus preguntas. Cuando no lo eres, no obtienes respuestas específicas.

También puedes formular preguntas emocionales y mentales que te ayuden a hacerte una idea de lo que podría gustarte del proceso y qué podría suponerte un esfuerzo.

¿Qué parte del proceso disfrutas más?
¿Qué odias del proceso?
¿Qué desearías haber sabido cuando empezaste?

3. Procesa.
Tras hablar con un mentor, consulta tus notas. ¿Hay gente a la que deberías llamar? ¿Destrezas que deberías desarrollar? ¿Oportunidades que deberías perseguir? Traduce la información que te han dado en puntos de acción y, de ser relevantes, añádelos a tu calendario.

Para aprender, debes invertir tiempo, y, para invertir tiempo, tu pareja debe estar de acuerdo. Tu pareja tiene que comprender los valores que te hacen querer invertir tu tiempo así, y querrás asegurarte de que no sientes que le estás robando tiempo a ella o a vuestra familia (si la tenéis). Lo hacéis trabajando juntos para decidir de dónde saldrá el tiempo.

La periodista Brigid Schulte, ganadora del Premio Pulitzer, estaba teniendo dificultades con las exigencias del trabajo y la maternidad, que entraban en conflicto.[131] No tenía tiempo para ella, lo que incluía cualquier proyecto apasionante del que esperara hacerse cargo. En un momento dado, desesperada por sacar algún tiempo extra de la agenda, llevó a cabo un estudio de uso del tiempo en el que grababa lo que hacía durante todo el día. Los resultados la dejaron pasmada, pues mostraban que

tenía veintisiete horas extra en la semana. Ese tiempo le resultaba prácticamente invisible porque estaba en briznas de diez minutos aquí y veinte minutos allá, «confeti de tiempo», como lo
llamó ella. Saltando de una tarea a otra a lo largo de los días,
pasando de concentrarse en su lista de tareas pendientes del
móvil a otras distracciones, Schulte estaba haciendo pedazos su
horario. Una vez que empezó a agrupar las tareas y a eliminar
distracciones innecesarias, encontró bloques más largos de
tiempo, que afirma que son esenciales para aprender, dar con
nuevas ideas y ver cosas que, de otro modo, quizá no veríamos.
En última instancia, halló el tiempo suficiente para investigar y
escribir un libro, *Overwhelmed*, que se convirtió en un best seller del *New York Times*.

HAZ LA PRUEBA: HOJA DE TRABAJO DE TIEMPO LIBRE

Puedes recuperar el tiempo perdido documentando cada minuto
de tu día y agrupando tareas como hizo Schulte, pero este ejercicio plantea un enfoque más sencillo, en el que nos fijamos en si el
tiempo que gastamos está alineado con nuestros valores.

Muéstrate a ti mismo lo que de verdad valoras dedicando
una parte consistente de tu tiempo libre a aprender en el ámbito de tu propósito. Con ayuda de tu pareja, observa cómo
pasas tu tiempo libre en la actualidad (esto también resulta genial para que los dos os hagáis una idea de vuestros valores y
veáis si queréis hacer algún otro cambio en cómo pasáis vuestro
tiempo libre).

Primero, como en la tabla de muestra que aparece a continuación, calcula las horas totales que dedicas a las actividades
que he enumerado y cualquier otra que quieras incluir. Luego,

$\longrightarrow$

en la segunda columna, calcula cuánto tiempo estás dispuesto a
restar a esas actividades y a redistribuir para aprender acerca de
tu propósito.

Actividades de las que disfruto	Tiempo que dedico en la actualidad	Tiempo que me comprometo a dedicar
Recargar pilas / puro ocio	4 h semanales	3 h semanales
Ejercicio	4 h semanales	4 h semanales (sin cambios)
Vida social	8 h semanales	7 h semanales
Entretenimiento	15 h semanales	10 h semanales
Tiempo total dedicado a actividades que no son mi propósito	31 h totales	24 h totales (he liberado siete horas semanales)
Aprender acerca de mi propósito	0 h semanales	7 h semanales

Implica a tu pareja en este proceso. Si no te comunicas con tu
pareja acerca de lo que te emociona perseguir, es posible que se
pregunte por qué no quieres pasar tiempo con ella. Si se apuntan
a este plan, comprenderán y respetarán por qué pasas tu tiempo
como lo haces.

Experimenta

Experimentar es llevar tu aprendizaje a la práctica para averiguar lo que te funciona y lo que no. Lleva a cabo minipruebas de lo que has estado persiguiendo. Si hiciste un curso de comunicación en el que te dijeron que mires a la gente a los ojos cuando hables, ahora haz un esfuerzo coordenado para seguir ese consejo. Si quieres enseñar, podrías probar ofreciendo un seminario, ayudando a otro maestro o empezando un blog. Si quieres vender artesanía, podrías comenzar a postear en Etsy. Si quieres ofrecer un servicio, podrías ponerlo a prueba haciéndolo gratis para tus amigos. Entrar de aprendiz u oyente o hacer prácticas son todas formas de meter la patita en algo que creas que podría ser tu propósito. Este periodo de experimentación se supone que debe quitarte presión: ni juicios ni críticas ni culpa por tu parte ni por la de tu pareja. No tienes que ser perfecto. Los errores pueden ofrecer información valiosa acerca tanto de tu nivel de destreza como de tu campo de interés.

En esta fase, puedes invitar a tu pareja a acompañarte mientras experimentas. Muchas parejas pueden intentar hacer un curso juntas, leer el mismo libro o ver un documental al mismo tiempo. Esto es genial si compartís intereses, pero, si tu pareja no puede ir o no le interesa, no te desanimes. Este es tu propósito, no el suyo.

A menudo, presionamos a nuestra pareja para que se muestre tan entusiasta como nosotros por nuestra pasión. O nos preguntamos si es la persona apropiada para nosotros porque, cuando hablamos de nuestra pasión, no tiene mucho que añadir a la conversación. Nuestra pareja no tiene por qué compartir nuestras pasiones. Incluso si lo hace, eso no garantiza el éxito en una relación. Recuérdate por qué estás con esa persona y recuerda que pareceros no es necesario para una relación feliz.

Además, a menudo es mejor que cada uno de vosotros lleve a cabo su propio aprendizaje. Así podéis avanzar a vuestro ritmo y aportar a la pareja lo que habéis aprendido. De este modo, tu pareja sigue siendo una parte del proceso y no se siente desconcertada o apartada a medida que avanzas. Quieres que tu pareja se sienta amada y conectada mientras encuentras formas de aprender y desarrollar tu propósito. Solo asegúrate de que sepa cuándo estarás experimentando, para que decida cómo quiere organizar su tiempo; quizá esté experimentando también.

Aprender y experimentar podría ser un viaje de cinco meses o de cinco años. Recuerda: independientemente de en qué punto de la pirámide del propósito te halles, ya estás persiguiendo tu propósito. No hay una línea de meta que tengas que cruzar antes de vivir tu propósito.

Progresa

Aprende y experimenta hasta que alcances un nivel de pericia en el que sepas lo que te gusta y lo que no de tu propósito, lo que funciona y lo que no. Luego ve a por ello. Aprender no rinde resultados, y los resultados de la experimentación son arbitrarios. Ahora vas a hacer que esos esfuerzos te sirvan. Das pasos para llevar a cabo tu propósito, desarrollar regularidad y constancia. Esto podría significar aceptar un trabajo nuevo. Podría significar lanzar un pequeño negocio. Podría significar rescatar a un perro o trabajar de voluntario como profesor asistente. Este nuevo esfuerzo lleva tiempo, pero estableces una rutina y objetivos perceptibles. Querías ponerte a *hacer* de inmediato, pero tu rendimiento solo será tan sólido como el aprendizaje y la experimentación que hayas llevado a cabo antes.

Si los resultados no son satisfactorios, entonces vuelves a aprender y a experimentar. Si no recibes visitas en tu tienda de Etsy, esfuérzate por aprender a publicitarla. Si sientes que podrías ser mejor ayudante, pide al profesor titular que te oriente. Cuando eres capaz de obtener resultados mensurables y replicables, y empiezas a hacerte notar, esto aumenta tu confianza y te motiva para seguir avanzando.

Para progresar, debes redoblar tus esfuerzos, y perseguir tu propósito puede empezar a consumirte más tiempo y energía. Es crucial que compartas lo que estás haciendo y lo que necesitas de tu pareja en esta fase. Recuerda: estás atendiendo a tus propias necesidades para poder dar a la gente a la que quieres.

Lucha

Sé lo que estás pensando: «¿De verdad es necesario luchar?». Odio tener que decírtelo, pero por fuerza va a haber algo de lucha en todos los niveles de la pirámide. Es posible que aprendas que seguir un camino determinado resulta prohibitivo, o que nadie responde al modo que eliges de escoger compartir tu pasión, o que necesitas trabajar en tus habilidades más tiempo y con más ahínco de lo que preveías. Podrías dar algún traspié inesperado. Podrías fracasar y tener que empezar de cero. No podemos evitar el esfuerzo, pero, cuanto más lo comprendemos, más podemos utilizarlo para crecer. Cuando luches, explica a tu pareja por lo que estás pasando. Si alguien sabe que estás cansado, distraído o molesto, será más capaz de apoyarte como planteamos en la regla 4.

Ten cuidado de no etiquetar todos los retos como luchas. Siempre hay algo que genera dificultades, pero no permitas que se convierta en toda tu realidad. Cuando mantienes una visión equilibrada de la lucha, puedes aprender y crecer sin dejar que te derrote.

Cuando pasas por una fase compleja, también es importante recordar a tu pareja que no es culpa suya. Puedes mostrarte abierto acerca de lo que necesitas, pero aclárale que es tu carga, no la suya. De hecho, si estás bloqueado o poco inspirado, podría ser una oportunidad ideal para dirigir tu tiempo libre y tu energía hacia las actividades de tu pareja (más adelante, en esta regla, te diré cómo). Este enfoque lúcido te permite descubrir nuevas formas de alimentar tu propio propósito independiente. Podrías ayudar a tu pareja a incrementar su presencia online y darte cuenta de que tienes vocación para el marketing online. O quizá podrías implicarte en la parte del diseño de un trabajo de tu pareja y decidir estudiar diseño gráfico. Solo recuerda: nadie se siente satisfecho a través del *dharma* de otra persona. Si uno pretende compartir el *dharma* del otro, no será capaz de utilizar sus verdaderos dones. Los sueños no tienen que ser grandes; solo tienen que ser tuyos.

Gana

Lewis Hamilton es el piloto de Fórmula 1 que más carreras ha ganado, con 103 victorias y 182 podios entre 2007 y 2021.[132]

Cada carrera de Fórmula 1 dura aproximadamente dos horas, y hay veintitrés carreras por temporada. Eso significa que, a lo largo de quince años, ha pasado unas 683 horas pilotando; eso sin contar las clasificaciones ni el tiempo de práctica. Para situarse entre los mejores pilotos, en temporada, Hamilton dedica entre cinco y seis horas al entrenamiento físico.[133] A lo largo de quince años, eso son 13.300 horas entrenando. Ahora digamos que, cuando Hamilton gana una carrera, pasa alrededor de

CENTRARSE EN EL PROCESO

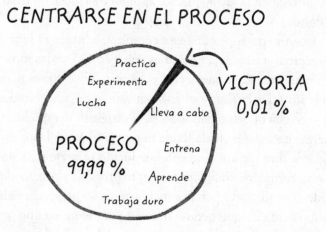

diez minutos en el podio. Eso significa que, a lo largo de quince años, pese a todas esas horas pasadas entrenando y corriendo, y sin incluir la práctica, Hamilton ha pasado un 1 por ciento de su tiempo siendo el centro de las miradas. (¿No te fías de mis cálculos? Si necesitas saberlo, me he basado en 41.000 minutos pilotando + 800.000 minutos entrenando + 1.030 minutos en el podio).

Estar de pie en lo alto del podio es un placer raro. Estás en el pico, y se te reconoce por ello. Este es el nivel en el que todos queremos vivir. Queremos sentarnos en lo alto de la montaña, tras haber hecho todo el trabajo duro, y ser reconocidos por lo que hemos alcanzado. Queremos quedarnos ahí sin más.

Lo más importante que recordar acerca de ganar es que es una consecuencia adicional de los cuatro primeros niveles. Solo consigues ganar si has pasado por los cuatro niveles anteriores. Así que, si vives por el espectáculo del premio, los seguidores y la fama, te va a decepcionar descubrir que ganar es raro y solo supone una ínfima parte del tiempo que dedicas a tu propósito. Tienen que gustarte las partes inferiores. La vida no transcurre en la cima. Los ganadores siguen aprendiendo, experimentando, ejecutando y luchando. Todo forma parte del viaje, y todo es valioso.

HAZ LA PRUEBA: IMPONEOS METAS JUNTOS*

Una vez al año, reserva tiempo para hablar con tu pareja sobre vuestros propósitos y vuestras metas. Debéis cuidar de vuestros objetivos, del mismo modo que cuidáis del buen estado de una casa. Cada año, limpiáis los canalones, cambiáis las pilas de los detectores de humo y os encargáis de las reparaciones. En una relación, comprobáis vuestro propósito y cómo sentís que lo estáis cumpliendo los dos. Podéis tener un sueño juntos y un sueño personal. Tu meta podría ser aprender a pintar, mientras que la de tu pareja podría ser aprender diseño de páginas web. Vuestro objetivo juntos podría ser aprender a bailar.

¿Qué pretendes conseguir? ¿Estás tratando de adquirir una destreza que sirva a tu propósito? ¿Estás buscando un trabajo más relacionado con tu propósito? ¿Estás intentando sacar más tiempo para tu propósito?

¿Qué quieres de tu pareja? ¿Cómo puede ayudarte a cumplir tu propósito? ¿Necesitas apoyo emocional? ¿Quieres que te ayude a cumplir con otras responsabilidades para que tengas más tiempo para su propósito?

¿Qué quiere tu pareja de ti? ¿Crees en su propósito? ¿De qué formas se te ocurre que puedes ayudarla a perseguirlo?

* Antes de sentarte con tu pareja para hacer este ejercicio, piensa en cómo planeas presentárselo. Si le sueltas a tu pareja: «Jay Shetty ha dicho que deberíamos responder a estas preguntas acerca de nuestro propósito cada año: hagámoslo ahora», es probable que no obtengas grandes resultados. Lo mismo se aplica si se lo planteas como un predicador evangélico. No metas prisa a tu pareja para implementar una nueva frecuencia o forma de comunicación. Primero, asimila estas ideas tú. Empieza apoyando el propósito de tu pareja en lugar de anunciar tus planes de hacerlo. Observa el efecto que tiene en ti, en tu pareja y en vuestra relación. Comparte con ella lo que adviertes en un estilo de comunicación que sepas que funciona para ella.

⟶

←

Cuando cuidas de una casa, también hay aspectos que debes afrontar más de una vez al año. Pagas las facturas mensualmente, cambias una bombilla cuando se funde o arreglas una gotera. Si surge un problema para ti o para tu pareja, asegúrate de que lo discutís juntos.

AYUDA A TU PAREJA A PRIORIZAR SU PROPÓSITO

Ayudaros mutuamente a cumplir vuestros propósitos es tan fundamental para el éxito de una relación que en la ceremonia de boda védica tradicional es el voto final: «Juntos perseveraremos en el camino del *dharma* (de la rectitud), a través de este vehículo de vida familiar…».[134] Esto no significa que adoptes su *dharma*. Significa que haces sitio para él.

En un hogar, a menudo da la sensación de que solo hay espacio para el propósito de uno de los miembros de la pareja. Hay estudios que demuestran que los sueldos de los hombres aumentan después de que tengan hijos, mientras que los de las mujeres descienden. Un artículo del *New York Times* dice que, aun cuando se lleva un control de las horas, los sueldos y otros factores, «la disparidad no se debe a que las mujeres realmente se vuelvan menos productivas como empleadas y los padres trabajen más arduamente cuando se convierten en padres, sino a que los empleadores esperan que así sea».[135] En realidad, como denuncia el *Times*, «El 71 por ciento de las madres con hijos en casa trabaja, según la Oficina de Estadística Laboral estadounidense, y las mujeres son el único o principal sostén de la familia en el 40 por ciento de los hogares con hijos, según los datos del Pew Research Center». El prejuicio del empleador es el único motivo para la discrepancia. Es un problema, pero aún más razón para asegurarte de que, si en tu pareja hay una mujer, o dos, no deje su propósito atrás.

El proceso de ascenso en la pirámide del propósito arroja luz sobre cómo podemos ayudar a nuestra pareja. La vemos en una ascensión en paralelo y utilizamos las lecciones que estamos aprendiendo para darnos paciencia e ideas para ella.

Ayuda a tu pareja a aprender

La gente a menudo no sabe por dónde empezar. Observa cuándo se ilumina tu pareja, cuándo cobra vida en una conversación. Fíjate en qué le produce alegría y cuáles son sus puntos fuertes; luego, utiliza lo que ves para motivarla y alentarla. Estas percepciones ayudan a tu pareja a acelerar su aprendizaje y experimentación. Recuerda ser un buen gurú. No avasalles ni te enfades si no sigue tu consejo. Debe llegar a eso a su propio ritmo. No puedes obligarla. Solo puedes estar ahí para ella mientras lo descubre. No estás intentando llevarla al siguiente paso de tu viaje, sino al siguiente paso del suyo.

Si tu pareja tiene intereses, pero no les ha dado la forma de un propósito, aliéntala para que explore sin juzgar su camino. No nacemos conociendo nuestro propósito ni listos para perseguirlo. Ayuda a tu pareja a investigar algo que despierte su curiosidad. Puedes reservar una visita a un museo o buscar libros o charlas motivacionales que la ayuden a explorar lo que le produce una curiosidad especial. Echa un vistazo a tus compromisos y prioridades, y asegúrate de que tu pareja tiene la libertad para perseguir su curiosidad, en lugar de esperar que pase su tiempo libre contigo.

Cuando conocí a Radhi, estaba claro que le encantaba la comida, y la animé a que explorara ese interés sin importar adónde podía llevarla. La gente siempre le decía: «Deberías abrir un restaurante», pero yo no le imponía mis objetivos. Intentaba apoyar su crecimiento limitándome a decirle que dedicara tiempo a aprender y a experimentar. Me alegraba, por los dos como pareja y por ella, de hacer los sacrificios que fueran necesarios para que persiguiera sus intereses. Cuando llegamos a Nueva York, comenzó como aprendiz bajo las órdenes de un chef ayurvédico. De allí pasó a enseñar yoga, a obtener su certificación ayurvédica y a ayudar a crear la carta de un restaurante. No la presioné para que escogiera una meta profesional ni le pregunté cuándo acabaría su búsqueda. Cuando nuestra pareja está buscando su propósito, la apoyamos desde las bandas. Proporcionamos consejo cuando se nos pide, pero dejamos que tome sus propias decisiones. No la acusamos de ser poco productiva: la halagamos cuando hace progresos.

No digas esto:	Di esto:
¿Por qué tardas tanto?	¿Cómo puedo ayudarte?
¡Tienes que tomar una decisión ya!	Establezcamos una fecha límite juntos que resulte realista para nuestro hogar y nuestra vida.
Mira a X. Lo está haciendo muy bien.	¿Has pensado en quién te inspira y quién podría ser un buen mentor?

Mientras tu pareja está aprendiendo, no intentes ser su mentor. Un mentor es alguien cualificado en el campo en el que uno quiere aprender. El mentor tiene experiencia y conocimientos pertinentes para guiar a tu pareja de modos en los que puedes progresar en su propósito, además de la buena disposición para ayudar. Vosotros sois el gurú del otro: aprender de vosotros mismos y el uno del otro. Pero no tenéis que ser mentores o socios. En lugar de eso, ayuda a tu pareja a pensar en formas de conectar con mentores y dar con preguntas que formular cuando tenga una oportunidad.

Ayúdala a experimentar

Un amigo mío estaba interesado en hacer monólogos humorísticos. No había hecho más que empezar, y era imposible que ningún club lo contratara en esa etapa de su carrera, así que una noche su esposa transformó su pequeño jardín urbano en un club de comedia. Colocó sillas plegables para los invitados, colgó luces entre los árboles y sirvió palomitas. Él salió e hizo un monólogo para diez amigos. Fue una forma divertida e inspirada de que la mujer de mi amigo apoyase la experimentación de su pareja. Puedes ayudar a tu pareja creando oportunidades para que practique su pasión y sus puntos fuertes. Quizá tengas un amigo en una industria relacionada a quien pueda acompañar para aprender. Tal vez poseas un contacto que podría ayudarla a desarrollar sus aptitudes. Haz de público, ayuda a reunir un público o ayúdala con los aspectos que escapan a su conjunto de habilidades.

Dale tiempo y espacio

Pese a lo inspirado que estaba Sal Khan cuando creó la Khan Academy, había facturas que pagar.[136] Su mujer estaba acabando la carrera de Medicina, y tenían un alquiler que iba en aumento y una familia que también crecía. Parecía absurdo plantearse siquiera dejar su estable trabajo en el fondo de cobertura para lanzarse con todo en una organización sin ánimo de lucro. Pero un amigo no dejaba de llamarlo para decirle que su propósito no era ser inversor de un fondo de cobertura, sino ayudar al mundo, como había ayudado a su prima. Cuando Sal presentó la idea a su mujer, ella se mostró comprensiva pero preocupada por su situación económica. Con el tiempo, reconoció que Sal estaba teniendo dificultades para concentrarse en nada que no fuera el ámbito académico. Decidieron echar mano del dinero que estaban ahorrando para el pago inicial de una casa, y Sal dejó su trabajo. «Fue increíblemente estresante —recuerda Sal—. Me despertaba en medio de la noche con sudores fríos». Al final, apareció un inversor. Fue un punto de inflexión fundamental para Sal, y hoy la Khan Academy es una de las plataformas de aprendizaje online más grandes del mundo. Este es un ejemplo extremo, y no recomiendo que nadie deje necesariamente su trabajo. Seguiría siendo una historia de éxito si se hubiese quedado en el fondo de cobertura mientras daba clases o lo hubiese dejado para fundar una empresa con un éxito moderado. La cuestión es que su mujer lo apoyó cuando corrió un riesgo calculado.

A veces, cuesta ver que tu pareja dirige su tiempo y su pasión a otra parte. Es posible que pienses que se siente realizada por su propósito, no por ti. «Creo que yo debería ser más importante que el propósito de mi pareja» es la queja que oigo con más frecuencia en torno al propósito en una relación.

Queremos más de esa atención que nuestra pareja presta a su propósito. Pero, si alguien nos da su tiempo porque se lo exigimos, no nos llevamos lo mejor de esa persona. En lugar de apartarla de su propósito, puedes unirte a ella en su viaje, tanto si está aprendiendo y experimentando como si está poniendo en práctica su propósito. Además, recuerda que no sentirás competitividad ni celos del tiempo que invierte en su propósito si el tuyo te satisface. Como dijo Albert Einstein, «Si quieres llevar una vida feliz, lígala a una meta, no a personas o cosas». No detengas a tu pareja ni la limites ni la hagas sentir mal por perseguir su propósito.[137]

SÉ PACIENTE CUANDO TENGA DIFICULTADES

Quizá nos frustremos cuando nuestra pareja pasa por dificultades con su *dharma*, en especial si no estamos de acuerdo con sus elecciones y estrategias a lo largo del proceso. Si quiere rendirse o cambia constantemente de enfoque, o se lanza de forma imprudente, tenemos que ser buenos gurús. Cuando comparte con nosotros una idea que no nos gusta, escuchamos. Nos tomamos nuestro tiempo para agradecer su sinceridad. No tiene que gustarnos, ni tenemos que aceptarla o pensar que la convierte en la mejor estratega del mundo. Pero le permitimos compartirla. Prestamos atención. Observamos detenidamente. Intentamos comprender en lugar de proyectar nuestros propios deseos y limitaciones en nuestra pareja. Si ella cree que no vamos a entenderlo, no se abrirá ni nos contará la verdad. A veces, somos más bruscos y críticos con nuestra pareja que con nadie más en nuestra vida. Trata a tu pareja con al menos el mismo respeto que mostrarías a un amigo o un colega, y ofrécele respuestas conscientes que la ayuden a desarrollar su propósito. Ayudar a tu pareja a encontrar su camino no siempre es fácil. En ocasiones crea nuevas tensiones en la relación. Podría sentir que la compadeces o la presionas. Pero esas nuevas tensiones son mejores que las antiguas, porque la depresión y confusión y el desconocimiento del *dharma* es peor que conocerlo y tener dificultades para lograr que funcione.

Cuando nuestra pareja no progresa como nosotros pensamos que debería, quizá intentemos manejarla o controlarla. Nos sentimos frustrados cuando no se presenta a esa reunión que le hemos concertado o no asiste a un acontecimiento en el que podría ampliar su red. A veces, nos irritamos porque su comportamiento nos recuerda a algo que nos preocupa en nuestra propia vida. Quizá temamos no estar teniendo éxito en nuestra carrera o propósito, y proyectemos nuestro propio temor en nuestra pareja. El primer paso que deberíamos dar es revisar nuestro propio propósito. ¿Estamos realmente comprometidos? ¿Nos sentimos con fuerzas? Centrarte en ello quizá alivie tus preocupaciones por tu pareja.

Pero es posible que entren en juego otras preocupaciones. Quizá estemos dándole espacio sin demasiado convencimiento, temiendo que no vaya a cumplirse nunca. Tal vez nos preocupe cuando vemos cómo le va en comparación con otras personas. Todos estos detonantes nos empujan a juzgar y a criticar, lo cual interfiere con la capacidad de crecimiento de nuestra pareja. No tienes que ocultar tu preocupación. De hecho, deberías compartirla. Pero compártela con apoyo y amor, sin imponer tus patrones o expectativas. Es posible que no le interese o no la motive lo suficiente actuar en este momento, y no pasa nada.

Dos de las formas en las que tendemos a compartir nuestra preocupación resultan problemáticas por distintas razones. En ocasiones, intentamos obligar a la otra persona a avanzar.

Si tu pareja está abatida y quiere dejar su trabajo, podrías enloquecer y soltar: «¡No puedes hacerlo! ¡Sabes perfectamente que no podemos permitírnoslo!». Cuando hacemos esto, estamos utilizando el miedo y la culpa para motivarla. O quizá nos desviemos en la dirección contraria, diciendo lo que creemos que es lo correcto decir sin querer decirlo realmente. En este caso, a veces usamos un lenguaje hipermotivador como: «¡Eres una superestrella! ¡Puedes hacer todo lo que quieras! Esto puedes conseguirlo mañana mismo». Pero, si no te lo crees, suena falso.

La fuerza es presión. Bloquea el espacio que tu pareja podría utilizar para decirte que quiere avanzar, pero no está segura de cómo hacerlo. No puede mostrarse vulnerable y hablar con sinceridad contigo. La motivación fingida expande el espacio de manera artificial. Tu pareja podría dejar su empleo y dejar de trabajar durante un año, y cuando le preguntes por qué, dirá: «Bueno, dijiste que podía hacer lo que quisiera». Estos dos métodos —la fuerza y la falsa motivación— interfieren en la capacidad de tu pareja para abordar la situación contigo de forma realista. Un empujoncito suave y positivo es mucho más poderoso que un argumento basado en el miedo o un empellón motivacional. Un empujoncito dice: «Valoro que te estés esforzando todo lo que puedes, aquí tienes algo más que puedes probar».

Este empujoncito surge de forma más natural cuando despojas el diálogo de juicios y críticas, porque entonces hay sitio para una conversación abierta, sincera y vulnerable. En este espacio, asegúrate de que la otra persona sabe que eres consciente de lo que está pasando. Sé paciente con ella. Reconoce y valora sus esfuerzos, independientemente de cuáles sean los resultados. El tono de esta conversación debería ser de apoyo. Recuérdale que puede manejar los retos y que estás ahí para resolver problemas con ella. Estáis juntos en esto.

En el ejemplo de la pareja que quiere dejar el trabajo, podéis discutir en términos prácticos cómo afectaría esa decisión a vuestra vida. ¿En qué necesitaréis ayudaros mutuamente? ¿Cuánto tiempo daréis a este experimento? ¿Cómo cambiarán las responsabilidades? ¿Cómo puedes ayudarla a acarrear su carga con objeto de darle tiempo y espacio para averiguar qué viene a continuación? Podéis hacer una lluvia de ideas sobre cómo apoyaros mutuamente. Si ahora tu pareja va a pasar más tiempo en casa, quizá pueda encargarse de la cena, lo que te da más tiempo a ti para tu trabajo.

La resolución de esta conversación debería consistir en un conjunto de compromisos y acuerdos. Habéis valorado cómo cambiarán las responsabilidades económicas y domésticas. Habéis explicado a grandes rasgos cualquier cambio que tengáis que hacer respecto a cómo invertir vuestro tiempo y vuestro dinero.

Una vez que hayáis debatido sobre los detalles, poned una fecha límite a esta decisión. Si tu pareja va a dejar su trabajo para reevaluar su propósito, ¿cuánto tiempo tardará en empezar a buscar trabajo? Si decides darle tres meses, esto no significa que deba tenerlo todo claro para entonces, pero será cuando reviséis el plan y decidáis qué viene a continuación.

Celebra las pequeñas victorias

Si tu pareja fuera al gimnasio todos los días durante tres meses, no dirías gran cosa, pero, si no fuera al gimnasio durante ese periodo de tiempo, lo remarcarías. Normalmente es así como actuamos. Nos quejamos cuando la gente llega tarde, pero nunca le damos las gracias por llegar puntual. Cuando alguien consigue un trabajo, todo el mundo lo felicita, pero cuando alguien hace el trabajo nadie felicita. Cuando alguien deja un trabajo, pocas personas lo ven como un paso hacia el cumplimiento de su propósito, pero a menudo lo es. En lugar de celebrar las victorias evidentes, observa a tu pareja con atención en busca de esfuerzos y éxitos que nadie más está en posición de advertir. Reconocerlos ayuda a alimentar el empuje y la satisfacción de tu pareja.

DEMUESTRA UN AMOR CONSCIENTE

Cuando hace esto:	Haz esto:
Compartir una idea que no nos gusta	Anímala a probarlo con un grupo de sondeo, consultarlo con un mentor u obtener retroalimentación real de gente real.
Quejarse de que se distrae	Pregúntale si quiere rendirte cuentas a ti. Podrías avisarla cuando parece distraída o juntos negarte a ver la televisión hasta que tache algo de su lista. OJO: no he dicho que deberías acusarla de distraerse. Tiene que salir de ella.

Rendirse	Dale tiempo y espacio para lamentar un revés y continúa compartiendo cosas que crees que podrían inspirarla. Ayudarla a constatar lo lejos que ha llegado para que pueda decidir si quiere retomar sus esfuerzos.
Querer correr un riesgo económico	Concierta una reunión con un gestor o un amigo que entienda de finanzas para mantener conversaciones realistas acerca de las consecuencias de este riesgo y cómo podría afectaros.
Omitir otras responsabilidades	Las cosas cambian cuando la gente se concentra en su propósito. Revisad y restableced compromisos en casa para que todo el mundo tenga claro cómo funcionará en esta fase y hacedlo regularmente.

DOS PROPÓSITOS CHOCAN

Cuando los niños entran en escena o por alguna razón estás intentando sostener y gestionar una casa ajetreada en la que ambos padres están intentando perseguir sus propósitos, puede resultar difícil negociar el tiempo. No hay ninguna opción correcta ni equilibrio perfecto de tiempo dedicado al propósito entre la familia y llevar una casa, pero, cuanto más reflexivos y comunicativos nos mostremos acerca de nuestra estrategia, más satisfechos estaremos. Más adelante, describo cuatro estrategias diferentes para gestionar dos propósitos: podéis dejar de lado vuestros propósitos temporalmente para priorizar ganar tiempo e invertirlo en la familia mientras vuestros hijos son pequeños y la casa sufre presiones económicas, podéis priorizar el propósito de una persona, podéis turnaros priorizando vuestros propósitos o podéis lanzaros con todo a por los propósitos de ambos miembros de la pareja.

1. *Perseguir vuestros propósitos fuera de las horas de trabajo*

A menudo, nuestro propósito no aporta dinero ni sustenta el hogar. Como pareja, necesitamos estabilidad económica y, si no puedes cumplir tu propósito a través de tu trabajo, entonces no serás capaz de concederle mucho tiempo. Este es el punto del que parte la mayoría de la gente, y no es mal lugar. No deposites la carga de las facturas sobre tu pasión en desarrollo. No necesita ese lastre. Aprovecha las mañanas y las noches para desarrollar tu pasión. Recuerda que algo que empieza como un pasatiempo puede convertirse en un trabajo a tiempo parcial. Y un trabajo a tiempo parcial puede convertirse en jornada completa.

Comenzar lenta y cuidadosamente te concede el tiempo para ver lo en serio que te tomas tu pasión, explorando tus opciones y adquiriendo habilidades. Sin sacrificar la estabilidad, puedes dedicar cuidado y esfuerzo a hacer de tu propósito un elemento central de tu vida y hallar la realización a través de él.

2. *Dar prioridad al propósito de una sola persona*

Resulta fácil decir que ambos miembros de la pareja deberían priorizar sus propósitos, pero los propósitos de personas distintas a menudo se producen en momentos diferentes. Escoge este escenario cuando el propósito de una persona cree exigencias inmediatas y abrumadoras en su tiempo y energía, pero asegúrate de que ambos tomáis la decisión de que sus esfuerzos tendrán prioridad mientras el otro miembro de la pareja lleva la casa. Esto a menudo ocurre cuando el propósito de una persona también sustenta económicamente el hogar. Aun así, no os lancéis con todo hacia el propósito de uno solo sin discutir el plan de manera explícita.

A veces, uno de los dos exigirá que el otro sacrifique su *dharma*. Si la persona que lo exige gana más dinero, esta posición podría incluso parecer razonable. Es quien mantiene a la familia, así que cree que su propósito es más importante. Cabe la posibilidad de que espere que el otro se ocupe de la casa, y espere o crea que ese será un propósito con el que se sienta realizado. Pero, incluso si tiene más éxito económico o se encuentra en un punto más avanzado de su carrera profesional, su propósito no es más importante. Punto. Solo porque decidáis pasar las vacaciones con la familia de uno de los dos no significa que queráis más a esa familia. El tiempo es limitado, y una parte tendrá que ceder. Si bien damos prioridad al propósito de una sola persona en términos de tiempo, debemos reconocer el sacrificio que supone dejar el propósito de la otra en espera.

Si elegís priorizar el *dharma* de una persona, debéis discutir los pros y los contras y convenir en que eso es lo mejor para la familia. Estableced términos con los que el miembro de la pareja que va a hacer un sacrificio se sienta cómodo, como cuánto tiempo durará y cómo controlaréis que la frustración y el resentimiento no calen en ninguno de vosotros.

Si tu propósito tiene prioridad y tu pareja adopta un papel que no es su propósito, trata ese papel con el mismo respeto y consideración con que tratarías su propósito. Cuando vives tu propósito, es posible que estés ocupado y no seas tan capaz de apoyar a tu pareja, pero recuerda: es a ti a quien llena tu propósito. El propósito es lo primero, pero eso no significa que debas olvidar lo que viene a continuación. Tienes que averiguar cómo seguir tu propósito sin desatender otras facetas de tu vida. Deberías alegrarte de estar ahí para tu pareja. Reconoce que es posible que ella no esté tan satisfecha como tú y compénsala. Pregúntale con frecuencia qué tal está. Revisad el acuerdo al que llegasteis. Dale la oportunidad de cambiar de opinión y apóyala cuando llegue el momento de que aborde su propósito.

Si tu propósito tiene prioridad, es posible que quieras que tu pareja se muestre igual de entusiasta que tú. Este deseo de entusiasmo podría ser inseguridad disfrazada: cuando estamos inseguros, queremos que todo el mundo valide nuestras elecciones y gustos.

Entretanto, si eres tú quien ha dejado de lado su propósito, es normal que surjan multitud de emociones. Podrías sentirte que compites con tu pareja o tienes celos de ella, podrías sentir frustración acerca de tu propio propósito, podrías sentir una baja autoestima. Estos sentimientos son normales y se atenúan al conocer tu propio propósito. Si no tienes tiempo ahora mismo, busca formas de continuar en conexión con él y mantener viva tu pasión por él. Puedes recurrir a todos los modos de los que hemos hablado en este capítulo: a través de libros, clases, encontrarlo mientras apoyas a tu pareja, hallarlo en el trabajo que tienes que tener ahora mismo.

Si te impacientas y piensas que podría haber una forma de restructurar el hogar, reabre el diálogo con tu pareja.

Si sientes que te desatiende, primero diagnostica por qué tu pareja parece estar centrada en su propósito de manera que excluye a la familia. ¿Está inmersa en su trabajo? Si la comprendes y valoras su propósito, entonces verás su compromiso con él como una cualidad positiva. Experimentarás una sensación de seguridad sabiendo que está concentrada en algo profundamente significativo para ella. ¿Es un rasgo de personalidad o una elección en lugar de una necesidad? En vez de exigir que pase más tiempo contigo, pregunta: «¿Estás bien? ¿Estás lidiando con algo?». Necesitamos ofrecerle más compasión en lugar de críticas o quejas. Si tu pareja es incapaz de pasar tiempo con la familia porque está completamente centrada en ganar dinero para mantenerla, podéis discutir juntos si la familia de verdad quiere o necesita ese nivel de ingresos, o si preferiría contar con su presencia.

Es todo cuestión de tiempo o energía. Si el miembro más ocupado de la pareja puede hacer un hueco en su agenda, trabajad juntos con el fin de crear experiencias valiosas para toda la familia. Si no tiene tiempo, aún puede dar energía estando presente, mostrando cariño y amabilidad cuando estáis juntos. Perseguir un propósito puede resultar agotador. Si no tiene la energía para demasiadas actividades, podéis hacer de quedaros juntos en casa algo hermoso. Tómate el tiempo para poner la mesa bonita y encender unas velas en la cena, aunque hayáis pedido comida para llevar. Organiza un día de spa en el que la familia reciba masajes y otros tratamientos. Crea una nueva fiesta o tradición que celebraréis cada año el mismo día escogido al azar. Probad un nuevo juego de mesa. Busca en Google una lista de temas de conversación (también existen barajas de cartas que proponen discusiones interesantes) y haz que participe toda la familia. Si tu pareja tampoco está dispuesta a hacerlo, necesitáis hablar de ello.

Si, por otro lado, tu pareja está demasiado ocupada con su propósito debido a un deseo subyacente de huir de la familia, nada se arreglará obligándola a estar juntos. Si no conseguís llegar a un acuerdo, utiliza algunas de las técnicas del capítulo siguiente para resolver el conflicto.

A veces, los miembros de la pareja se decantan por esta opción porque sus propósitos están en distintas líneas de tiempo. Cuando uno de los dos no ha descubierto su propósito, a menudo tiende a construir su vida en torno al que lo tiene.

Mis clientes Graham y Susanna llevan veinte años juntos. Cuando él emprendió un negocio inmobiliario, ella dejó su sueño de dirigir un estudio de yoga y lo ayudó a desarrollar la empresa. Graham consiguió su propósito, pues esta tiene un gran éxito, y Susanna continuó trabajando allí aun cuando él ya podría permitirse contratar a un sustituto. Desde fuera, su matrimonio y el trabajo juntos parecían una asociación brillante. Pero Susanna se había pasado quince años lamentándose por su sueño incumplido del estudio de yoga, pese a que nunca había dado ningún paso para alcanzarlo.

Servir a Graham no era el propósito de Susanna, como tampoco lo era desarrollar la empresa de este. La mayor parte del tiempo, cuando acabamos trabajando en el propósito de otra persona, es porque no sabemos cuál es el nuestro o no sabemos por dónde empezar. Pero nunca es demasiado tarde. El tiempo de Susanna no fue una pérdida. En cualquier momento, podía recurrir a las habilidades que había adquirido para seguir su propia vocación, ya fuera ese estudio de yoga o algo nuevo.

Cuando Graham comprendió por fin la frustración que sentía Susanna, la animó a abrir el estudio de yoga que siempre había querido. Se ofreció a dejar el trabajo durante un año para ayudarla a hacerlo despegar. Sin embargo, cuando Susanna se permitió plantearse qué quería hacer realmente, se dio cuenta de que había una parte del negocio inmobiliario de la que se había enamorado. Decidió utilizar los contactos y habilidades que había adquirido para decorar casas, diseñándolas y amueblándolas para ponerlas a la venta. Trabajó con los agentes de ventas a los que ya conocía, y el negocio despegó rápidamente.

HAZ LA PRUEBA: AJUSTA UN DESEQUILIBRIO DEL DHARMA

Cuando el *dharma* de tu pareja ocupa todo el espacio de la relación, sigue un proceso similar al que te he explicado a grandes rasgos para cuando tu pareja tiene dificultades: atiende a tu propio propósito, inicia una conversación sin emitir juicios ni críticas, llega a acuerdos y compromisos, y establece una línea de tiempo para revisar el plan.

1. Concéntrate en tu propio propósito. Cuando sientes frustración por el propósito de tu pareja, esta es siempre la primera acción que deberías acometer. Así es como te aseguras de que no estás dedicándote al propósito de tu pareja.
2. Comunicaos. Hablad de por qué no encontráis tiempo el uno para el otro. No deberías competir con el propósito de tu pareja por su tiempo. Quieres hacer espacio para su propósito, pero lo que puedes pedirle es su presencia.
3. Compromisos y acuerdos. Juntos, decidid qué tiempo dedicaréis cada uno de vosotros a vuestro propósito y cuál será

⟶

← el tiempo para la familia. Estableced límites y comprometeos con ellos.

4. Definid actividades en familia o en pareja que hagan más valioso ese tiempo. Por ejemplo, en lugar de ver la tele juntos, encontrad actividades que sean más interactivas. Los fines de semana, podría tratarse de algo activo físicamente, como una excursión a pie o algún deporte del que ambos disfrutéis. Podría ser invitar a amigos o familiares a casa o hacer voluntariado. Las noches de entre semana, cuando el tiempo escasea, podríais jugar a juegos, cocinar juntos o escuchar o ver algo que entre en la categoría de aprendizaje de uno de vuestros propósitos y hablarlo juntos. Si tenéis suficiente energía, podríais planear más actividades, como escuchar música, ir a una conferencia juntos o encontrar una nueva actividad que no hayáis probado nunca.

5. Estableced una línea temporal para el nuevo plan que ponéis en práctica. ¿Cuándo os gustaría volver a establecer contacto para aseguraros de que estáis cumpliendo los acuerdos o para ver si necesitáis hacer cambios?

3. *Turnaos*

Si ninguno de vosotros está dispuesto a sacrificar su propósito, pero no podéis permitiros el tiempo o el dinero para perseguir ambos propósitos a tiempo completo, podéis dar a uno cierta cantidad de tiempo para concentrarse en su propósito mientras el otro paga las facturas o lleva la casa. Luego, cuando concluya el plazo, intercambiáis los papeles. En este escenario, si el propósito de uno o ambos es la carrera, esta podría sufrir. Quizá tengáis que vivir de forma más sencilla, pero probablemente merecerá la pena, sin importar las comodidades que tengáis que dejar. Solo aseguraos de acordar líneas de tiempo, límites y compromisos claros.

Keith y Andrea tenían cada uno su pasión. Andrea quería convertirse en naturópata, y Keith competir corriendo, y cada uno apoyaba los sueños del otro. Aun así, cuando intentaron perseguir sus pasiones simultáneamente, descubrieron que no podían equilibrar el tiempo y el compromiso que requería tener éxito en las carreras elegidas con las exigencias de la paternidad, sin dejar de dormir lo suficiente y ganar el dinero necesario para mantener en marcha un hogar. Así que llegaron a un compromiso: se turnarían. Primero, durante tres años, Andrea pasó por todos los estudios que se requerían para completar su formación. Durante ese tiempo, Keith se convirtió en profesor en su ciudad, en Colorado. Si bien el sueldo no era ninguna maravilla, les quitaba de encima el enorme pago mensual del seguro médico y le permitía estar en casa con los niños después de clase y los fines de semana. Andrea seguía trabajando a jornada reducida (así que él no pagaba las facturas solo) y, normalmente, era capaz de dedicarse a los estudios por la noche y los fines de semana.

Una vez que Andrea montó su negocio y había acumulado una clientela estable, llegó el turno de Keith. Continuó con su trabajo, pero Andrea tomó el relevo con los niños y dedicó el tiempo que no trabajaba principalmente a correr. Ahora que los dos se han asentado en sus carreras, hacen turnos breves. Por ejemplo, un año, Keith redujo las carreras durante los meses de invierno para que Andrea pudiera acabar de escribir un libro. Una vez que cobró intensidad la temporada de competición, Keith fue capaz de dedicar tiempo extra y recursos económicos al entrenamiento y los viajes relacionados con las carreras.

4. *Lanzaos con todo a los propósitos de ambos*

Si ambos tenéis cierta experiencia y estáis asentados, entonces podéis aprovechar la oportunidad de perseguir vuestros propósitos a tiempo completo de manera simultánea. Los ingresos son un factor importante aquí. Debemos contar con estabilidad para tener una buena relación. Jennifer Petriglieri, que estudia a parejas en las que ambos tienen una carrera profesional, dice que «en la mayor parte de la prensa presentan a las parejas profesionales como un juego de suma cero. Esto significa que una persona obtiene más, y la otra persona, menos. Y mientras algunas parejas sí adoptan esa actitud de toma y daca, las parejas con éxito tienen una actitud que, en lugar de pensar en ello como en "yo contra ti" [...], alude a una conceptualización de "nosotros" como la pieza más importante del rompecabezas».[138]

Según Petriglieri, los miembros de una pareja que se dedican el uno al otro se implican en los éxitos y fracasos el uno del otro. El deseo de veros triunfar viene entonces de manera natural, y los compromisos que tenéis que alcanzar no producirán resentimiento.

Lanzarse con todo a por los propósitos de las dos personas es fácil en un solo sentido: ambas anteponen sus propósitos. Ambas se sienten realizadas y ambas están, por lo tanto, bien posicionadas para ofrecer a la otra su mejor versión: satisfechas y motivadas. Pero con este plan, como con los demás, tendrás que hacer sacrificios. Contaréis con menos tiempo juntos, así que deberéis hacer de él un tiempo valioso. Es importante que no dejéis de comunicaros: no sobre lo ocupado que está cada uno, sino de cuánto os importa lo que estáis haciendo. El hecho de que cada uno de vosotros tenga un propósito os hará respetaros mutuamente.

HAZ LA PRUEBA: HAZ UN INTERCAMBIO DE TIEMPO

Tu pareja y tú podéis liberar el estrés de dos vidas ocupadas haciéndoos el regalo del tiempo. Aquí hay algunas formas distintas de intercambiar compromisos de tiempo con tu pareja.

Ocúpate de una responsabilidad que normalmente recae en tu pareja durante un periodo de tiempo o de manera permanente.

Crea una actividad que te aparte (a ti y a todos los demás) de su camino.

Cancelad planes nocturnos durante un fin de semana entero y centraos los dos en el miembro de la pareja cuyo propósito requiere más tiempo.

Escoged una fiesta y haced que todo gire en torno al miembro de la pareja que necesita tiempo.

Ver cómo crece tu pareja y formar parte de ese viaje es profundamente gratificante y emocionante, como lo es tu propio crecimiento. No siempre se desarrolla sin sobresaltos, pero es un viaje hermoso. **Cuando formas parte del crecimiento del otro, no os alejáis el uno del otro.** Podéis celebrar los éxitos juntos y estar ahí para las decepciones. Por supuesto, con dos personas que priorizan sus propias necesidades, el conflicto es inevitable. Nuestra próxima regla nos ayudará a descubrir el valor del desacuerdo y a aportar propósito a nuestros conflictos.

Carta de amor a tu pareja

Si quieres crear una relación duradera, es necesario que profundices. Tómate un momento para ser abierto, sincero y vulnerable con tu pareja, para expresar lo que a menudo te da miedo expresar. Comunica los errores que has cometido sin flagelarte por ellos. Acepta la responsabilidad sin sentir culpa ni vergüenza. Expresa amor sin sentirte débil y vulnerable.

Querido compañero:

Antes pensaba que el amor era sencillo. Creía que un día conocería a alguien que conquistaría mi corazón, y eso sería todo. Próxima parada: y vivieron felices. Pero al conocerte, y compartir mi vida y mi corazón contigo, he aprendido que el amor no es el destino, sino el viaje. Y no es solo nuestro viaje, no es solo nuestra historia de amor, sino la historia del amor en sí.

Nuestra relación no es únicamente un romance, es un devenir. Estando contigo, he crecido muchísimo, y me encanta ver todas las formas en que tú también puedes crecer. Y esa es una de las cosas que más me gustan de estar contigo: verte tener éxito en esta vida. En esa sencilla definición del amor que tenía antes, la gente se enamoraba una sola vez, y luego permanecía así sin más. Pero, a medida que los dos continuamos evolucionando y explorando, me veo enamorándome de ti una y otra vez, cada vez de un modo algo diferente. Cada vez de un modo más profundo.

Sé que no siempre soy el compañero perfecto. No siempre te escucho o te atiendo como mereces. A veces, estoy sumido en mis propios pensamientos, en mi propio mundo. A veces me da miedo ser vulnerable, permitirme a mí mismo abrirte mi corazón y ser amado por completo. En lugar de eso, busco pelea o me encierro en mí mismo. Gracias por quererme en mi totalidad, lo que incluye mi imperfección. Y gracias por permitirme aprender a amarte en tu totalidad, lo que incluye tu imperfección. Eres uno de mis maestros, y me siento sumamente agradecido por ti.

Continuaré cometiendo errores. Continuaré entendiendo mal algunas cosas. Pero también continuaré amándote. Estoy comprometido a ser un equipo contigo: a estar siempre en el mismo lado independientemente de a qué nos enfrentemos. Y a abrazar todo lo que la vida nos reporte, los retos y los triunfos, juntos.

Te quiere,

Yo

MEDITACIÓN PARA LA COMPATIBILIDAD

A menudo, pensamos de pasada en la gente a la que amamos y rara vez nos detenemos a prestarles toda nuestra atención. En ocasiones, incluso damos por sentado el amor que sentimos por aquellos que están en nuestra vida de manera habitual o por quienes vemos todos los días. Esta meditación lleva claridad y atención a nuestros sentimientos y nos recuerda lo que amamos de ellos.

Puedes practicar esta meditación a solas o junto con un ser querido, y al final compartir lo que os ha producido.

Prepárate para meditar

1. Busca una postura cómoda, ya sea sentado en una silla, erguido en un cojín en el suelo o tumbado.
2. Cierra los ojos, si así te sientes bien. Si no, limítate a relajar tu atención.
3. Tanto si mantienes los ojos abiertos como cerrados, baja poco a poco la mirada.
4. Inspira hondo. Y espira.
5. Si tu mente se distrae, no pasa nada. Devuélvela lentamente a un espacio de calma, equilibrio y quietud.
6. Inspira hondo. Y espira.
7. Si tu mente se distrae, limítate a devolverla lentamente a un espacio de calma, equilibrio y quietud.

Escribe una carta de amor a tu pareja

1. Dedica un momento a pensar en una persona que te importe.

2. Visualízala, su rostro y su silueta, delante de ti.

3. Mira cómo sonríe, cómo ríe.

4. Dedica un momento a fijarte en los rasgos físicos que más te gustan de esa persona.

5. Ahora profundiza. Fíjate y reconoce los rasgos que más te gustan de su mente, su intelecto y su personalidad. Considera sus valores.

6. Mentalmente o en voz alta, exprésale gratitud por todas esas cosas que la convierten en quien es.

7. Intenta dar con diez cosas que te encanten de esa persona.

TERCERA PARTE

Sanación: Aprender a amar a través de las dificultades

Vanaprastha es donde reflexionamos acerca de la experiencia de amar a otros, descubrimos lo que bloquea nuestra capacidad para amar y trabajamos en el perdón y la sanación. En Vanaprastha, aprendemos a resolver conflictos con el fin de proteger nuestro amor o saber cuándo rendirnos. Cuando superamos dificultades en las relaciones o volvemos a vernos solos, descubrimos la posibilidad de *bhakti*, una intensificación del amor.

Regla 6

Ganad o perded juntos

El conflicto es el comienzo de la consciencia.[139]

M. ESTHER HARDING

Estaba en un restaurante con un amigo cuando nos llamó la atención una mujer que había alzado la voz en la mesa de al lado.

—Déjalo —dijo. Su cita estaba tecleando a toda velocidad en el móvil—. ¡Te he dicho que lo dejes! —insistió.

Él la ignoró unos instantes más y, luego, por fin dejó el teléfono.

—Tienes que darme un respiro —replicó—. Me estoy volviendo loco con tanta queja.

Sus voces retomaron el volumen normal, y mi acompañante se volvió hacia mí. Yo sabía que llevaba varios meses en una relación. Me había contado que quería estar en una relación «de verdad», con alguien sincero que se tomase el tiempo de comprenderlo. Entonces dijo con orgullo:

—Eli y yo nos llevamos tan bien… Literalmente, nunca discutimos.

El conflicto tiene mala fama. Nos hace parecer malos; para nosotros y para otras personas. Queremos pensar que podemos ser la pareja que se entiende mutuamente en profundidad y nunca se pelea. Somos especiales. Somos diferentes. Pero independientemente de lo compatible que sea una pareja, vivir en una dicha libre de conflictos no es amor, es elusión. Resulta fácil pasar por alto las disputas durante los primeros meses, porque la nueva atracción impide ver las grietas de vuestros cimientos. Pero sostener una existencia libre de conflictos implica permanecer en la superficie, donde todo parece bonito, pero nunca alcanzamos un conocimiento mutuo profundo.

Los que evitan discutir pueden ser tranquilos por fuera, pero a menudo están molestos por dentro. Temen hablar de sentimientos difíciles porque ellos o sus parejas podrían enfadarse. Ocultan cómo se sienten para evitar crear problemas. Mantener la paz a menudo se consigue a expensas de la sinceridad y la comprensión. Y lo contrario también ocurre: el amor erigido sobre la sinceridad y la comprensión es profundo y gratificante, pero no necesariamente tranquilo. Las parejas que evitan los conflictos no comprenden las prioridades, valores o dificultades del otro. **Todas las parejas discuten, o deberían.**

Sea lo que sea lo que os lleve a discutir, es poco probable que seáis los únicos. Según consejeros de pareja, las tres áreas principales de conflicto son el dinero, el sexo y la crianza de los hijos. Entremezcladas con estos temas, encontramos las discusiones cotidianas: qué cenar, cómo cargar el lavavajillas, algo que han dicho o hecho los amigos de tu pareja o si estabas flirteando con un camarero. Mi enfoque para las riñas a corto plazo y los problemas a largo plazo es el mismo, porque creo que a menudo los problemas importantes están en la raíz de los conflictos cotidianos. De ahí que llegar al fondo del asunto sea parte de mi enfoque.

El Bhagavad Gita podría considerarse la guía definitiva para la resolución de conflictos. Se desarrolla en un campo de batalla. Hay dos ejércitos —uno bueno y otro malvado— a punto de entrar en guerra. En ese campo de batalla, tiene lugar una conversación entre Arjuna, el líder del ejército bueno, y Krishna, el divino, mientras este último ayuda a guiar a Arjuna. Krishna, al atender a las preguntas de Arjuna, responde a muchas de esas a las que nosotros mismos nos enfrentamos en los campos de batalla, más pequeños, de nuestras relaciones.

Primero, vemos que Arjuna se muestra reticente a luchar. Esto cuadra con nuestra idea de ser una buena persona: pensamos que, si lo hacemos todo bien, no debería haber peleas. Es una aspiración comprensible. Evitar una guerra sin cuartel es siempre lo correcto. Pero en el Bhagavad Gita aprendemos que, antes de ese momento, Arjuna ya ha probado con incontables negociaciones, persuasiones y consideraciones. Esta guerra es el último recurso. Habrá daños y víctimas. Se dirán y harán cosas dolorosas e irreversibles. Por eso deberíamos aprender a luchar.

Podemos evitar los estallidos, de un modo algo contradictorio, peleando a menudo. Si lidiamos con los desacuerdos cuando surgen, entonces tenemos una mejor oportunidad de resolver problemas antes de decir cosas que no queremos decir y acabar sintiéndonos peor, sin haber resuelto nada. La primera vez que tu pareja deja los calcetines sucios en el suelo, quizá te moleste ligeramente, pero los metes en la lavadora. La segunda vez, le recuerdas que recoja los calcetines, pero se ha convertido en un problema. La tercera, podrías preguntarle qué podría hacer para cambiar ese hábito. La cuarta vez, podrías decir: «Vale, tenemos que hablar del asunto de los calcetines». Una cuestión pequeña como unos calcetines sucios se convierte en un foco de tensión porque, cuanto más tiempo pasan esos calcetines en el suelo, más discordia siembran.

Cuando Krishna, que representa el bien y la omnisciencia, aconseja a Arjuna que entable batalla, el divino afirma que incluso la gente buena en ocasiones debe luchar. El enemigo —los primos de Arjuna— se ha mostrado cada vez más agresivo. Envenenaron la comida de Arjuna y sus hermanos. En otra ocasión, les construyeron un castillo de cera, de aspecto hermoso, pero le prendieron fuego cuando Arjuna y sus hermanos estaban dentro. Sus primos habían estado intentando destruirlos. La gota que colma el vaso llega cuando intentan desvestir a la esposa de Arjuna delante de un grupo de gente. En última instancia, Arjuna se da cuenta de que permitir que líderes como ese se hagan con el control perjudicará al mundo entero y debe actuar en su contra. Arjuna no solo está luchando por la ofensa a su mujer. No está luchando por defender su ego o demostrar su fuerza. Está luchando por salvar a generaciones futuras. Del mismo modo, deberíamos pelear con nuestra pareja no por nuestro ego, sino porque queremos construir un futuro hermoso y protegerlo.

En el Bhagavad Gita, el enemigo (y, finalmente, perdedor) no es una persona, sino una ideología. Es la oscuridad, el ego, la codicia y la arrogancia. Lo mismo se aplica a nuestros conflictos de pareja. Debería ser la preocupación o la ideología erróneas y la negatividad que provoca entre nosotros.

¿Y si afrontásemos una pelea como un equipo? El fantasma del desacuerdo va creciendo como una ola en el océano. A medida que se acerca, gana altura y se vuelve más intimidante. Pero, en lugar de alejaros de la ola para fingir que no la veis, los dos la encaráis cuando se cierne sobre vosotros. ¿Podréis mantener la cabeza sobre el agua u os caerá encima con gran estrépito? La clave está en comprender que tu pareja no es la ola. La ola es el asunto en el que no estáis de acuerdo. Si los dos la abordáis juntos, pataleando en la misma dirección, animándoos mutuamente, podéis atravesarla nadando el uno junto al otro con una sensación de victoria compartida.

Esta reformulación me ha cambiado la vida, y puede cambiártela a ti. Cuando mi mujer y yo nos vemos a nosotros mismos como un equipo que lucha contra el problema, machacamos al problema. El deseo de ganar proviene del ego, y nos conviene controlar nuestro ego. ¿Por qué iba a querer machacar a mi mujer? ¿Por qué quiero derrotar a la persona con la que he decidido pasar mi vida? Mi mujer no es mi rival: la amo. No quiero que pierda. Y yo tampoco quiero perder. **Cada vez que uno de vosotros pierde, los dos perdéis. Cada vez que pierde el problema, los dos ganáis.**

HAZ LA PRUEBA: CONVIERTE UNA DISCUSIÓN EN UNA META COMPARTIDA

En lugar de considerar que tomáis partido el uno contra el otro, contemplad la conversación como si fueseis los dos juntos los que abordáis un problema. Si nos disponemos a negociar como adversarios, incrementamos la probabilidad de que nos peleemos. Así pues, en lugar de eso, actuad como un equipo que encara el problema unido.

Aquí tienes algunos ejemplos de cómo convertir una discusión en una meta compartida. En el próximo apartado, te explicaré cómo podéis organizar vuestras peleas para hacerlas lo más productivas posible.

Discusión	Reformula/Meta compartida
«No limpias lo que usas».	«Deberíamos establecer una rutina para las tareas cotidianas».

$\longrightarrow$

←

«Siempre llegas tarde».	«¿Podemos sentarnos a hablar de cómo queremos pasar las noches y los fines de semana?».
«No te importa gastarte el dinero en lo que a ti te interesa, pero te quejas cuando soy yo quien lo hace».	«Establezcamos un presupuesto mensual razonable».
«No das a los niños la atención que necesitan por tu parte».	«Hablemos de lo que creemos que necesitan los niños [quizá con ellos, dependiendo de la edad que tengan] y cómo sustentarlo».

AMA PELEAR Y PELEA POR AMAR

Pelear, cuando se hace bien, beneficia a las relaciones. Las relaciones a largo plazo no sobreviven debido a grandes citas nocturnas o vacaciones espectaculares. No perduran porque la gente tenga buenos amigos (aunque la comunidad sin duda contribuye a la estabilidad de una relación). Uno de los mayores factores en una relación duradera es saber discutir.

Según un trabajo publicado por la Society for Personality and Social Psychology, cuando los miembros de una pareja pueden expresar ira de maneras saludables, desarrollan determinadas cualidades y habilidades.[140] Estas cualidades —como la compasión, la empatía y la paciencia— ayudan a comprender el reto. Las habilidades —como la comunicación, la capacidad de escuchar y la comprensión— ayudan a solucionar retos iguales o más grandes en el futuro.

Si bien expresar la ira resulta valioso, debo añadir que hay una diferencia entre el conflicto y el maltrato. El maltrato es estresante, pero no es el tipo de estrés positivo que nos hace más fuertes. El abuso físico, las amenazas, la fuerza, el control y la manipulación no son amor. Depreciar a otra persona no comporta nada productivo ni positivo. Si tu pareja te está haciendo daño físico de algún modo, no es aceptable. Más allá de eso, hay aspectos en los que es posible que te cueste distinguir entre el conflicto y el maltrato. Espero que el cuadro siguiente te sirva de ayuda, pero, si estás en una relación abusiva o no sientes seguridad, te insto a que busques ayuda profesional.

CÓMO SABER SI ESTÁS EXPERIMENTANDO CONFLICTO O SUFRIENDO MALTRATO

Tema	Cómo se comporta tu pareja en conflicto sobre este tema	Cómo te maltrata tu pareja por este tema
Dinero	Discute contigo por tus hábitos de consumo	Te dice en qué gastar tu dinero
Familia	Critica a algún miembro de tu familia o se queja de él	Ridiculiza, humilla o margina al miembro de tu familia

Hijos	Discute sobre lo que es bueno para los niños	Te amenaza a ti o a los niños u os utiliza a ti o a los niños como amenaza
Tiempo de calidad	Se queja de que no pasáis suficiente tiempo de calidad juntos	Siente que tu tiempo le pertenece y controla si lo pasas con alguien más
Tareas domésticas	No cree que hagas lo suficiente para ayudar	Te dice qué hacer
Celos	Se enfada con respecto a dónde se desvía tu atención	Te acusa de mentir sin causa
Las pequeñas cosas	Experimenta pequeñas frustraciones que crecen con el tiempo	Enloquece por cualquier cosa y reacciona de forma desproporcionada
Respeto	Se sirve de las palabras para exagerar su propia importancia	Se sirve de las palabras para menoscabar tu importancia

Sexo	Se queja de la frecuencia o el estilo de vuestras relaciones sexuales	Te presiona o te obliga a mantener relaciones sexuales o a participar en actos sexuales cuando no sientes comodidad o seguridad

LA RAÍZ DE LA DISCUSIÓN

Cómo abordamos una discusión, ya sea grande o pequeña, establece el tono para su resolución (o falta de ella). En el Bhagavad Gita, Arjuna afronta la batalla con humildad. Quiere hacer lo que está bien, lo correcto, para servir y mejorar la vida para las generaciones futuras. Entretanto, su enemigo, Duryodhana, proviene de un lugar de codicia, arrogancia y sed de poder. Rechaza la sabiduría y el conocimiento de Krishna. Los resultados de la batalla reflejan las intenciones de los guerreros. Arjuna sale victorioso, y Duryodhana, a quien solo movía el egoísmo, lo pierde todo.

Hay tres tipos de discusiones y se hallan determinadas por tres energías del ser descritas en el Bhagavad Gita.[141] Las presenté en *Piensa como un monje* (y las he mencionado brevemente en la regla 2): la ignorancia (*tamas*), la pasión y la impulsividad (*rajas*) y la bondad (*sattva*). Utilizo estas energías como forma de examinar qué estado de ánimo traemos con nosotros en cada momento, y pueden ayudarnos a comprender la energía que traemos a cada conflicto.

Discusiones sin sentido. Una discusión sin sentido surge en la energía de la ignorancia. Es un estallido irreflexivo. Literalmente,

214 SANACIÓN: APRENDER A AMAR A TRAVÉS DE LAS DIFICULTADES

no se sabe a qué viene. No tenéis intención de entenderos el uno al otro o buscar una solución. Las discusiones sin sentido se producen en el momento y el lugar equivocados. No resuelven nada. Nos limitamos a arremeter contra alguien. En el mejor de los casos, reconocemos que son estúpidas y dejamos que pasen rápido. En el peor, otros resentimientos entran a hurtadillas y se intensifican hasta convertirse abiertamente en ira.

Discusiones de poder. Las discusiones de poder surgen en la energía de la pasión. Queremos ganar por ganar, sin más. Ese es el motivo de la discusión, más que abordar el verdadero problema. Nos centramos en nuestro lado de la historia e intentamos atrapar al oponente en sus errores. Es posible que finjamos que escuchamos a la otra parte, pero en realidad solo queremos oír que tenemos razón y recibir una disculpa. En el Bhagavad Gita, esta es la energía con la que llega Duryodhana a la guerra. El ego impulsa su batalla, y nuestra posición es: «Tengo razón. Mi opinión es la única que cabe. Quiero ganar». Debido a que nos centramos en el poder, los cambios en los que insistimos están relacionados con convencer a la persona con la que estamos discutiendo, no en solucionar el problema.

Discusiones productivas. En las discusiones productivas, que se producen en la energía de la bondad, vemos el conflicto como un obstáculo que deseamos superar juntos. Queremos comprender. Sabemos por qué estamos manteniendo la discusión y consideramos resolverla como un paso sano en nuestra relación. Esta es la energía que mueve a Arjuna en el Bhagavad Gita. Las herramientas más importantes en las discusiones productivas son la razón, la intención, la perspectiva y el amor. No son técnicas, son herramientas espirituales. Deben practicarse con el corazón y la mente en consonancia. Si sigues los pasos, pero no trabajas desde el corazón, no harás ningún progreso. En las discusiones productivas, los dos acordamos cambiar aspectos de nuestro comportamiento para seguir adelante. Ambos estamos contentos con la resolución.

CÓMO MANTENER DISCUSIONES PRODUCTIVAS

Todos preferiríamos mantener discusiones productivas a discusiones sin sentido o de poder, pero hacerlo requiere práctica. (Parte de las discusiones sin sentido y de poder son tan comunes que resulta más fácil caer en ellas que en las discusiones productivas). A menudo, se le dice a la gente que coja aire y cuente hasta diez cuando está enfadada, pero nunca se dice exactamente cómo utilizar ese aire. En el Bhagavad Gita, vemos que Arjuna se detiene y recurre a la sabiduría de Krishna en pleno conflicto. ¡Piénsalo! Se detiene en medio del campo de batalla para hablar con Dios. Si Arjuna es capaz de apartar la atención del combate en ese momento de máxima tensión —el conflicto más difícil—, entonces nosotros también podemos aprender a parar y aportar conciencia a las escaramuzas cotidianas y las guerras sin cuartel a las que nos enfrentamos en nuestras relaciones.

Para que los dos miembros de una pareja venzáis juntos, debéis actuar movidos por el amor y el deseo de ser un equipo. Recuerda: si tu actuación la mueve el miedo y la ignorancia, no hay meta. Si te mueve la pasión, entonces es tu ego el que lleva la delantera en la discusión. Comenzamos a cambiar la energía con la que discutimos cuando purificamos el ego.

Purificar el ego

No podemos formar equipo para lidiar con el problema a menos que dejemos nuestro ego al margen. Sabemos que es una discusión de poder cuando nos enzarzamos en ella con convicciones erróneas y egocéntricas como: Quiero ganar. Tengo razón. Mi opinión es la única que cuenta.

Pensar que tienes razón no soluciona nada. Aun así, queremos que nuestra pareja pierda de manera rotunda, nos declare vencedores y se someta a nuestras exigencias. Si entras en una discusión convencido de que tienes razón y tu pareja se equivoca, tu tono y tus palabras evidenciarán esa inflexibilidad para tu pareja. Debes aceptar que hay algo de cierto en lo que va a compartir tu pareja y estar abierto a escucharla. Tu convencimiento de que tienes razón normalmente no cambia el parecer de tu pareja. En lugar de eso, le indica que no te importa cómo se siente o lo que piensa. El único resultado que aceptarás es que tu pareja cambie o cambie de opinión.

Es natural abordar una discusión queriendo convencer a tu pareja de que tienes razón. Tenerla nos valida. Nos da la posibilidad de culpar a otro. Nos hace sentirnos seguros en nuestras creencias y suposiciones. No necesitamos cambiar o reconocer ninguna responsabilidad. En las competiciones, el entorno de poder por excelencia, es cierto que alguien gana y alguien pierde. El ganador logra imponerse o ser mejor. En política, se impone la política del candidato ganador. En la guerra, los vencedores dictan los términos de la paz. Pero en una relación tener razón no solucionará el problema. Puede que tu ego se hinche durante un tiempo, pero no evitará que el problema surja de nuevo, y tu relación no se beneficiará de la resolución. El ego te hace perder incluso cuando ganas.

En lugar de eso, nuestra meta es comprender. Queremos conectar. Aspiramos no solo a resolver nuestros conflictos, sino a utilizar esas resoluciones para crecer juntos. Una vez más, en un conflicto de pareja, si yo gano y tú pierdes, los dos perdemos. Y, si tú ganas y yo pierdo, los dos perdemos. La única discusión que acaba bien es aquella en la que los dos ganamos. No debemos limitarnos a reconocer esto, sino que hemos de interiorizarlo profundamente.

«Yo tengo razón y tú tienes razón».
«Tú te equivocas y yo también».
«En los dos escenarios, ambos ganamos».

Dejar nuestro ego a un lado para superar obstáculos con nuestra pareja purifica el ego. Purificar el ego es dejar ir el deseo de ser el centro de atención. Con la purificación, comenzamos a exhibir más comprensión, empatía, compasión, confianza y amor, y lo mismo le ocurre a la otra persona.

HAZ LA PRUEBA: IDENTIFICA EL EGO Y LA PASIÓN EN EL CONFLICTO

Descubre si vuestro conflicto es sin sentido (ignorancia), de poder (pasión) o productivo (bondad).

1. Anota por qué te importa el asunto. ¿Qué te ha hecho enfadar?

2. Identifica tu motivo para pelear:

   ¿Estoy discutiendo porque creo que mi opinión es mejor? (ego)
   ¿Estoy discutiendo porque creo que deberíamos hacer algo del modo correcto? (ego)

   ¿Estoy discutiendo porque quiero que la otra persona cambie? (pasión)
   ¿Estoy discutiendo porque esta situación me ofende muchísimo? (pasión)

→

←

¿Estoy discutiendo porque quiero sentirme de otra forma? (pasión)

¿Estoy discutiendo porque quiero mejorar la situación? (bondad)

¿Estoy discutiendo porque quiero que estemos más unidos? (bondad)

El primer paso para dejar el ego y la pasión fuera del conflicto es reconocerlo, pero también darse cuenta de que tener razón, ser mejor, estar ofendido, querer que la realidad sea distinta..., nada de todo esto resuelve problemas. Para hallar soluciones juntos, debéis centraros en la intención de mejorar la situación y llegar a un lugar más amable. Del dicho al hecho hay un trecho. Para lograrlo, debéis alcanzar la neutralidad.

El objetivo de dejar tu ego al margen es la neutralidad. Cuando dejas de satisfacer tu ego, te conviertes en mejor observador neutral del conflicto. La neutralidad es la capacidad de separar el problema de tu pareja. Los dos veis que cumplís un papel en el asunto que ha causado el conflicto. Advertís que ambos tenéis dificultades. Desde esta perspectiva, podéis establecer un objetivo común basado en el equipo, como: «Nuestro objetivo en realidad debería ser llevarnos mejor y ser más felices juntos. ¿Estás de acuerdo?».

Al comienzo del Bhagavad Gita, hablando desde el campo de batalla, Arjuna le cuenta a Krishna lo que ve y siente. «Arjuna dijo: "Oh, infalible, por favor, lleva mi carro entre los dos ejércitos para que pueda contemplar a los presentes que desean luchar y con los cuales debo contender en esta gran prueba de armas.[142] Déjame ver a los que han venido a luchar"». Un verso posterior relata: «Arjuna dijo: "Mi querido Krishna, al ver a mis amigos y familiares ante mí con un ánimo tan guerrero, siento que me tiembla el cuerpo entero y se me reseca la boca. Todo mi cuerpo se estremece, tengo los pelos de punta, el arco Gandiva se me resbala de la mano y me arde la piel. Ya no soy capaz de seguir aquí plantado. Me olvido de todo, y me da vueltas la cabeza. Solo veo causas de desgracia"». Arjuna expresa su ansiedad y desorientación a Krishna. Krishna reconoce sus sentimientos y responde con compasión. Tiene los ojos llenos de lágrimas. Pregunta: «¿Cómo te han sobrevenido estas impurezas? Conoces el valor de la vida: ¿qué te está debilitando?». Krishna no está juzgando a Arjuna, ni siquiera lo instruye en este punto. Tiene la ventaja de ser un observador neutral y primero está tratando de comprenderlo.

Nosotros no tenemos la ventaja de contar con Krishna en el campo de batalla. Un terapeuta posee la neutralidad para ser el moderador ideal, pero la realidad es que la mayoría de las parejas lidian con sus problemas sin ayuda externa. Todo el mundo quiere que la otra persona sea la que recule y asuma la responsabilidad, pero, si ninguno de vosotros da un paso al frente, los dos podríais acabar esperando de manera indefinida. Para resolver un conflicto, al menos uno tendrá que erigirse en neutral para poder guiar y moldear la conversación con imparcialidad.

Puedes iniciar una conversación neutral con una disculpa si es genuina. Significa que has reflexionado acerca de la situación y has aceptado tu responsabilidad. Si el ambiente se caldea, tu pareja puede responder a la disculpa diciendo: «*Deberías* sentirlo». Responsabilizarse implica admitir: «Sí, debería, y lo siento». Y sin ponerte a la defensiva. Si no puedes disculparte de forma auténtica al principio, déjalo para más tarde. Un mediador neutral no se apresura a resolver el problema, sino que trata de averiguar más acerca de los combatientes y comienza a ofrecer observaciones y percepciones. Nosotros no contamos con la perspectiva y la sabiduría de Krishna, ni siquiera con la de un terapeuta, por supuesto, así que debemos lidiar con nuestro propio estado de ánimo mientras intentamos mediar. Si nos hemos enzarzado en una discusión sin sentido, nos molestamos e impacientamos, y no escuchamos de verdad. Asimilamos las emociones de la otra persona, nos enfadamos si nuestra pareja está enfadada y nos deprimimos si está deprimida. Esto intensifica la discusión, incrementando los niveles de miedo e inseguridad para ambas partes. En una discusión de poder, no podemos mediar, porque pensamos que nuestra manera es la única manera. Nos interesan más los resultados inmediatos que el proceso. Solo en una discusión productiva pueden centrarse los mediadores en escuchar a la otra parte contar su verdad y permanecer neutrales a medida que se articulan los detalles y sentimientos.

Cuando adoptamos un papel neutral, nos recordamos a nosotros mismos que el problema no es nuestra pareja. Es algo que no entendemos de ella y algo que ella no entiende de nosotros. Resolver este rompecabezas nos beneficiará a ambos. Si estás pendiente tanto de ti como de tu pareja, entonces puedes confiar en tus actos. Si no alcanzas la neutralidad, la falta de una resolución os dolerá a los dos, y volveréis a la misma situación una y otra vez.

Diagnostica el problema principal

El mero hecho de que hayamos decidido mantener discusiones productivas no significa que todas vayan a empezar así. En ocasiones, estallamos sin más, pero, cuando lo hacemos, en lugar de persistir con la discusión o ceder, si diagnosticamos lo que ha ido mal, tenemos la oportunidad de comprender mejor a nuestra pareja y reducir las posibilidades de sufrir el mismo conflicto de nuevo. Una vez que hayáis practicado la discusión productiva, quizá podáis cambiar a este modo en el acto, pero, de lo contrario, ambos podéis alejaros de la discusión, examinar vuestro propio papel en el asunto y prepararos para compartirlo con vuestra pareja.

Mi cliente Dean discutió con su novia. Estaban en una boda y ella fue a buscar algo de beber. Dean vio que un tipo flirteaba de manera evidente con ella en la barra. Ella le sonrió, dijo algo al tiempo que señalaba a Dean y regresó con las copas. Dean estaba enfadado porque ella había disfrutado con la atención de aquel tipo.

«Le dije que, si pensaba flirtear así y faltarme al respeto, entonces bien podíamos dejarlo. Ella dijo que me estaba cabreando por nada y se molestó por que le aguara la noche». Cuando Dean y yo ahondamos un poco en aquello, quedó claro que la verdadera razón por la que se veía amenazado cuando alguien prestaba atención a su novia era que se sentía inseguro con respecto a su relación. Esa era la raíz del problema. No se trataba de lo ocurrido en la barra, sino de un problema que aquella escena reveló acerca de su relación. Al descubrirlo, Dean fue capaz de trabajar en su inseguridad en lugar de acusar falsamente a su novia y causar más conflictos en la relación.

Cuesta diagnosticar el problema principal de inmediato. Siempre lo achacamos a una diferencia de opiniones o pensamos que la otra persona ha hecho algo que no debía. Swami Krishnananda, uno de los grandes maestros de los Vedas, explica que existen cuatro tipos de conflicto.[143] Inspirándome en su modelo, he desarrollado un modo similar, pero más sencillo, de retirar las capas de un problema en una relación. Primero están los conflictos sociales, que los detonan factores externos que entran en vuestra zona y causan desacuerdos entre vosotros.

Luego están los conflictos interpersonales, en los que la queja atañe a la otra persona. Y finalmente están los conflictos internos, cuya raíz es la inseguridad, la expectación, la decepción u otro problema subyacente en vuestro interior. Veamos cómo funcionan estas capas.

Una pareja va a casarse. No pueden invitar más que a un número limitado de personas y las madres de ambos han pedido reservar los dos últimos asientos disponibles en el banquete para amigos suyos. Uno de los novios quiere dar los asientos a los amigos de su madre, y el otro quiere complacer a la suya. Cada uno discute a favor de su madre, diciendo lo importantes e íntimos que son esos amigos y por qué merecen los asientos en el banquete. Este es un conflicto social, generado porque dos personas desean cumplir las expectativas de sendas madres.

Entonces se produce un giro en la discusión. Una persona dice que su familia ha puesto más dinero para la boda y, por lo tanto, debería escoger. La otra persona asegura que la suya ha trabajado mucho más en la organización, así que es la que debería elegir. Las acusaciones y argumentos ya no tienen nada que ver con las madres: se ha convertido en una lucha de poder dentro de la pareja, en un conflicto interpersonal.

Pero a continuación la pareja se toma un respiro. El genio se calma y están listos para enfrentarse al problema en lugar de entre ellos. Cuando retoman el asunto, se dan cuenta de que ninguno de los dos quiere decepcionar a su madre. Esto constituía, para cada uno de ellos, un conflicto interno. El conflicto interno es el que de verdad tenían que solucionar. Al menos una madre iba a salir decepcionada. Estaban discutiendo entre ellos en lugar de enfrentarse a sus madres, pero entonces se preguntaron: «¿Decepciono a menudo a mi madre o esto es una circunstancia especial?», «¿De qué otra forma podría hacer feliz a mi madre?», «Voy a casarme; ¿ha llegado el momento de dejar de complacer a mi madre?». Una vez que llegaron a la raíz del problema, decidieron invitar a dos amigos suyos más y en la boda brindaron por sus respectivas madres.

Podemos utilizar estas capas para analizar el asunto unidos, llegar al fondo de este y abordar el verdadero problema. Nuestra ira a menudo no va enfocada a donde debería: nos enzarzamos en una discusión sobre la colada, cuando lo que de verdad nos molesta es a qué dedica el tiempo nuestra pareja. Discutimos acerca de cómo deberían hacer los deberes los niños, cuando lo que realmente nos irrita es sentir que no nos entienden o escuchan. El conflicto no desaparecerá hasta que identifiquemos y abordemos la verdadera fuente. Podríamos hacer que alguien cambie un comportamiento —la novia de Dean puede acceder a no volver a sonreír a otro hombre jamás—, pero hasta que él trabaje en el problema real —su inseguridad—, este no desaparecerá.

No pierdas el tiempo discutiendo por algo que no te importa. En lugar de eso, identifica el problema real.

Conoce vuestros estilos de pelea

Igual que tenemos distintos lenguajes para el amor, tenemos distintos estilos de pelea. Saber cómo procesa el conflicto cada uno de vosotros hace más fácil encontrar el truco a las discusiones y te ayuda a permanecer neutral. Radhi y yo discutimos de maneras completamente diferentes. Yo quiero lanzarme y hablarlo todo, mientras que ella prefiere aclarar las ideas y calmarse un poco antes de que debatamos. Yo estoy ansioso por encontrar una solución, mientras que ella desea darse un respiro, relajarse y pensar en el asunto por su lado antes de que nos reunamos. Comprender esto acerca del otro ha hecho que yo dejara de sentirme dolido cuando ella se callaba durante una discusión, y que ella dejara de enfadarse cuando yo quería discutir algo largo y tendido. Identificar el estilo de pelea de tu pareja y el tuyo es el primer paso para pelear por el amor.

HAZ LA PRUEBA: IDENTIFICA EL ESTILO DE PELEA DE TU PAREJA Y EL TUYO

Observa los tres estilos que aparecen a continuación. ¿Cuál te describe mejor?

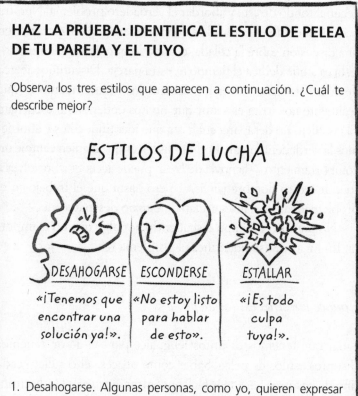

ESTILOS DE LUCHA

DESAHOGARSE	ESCONDERSE	ESTALLAR
«¡Tenemos que encontrar una solución ya!».	«No estoy listo para hablar de esto».	«¡Es todo culpa tuya!».

1. Desahogarse. Algunas personas, como yo, quieren expresar su ira y no paran de debatir hasta que se alcanza una solución. Parafraseando al personaje Ali en *Cobra Kai*, hay tres lados en toda discusión: el tuyo, el mío y la verdad. No existe una verdad objetiva. El contendiente orientado hacia una solución desea llegar a una respuesta y, a menudo, se centra demasiado en los hechos. Es natural querer resolver el problema, pero, si tú eres así, debes acordarte de bajar el ritmo y dar cabida no solo a los hechos, que a menudo están sujetos a debate,

→

sino a ambos lados de la historia y a dos conjuntos de emociones: las tuyas y las de tu pareja. Ten cuidado con prescindir de los filtros: con el ansia por poner punto final a las cosas, es posible que abrumes a tu pareja con demasiadas ideas y propuestas. No te precipites en encontrar una respuesta. Primero tendréis que poneros de acuerdo en torno al problema al que os enfrentáis. Solo entonces podéis buscar soluciones juntos.

2. Esconderse. Algunas personas se cierran en banda en una discusión. Las emociones son sencillamente demasiado intensas y necesitas espacio. Necesitas procesar. O te callas en medio de la discusión o te vas de la habitación y necesitas reorganizarte antes de continuar. La persona que se retira no quiere contemplar soluciones en el ardor del momento. No está lista para escucharlas y es posible que se moleste aún más si su pareja presiona para dar con una resolución rápida. Tómate el tiempo y el espacio que necesites, pero no utilices el silencio como una forma de batalla.

3. Estallar. Algunos de nosotros no podemos controlar la ira, de manera que explotamos emocionalmente. Esta respuesta pasa una gran factura a las relaciones, y es un comportamiento que deberías esforzarte por cambiar. Si te incluyes en esta categoría, tienes que trabajar en gestionar tus emociones. Esto podría implicar recurrir a fuentes externas para que te ayuden con el control de la ira. O puedes elaborar un plan con tu pareja en una época de paz y decidir que, la próxima vez que os peleéis, os tomaréis un descanso. Averigua qué te iría mejor a ti: quizá salir a correr, darte una ducha o liberar estrés de otra forma.

Si quieres hacer un test que revele tu propio estilo de pelea, por favor, visita: www.FightStyles.com.

Una vez que hayas identificado tu estilo de pelea, habla de él con tu pareja. ¿Qué estilo piensa ella que es el suyo? Basándoos en vuestros estilos de pelea, cread un espacio para que cada uno de vosotros se enfade y un calendario para lidiar con ello como es debido.

Si a uno de vosotros o a ambos os gusta desahogaros, el otro quizá necesite más tiempo y espacio para procesar. Solo porque una persona no esté lista no significa que no quiera a la otra, y debería tranquilizarla al respecto. Asegúrate de que los dos conocéis el proceso del otro antes de la próxima discusión para que vuestros distintos estilos de pelea no se conviertan en el motivo por el que la discusión se intensifica. Intenta desarrollar tu autoexpresión, pero asegúrate de que te concedes el tiempo que necesitas para relajarte y pensar antes de abordar el problema. Si a los dos os gusta desahogaros, puede funcionar si os aseguráis de estar haciéndolo de manera intencionada con el objetivo de superar el problema juntos.

Si uno de los miembros de la pareja necesita retirarse, que lo haga. La retirada puede parecer un castigo, pero eso no significa que sea la intención de la persona. No significa que no le importe. Es una reacción emocional. Si necesitas retirarte, dilo. Si uno necesita espacio, o ambos, planead hablar cuando estéis listos. Aprovecha el tiempo extra que te da el otro. En lugar de permitirte enfadarte aún más, recuerda que estáis del mismo lado e intenta depurar el problema hasta llegar al fondo, para que cuando retoméis la conversación podáis articular a qué os enfrentáis tu pareja y tú.

Si tu pareja es explosiva, durante un momento de tranquilidad anímala a trabajar en ese comportamiento (ver el punto 3 del cuadro anterior). Lo mismo se aplica si ambos sois explosivos. Esta conducta es difícil de cambiar, pero no constituye una manera productiva de discutir. Durante una discusión, puedes limitarte a decir: «No vamos a llegar a ninguna solución si uno de nosotros está enfadado. Hablemos cuando estemos listos».

Ganar juntos

Cuando surge un conflicto en vuestra relación, lo ideal es que seáis capaces de parar en seco, dar con la neutralidad, diagnosticar el problema y analizar la importancia y la urgencia del asunto. Después de todo este trabajo de preparación, estáis listos para lidiar con el problema juntos en lugar de pelear entre vosotros. Estos cinco pasos pueden ayudaros a hallar la paz.

1. Momento y lugar
2. Expresión
3. Control de la ira
4. Compromiso
5. Evolución

Momento y lugar

Escoged un momento y un lugar para resolver el conflicto. Esto puede resultar poco realista. Después de todo, las peleas se desatan de forma impulsiva. Pero desarrollar la capacidad para contenerse cuando surja un problema cambiará vuestras discusiones para siempre. En lugar de decir: «¿Cómo puedes seguir metiéndote primero en la ducha cuando sabes que yo tengo que estar antes en el trabajo?», di: «Eh, me siento frustrado por nuestra rutina matutina. ¿Podemos escoger un momento para hablar de ello?», y programadlo. Dominar esta habilidad lleva su tiempo: al principio, quizá estalles antes de que te contengas y recuerdes dejar algo de espacio entre las emociones y la conversación sobre el tema que las ha generado. No pasa nada. El estallido es tu señal para pararte la próxima vez antes de decir algo de lo que te arrepientas.

El conflicto no tiene por qué ser angustioso. No tiene por qué pesarnos. ¿Cuántas veces hemos tenido que recular y decir: «No quería decir eso»? Cuando estamos irascibles, decimos cosas que no queremos decir. Hacemos declaraciones permanentes basadas en una emoción temporal.

A Noam Ostrander, profesor de Trabajo Social, le gusta preguntar a las parejas: «¿Cómo es la pelea de media tarde los días entre semana?».[144] Como Ostrander contó a la revista *Time*: «Sonríen un poco porque lo saben». Uno de los patrones que Ostrander ve con frecuencia es que las parejas discuten justo después de llegar del trabajo. Todo el mundo ha tenido un largo día, nadie sabe qué hay de cenar ni ha tenido tiempo de relajarse y de repente estás discutiendo sobre a quién se le ha olvidado pagar una factura. Ostrander dice que la pelea de media tarde con frecuencia puede evitarse con una nueva rutina: un contacto rápido, quizá un abrazo y un beso, y luego una breve separación para que cada uno pueda hacer la transición desde el modo trabajo. Luego, cuando los dos hayáis recuperado el aliento, podéis volver a juntaros en un espacio mental y emocional más abierto y relajado.

El final de un largo día de trabajo normalmente no es el mejor momento para una conversación seria, pero, si no puedes posponer algún asunto hasta el momento ideal, una alternativa consiste en hacer pausas en las discusiones. Si estás en medio de una pelea y te estás mostrando reactivo, pide algo de tiempo para pensar con el fin de poder expresar tus sentimientos como es debido. Puedes formular la pausa de un modo que no haga que tu pareja sienta que te estás alejando. Di: «Mira, ahora mismo estoy luchando por algo equivocado. Lo siento. Quiero mantener esta conversación, pero necesito diez minutos. No me voy a ninguna parte. Deja que me tome un momento para comprender esto y calmarme, y luego mantenemos una conversación como es debido». También puedes pedir centraros en escuchar, con el fin de que los dos desaceleréis y os turnéis para hablar sin juzgaros mutuamente ni defenderos a vosotros mismos.

Igualmente, es posible que no quieras estropear un fin de semana relajante que tengáis planeado. Así que explica a tu pareja que quieres hablar de algunas de las cosas que crees que están afectando a la relación. Dile que quieres hacerlo pronto, pero cuando sea mejor para los dos. Prefieres que sea un momento en el que ambos estéis tranquilos en vez de mientras los niños destrozan la casa o mientras tu pareja intenta responder a un e-mail del trabajo. Quizá un fin de semana, cuando la presión del trabajo es más leve, quizá cuando los niños se hayan acostado.

Si tu pareja y tú tenéis un tema recurrente, encuentra o crea un espacio seguro para la comunicación. Utilizamos la expresión «pongámoslo todo encima de la mesa». Imagina a dos personas que vuelcan todo su equipaje encima de la mesa del comedor. Ahora que habéis acordado abordar el asunto, tomaos el tiempo de arreglar la mesa. Encontrad un espacio tranquilo en el que podáis hablar.

No lo saquéis en el dormitorio, donde dormís, o en la mesa en la que coméis juntos. En esos lugares pasáis tiempo íntimo juntos, y es mejor mantenerlos sagrados. Escoged una ubicación neutral en la que podáis discutir las cosas, como el salón o una biblioteca pública; un espacio que os va a hacer sentiros a ambos más responsables, comprometidos, concentrados y tranquilos en lugar de un lugar que despierta otras emociones, más negativas. Fuera, si el tiempo lo permite, suele ser la mejor opción. Salid a pasear o sentaos en un parque cercano.

Intentad situaros uno junto al otro en lugar de uno enfrente del otro. Según el científico cognitivo Art Markman, hay estudios que demuestran que, cuando nos sentamos al lado de alguien, literalmente compartimos su perspectiva del mundo que nos rodea, lo cual puede ayudarnos a sentir más empatía por esa persona.[145] En su libro *Dimensions of body language*, la organización Westside Toastmasters describe sentarse uno al lado del otro como «la posición cooperativa» porque «permite un buen contacto visual y la oportunidad de ser un reflejo del otro»; en ella, adoptamos una postura o movimientos corporales similares a los de la otra persona.[146] Igual que repetirle parte de lo que dice, el reflejo físico ayuda a la gente a sentir que la estás escuchando, e idealmente la estarás escuchando de verdad. Sentarse o caminar al lado de alguien ayuda a que el reflejo se produzca de manera natural.

HAZ LA PRUEBA: LLEGAD A UN ACUERDO PARA VUESTRA PRÓXIMA DISCUSIÓN

Resulta fácil olvidar todas nuestras intenciones en el ardor del momento. Pero, si tenéis un plan que habéis discutido y habéis acordado, podéis recuperarlo cuando las emociones se intensifican. He aquí algunos puntos que tener listos. En un momento de calma, acuérdalos con tu pareja. Luego, en vuestra próxima riña, haced una pausa. Contad hasta diez para coger este acuerdo o para abrirlo en el móvil.

$\longrightarrow$

←———

ACUERDO PARA CONFLICTOS

Acordamos escoger un momento y un lugar para este conflicto en lugar de entablarlo ahora mismo.

Acordamos que, si llegamos a un acuerdo, ambos ganamos; pero, si gana una sola persona, ambos perdemos.

Nuestra intención es (escoged todas las que queráis): hallar un compromiso / comprender los sentimientos del otro / abordar este tema con una solución que nos ayudará a evitar esta discusión en el futuro / apoyarnos mutuamente incluso cuando no estemos de acuerdo.

Una descripción neutral del conflicto que acordamos es:

Vamos a discutirlo en este momento:

Vamos a discutirlo en este lugar:

Antes de que lo resolvamos, los dos escribiremos lo que está molestando a la otra persona.

Hay cuatro soluciones posibles al problema o modos de evitar volver a tener este conflicto.

1.

2.

3.

4.

¿Estamos los dos satisfechos con la resolución?

Expresión

Ahora que habéis elegido un momento y un lugar tranquilos, deberíais escoger vuestras palabras con un cuidado similar. Utilizad un lenguaje específico. Las palabras no pueden retirarse; los actos no pueden deshacerse. Compartid cómo os sentís, no lo que pensáis de la otra persona. La escritora Ritu Ghatourey dice: «El 10 por ciento de los conflictos se debe a diferencias de opinión. El 90 por ciento se debe a un tono inadecuado de voz». Canaliza tu gurú interior e intenta guiar con suavidad y calma, sin imponer tus ideas ni deseos a la otra persona.[147]

No uses palabras extremas como «siempre» y «nunca», amenazas como «Si no cambias esto, te dejo», o expresiones de ataque como: «Esto es culpa tuya. Te equivocas». Son términos de acusación y recrudecimiento. Con excesiva frecuencia, nuestra comunicación pone a la otra persona a la defensiva. Acusamos; no inspiramos. Las peleas a menudo comienzan con las mismas dos palabras: «Tú siempre…». Este lenguaje es una señal de que no has purificado tu ego. Cuando haces una acusación, ¡pam!, enciendes la corriente defensiva de alguien. No obtendrás lo que quieres por cómo lo estás pidiendo.

En lugar de eso, concéntrate en la claridad. Comienza diciendo: «Creo que nuestro problema es que…» o «Para mí es importante que…». Pensamos que necesitamos establecer lo que está bien y está mal acerca de nuestro comportamiento, pero las respuestas no provienen de la certeza o la exageración. Provienen de la claridad. Cada uno de nosotros desea clarificar que nuestra pareja nos quiere y que desea estar con nosotros. Cada uno de vosotros debería formular y responder a las preguntas:

¿Cuál es nuestro problema?
¿Qué necesitas de mí ahora mismo?

Cuando entras en una discusión con tranquilidad, puedes utilizar un lenguaje de petición en lugar de uno de queja o acusación. En vez de preguntar «¿Por qué no recoges nunca después de comer?», puedes probar con: «¿Te importa recoger después de comer?» o «No me encuentro muy bien. Me estresa el aspecto que tiene la casa. ¿Te importaría recoger un poco?».

La mayoría de las discusiones son tú, tú, tú, tú, tú, tú, yo, yo, yo, yo, yo, yo. Esto es lo que tú me has hecho a mí. Si todo tu lenguaje está orientado en torno a ti, estás creando una división. Tu pareja responderá con palabras defensivas como: «Yo nunca haría eso. No soy así. Este es tu problema». Antes de que profundices en tus sentimientos individuales, establece la intención que os une. Luego podéis escuchar los sentimientos del otro teniendo en cuenta esa intención. Podrías decir: «Hemos pasado por un momento difícil, y sería genial que estableciésemos cómo queremos organizar las tareas domésticas por la noche». Cuando empiezas a decir «nosotros», tu pareja se da cuenta de que no estás siendo egoísta. No es solo un problema que tienes con ella. Es cosa de los dos. Ambos tenéis problemas y defectos. Reconocedlo y hablad de cómo abordarlos juntos. En la práctica, puede que cueste evitar decir «tú» y «yo», pero te ahorra la incomodidad mucho mayor de enfrentarte a alguien a quien has puesto a la defensiva. He aquí algunas frases útiles que aluden a «nosotros»:

«Tenemos que trabajar en esto».
«Tenemos que cambiar».
«Hay cosas que ambos debemos aprender».
«¿Podemos probar esto los dos juntos?».

Una vez que hayas establecido tu intención en la discusión, puedes empezar a compartir tus sentimientos. Cuando dices «creo», sugiere que mantienes una posición inamovible, mientras que «siento» apunta a que estás describiendo una reacción emocional, la cual puede evolucionar.

«Cuando haces esto, me siento de esta forma».

«Cuando dejas trastos por todas partes, siento que nuestra casa no es una prioridad para ti».

«Cuando me criticas, siento que me rechazas».

No insultes o te pongas a la defensiva. Intenta ser directo y respetuoso en lugar de ningunear a la persona a la que amas por fracasar al no satisfacer tu necesidad. Es posible que objetes que no tienes tiempo para abordar vuestros problemas con rodeos; prefieres ser directo. Bueno, si no tenemos tiempo para comunicarnos adecuadamente, necesitaremos sacar más tiempo para más conflictos.

No te recomiendo que vayas directamente a tu pareja y le digas: «Oh, Dios mío, Jay dice que lo hacemos todo mal». Esto también pondrá al otro a la defensiva (y a ti en un aprieto). En lugar de eso, di: «Me encantaría hablar contigo sobre la forma que tenemos de discutir. Sé que esto podría cambiar nuestra relación». En lo que se refiere a la comunicación, establece un momento y haz peticiones en lugar de quejas.

HAZ LA PRUEBA: DISCUTIR TEMAS COMPLEJOS

No podemos resolver problemas complejos con acuerdos sencillos como: «Te prometo que a partir de ahora meteré los calcetines en el cesto de la ropa sucia» y «Te lo recordaré si te los dejas en el suelo». Es posible que un gran problema no tenga solución

$\longrightarrow$

←

rápida ni victoria fácil y requiera más reflexión y trabajo para arreglarlo. Empezad por articular el problema y pensar juntos en ello. He aquí algunas formas para comenzar, de manera que no os veáis tentados a relajar las cosas con una resolución artificial, sino que lo dejéis abierto para mayor comprensión y discusión.

«Esto es lo que he oído… y esto es lo que voy a intentar hacer para avanzar».

«Este punto ha calado de verdad en mí… y me ayuda a ver las cosas de un modo distinto ahora».

«Ahora entiendo lo que quieres en realidad… Así es como puedo responder de forma realista».

«No estoy del todo seguro de cuál es la solución…, pero tú me importas y me encantaría que volviésemos a hablarlo esta semana para discutirlo más en profundidad».

«Siento haber tardado tanto en comprenderlo. Ahora veo cómo te ha afectado… Trabajemos juntos en esto».

«Veo lo mucho que te estás esforzando… Seré más paciente y comprensivo».

Reconoce lo que habéis aprendido el uno del otro en el camino. Al final de esta conversación, no deberías prometer que nunca volverás a hacer algo, a menos que seas verdaderamente capaz de cumplir esa promesa. En lugar de eso, comprométete con lo que intentarás hacer.

Control de la ira

¿Y si, a pesar de todos tus esfuerzos, tu pareja se ve atrapada en la ira y el ego? Es posible que incluso niegue que existe un problema. Bueno, entonces, si la relación te importa, tienes que trabajar aún más.

Si tu pareja se resiste, prueba a decir: «Mira, quiero mantener esta discusión contigo porque creo que podemos llegar a un lugar mejor juntos. No estoy haciendo esto para tener razón. No estoy haciendo esto por mi ego. No estoy haciendo esto para demostrar que tú te equivocas. No estoy haciendo esto para hacerte quedar mal o sentirte mal. Lo estoy haciendo porque de verdad quiero que estemos en un buen lugar. Discutamos qué tipo de relación queremos».

El hecho de que expliques a tu pareja lo que estás intentando hacer despierta su conciencia. Tiene entonces la oportunidad de responder: «Vale, estoy de acuerdo contigo». Y, si no puede mostrarse de acuerdo, al menos tienes una idea más clara de los desafíos y el potencial (o falta de este) de la relación. He aquí algunas de las actitudes a las que podrías enfrentarte si tu pareja no está en sintonía contigo.

Cuando te enfrentas a:	Abórdalo así:
Ira / ego	La gente actúa movida por el ego cuando se siente acusada. O tú no has alcanzado con éxito la neutralidad o tu pareja no la ha procesado. Sigue sintiendo que el problema que estás sacando a la luz es solo suyo. Programad una hora y retomad un lenguaje que demuestre que queréis trabajar en esto juntos, como un equipo.

Menosprecio / desdén	Tu pareja no comprende cuánto te importa esto o se niega a verlo. Asegúrate de que has diagnosticado el problema principal y, a continuación, utiliza el lenguaje del «nosotros» cuando digas: «No estamos entendiendo el verdadero problema. El verdadero reto es [el problema principal]». El problema fundamental es algo que no se puede desdeñar.
Globalización / culpa	Si tu pareja globaliza un problema —refiriéndose a un ejemplo como la totalidad de vuestras interacciones y culpándote—, asume la responsabilidad y discúlpate. Luego, busca la neutralidad para devolver el diálogo a la intención de la discusión y lo que queréis conseguir juntos. Di: «Entiendo de dónde provienen estos sentimientos. Centrémonos en ir paso a paso».

Bloqueo	Si tu pareja se bloquea, no es el momento ni el lugar adecuados para resolver el problema. Asegúrate de que conoces su estilo de pelea y, a continuación, escoged un momento y un lugar para la discusión.
Claudicación	A veces, un miembro de la pareja está tan ansioso por poner fin a un conflicto que accede a hacer lo que quieras, pero no estás seguro de que vaya a mantener su compromiso o de que sea sincero. En este caso, utiliza un lenguaje específico. «Estamos accediendo a esto. Estarás en casa antes de media tarde cinco días a la semana, y yo voy a hacer planes para el fin de semana sin consultártelo. ¿Estamos de acuerdo en este plan?».

No puedes resolver una discusión tú solo: ambos tenéis que estar de acuerdo. Debe haber entusiasmo por la relación y por mantenerla viva. Este entusiasmo quizá no se halle al mismo nivel que al principio, pero establece el compromiso continuo de hacer un esfuerzo. Si tu pareja se niega a hablar del asunto o a reconocer que hay un problema, debes decidir si estás dispuesto a vivir con ello. Pero te diré una cosa: si es importante, es importante, y si tu pareja no está dispuesta a comprometerse al respecto, recurre a la regla 7, donde hablamos de cómo manejar diferencias intolerables.

Compromiso

Para arreglar el problema, habréis de llegar a un acuerdo. Este acuerdo implica necesariamente un cambio; en caso contrario, es probable que volváis a tener el mismo conflicto. Esto no significa que ningún miembro de la pareja deba hacer promesas como: «No volveré a hacerlo», «Es la última vez» o «No volverá a ocurrir». Nos vemos atraídos por estas declaraciones dramáticas. Queremos oírlas y nos gusta pronunciarlas, ya sea porque nos sentimos obligados a demostrar nuestro compromiso o porque estas generalizaciones son en realidad más fáciles que el concienzudo trabajo de averiguar cómo adaptarnos y mejorar exactamente la relación con el tiempo. Es mucho más probable que la conversación te lleve a una solución que las generalizaciones.

A veces, necesitamos ayuda externa para encontrar una solución. Determinados temas pueden ser especialmente complejos y desafiantes para abordarlos nosotros solos. Si tenéis dificultades para hallar una solución por vuestra cuenta, recurrid a una tercera parte objetiva que os ayude a tratar el problema en pareja. Lo ideal es que no sea un amigo o familiar: queréis a alguien verdaderamente objetivo, como un terapeuta o un consejero, un mediador o un asesor espiritual o religioso, si tenéis alguno disponible. Es sano buscar ayuda. Y merece la pena.

No olvides que el objetivo de la discusión productiva no es obtener una reacción concreta o una respuesta positiva. Lo que estáis buscando es una solución al problema.

Evolución

Crecemos a través del conflicto al asumir la responsabilidad por nuestro papel en el problema, y reconocemos nuestros errores disculpándonos. Aunque te hayas disculpado al principio, hacerlo al final, cuando habéis encontrado una resolución, proporciona un cierre poderoso. Por supuesto, si no se ofrece de la manera correcta, una disculpa puede ser tan vacua como la resolución de no volver a hacerlo. De niños, nos enseñaron a decir «lo siento» y esas palabras se suponía que reparaban el daño. Pero como adultos necesitamos hacer algo más que poner una tirita al problema. En una discusión productiva, la disculpa expresa algo más que arrepentimiento. Hay tres pasos para lograr una disculpa auténtica: la aceptación, la articulación y la acción.

Aceptación. Primero, el que se disculpa necesita sentir verdadero arrepentimiento por su comportamiento o error, lo cual implica reconocer cómo han afectado sus elecciones a los sentimientos de la otra persona y asumir la responsabilidad de las consecuencias.

Articulación. A continuación, el que se disculpa debe comunicar su comprensión y arrepentimiento con una expresión clara de los retos y emociones implicados. Esto no significa declarar con grandilocuencia que jamás cometerás el mismo error. En cambio, expresas el cambio conductual que te dispones a hacer para asegurarte de que no vuelve a ocurrir. Podrías decir: «Reconozco que cuando estás estresado no tiene sentido que te recuerde lo que todavía tienes que hacer. En lugar de eso, voy a apoyarte». O podrías decir: «Siento que al comienzo de nuestra relación te menosprecié, lo cual te hizo sentir que te faltaba al respeto, que no te quería, te hizo sentir inseguro. Estoy dando pasos para reconocer por qué lo hice y para apoyarte y ser más compasivo en mi comunicación contigo. Voy a intentar pensar antes de responder».

Acción. Finalmente, honramos nuestro compromiso para evitar cometer el mismo error de nuevo. Llevar esta promesa de cambio hasta el final es el resultado más importante de la discusión. Como he oído decir: «La mejor disculpa es un comportamiento cambiado».

Tu pareja podría seguir el ejemplo del significado que has otorgado a tu disculpa, pero, de no ser así, es posible que se deba a que necesita tiempo. Puedes darle una oportunidad de articular la disculpa a su propio ritmo diciendo: «¿Ayuda saber exactamente por qué lo siento? Agradecería que me cuentes lo que piensas una vez que hayas tenido tiempo de reflexionar sobre esto».

HAZ LA PRUEBA: ESCRIBE UNA CARTA DE DISCULPA

Siéntate y piensa en todo aquello por lo que podrías disculparte con tu pareja: todo aquello que sigues lamentando. No es cuestión de sentirte mejor ni de rebajarte. Se trata de responsabilizarte de tus errores, concienciando a tu pareja de que reflexionas acerca de cómo has influido en ella y validando sentimientos que deberías haber visto, pero pasaste por alto. Le demuestra cuánto te importa.

Por cada error, anota:

1. El error en sí

2. Cómo crees que le ha afectado

3. Por qué lo sientes

→

4. Cómo lo arreglarás o qué tienes intención de hacer de un modo distinto a partir de ahora

No matices tu disculpa con culpa, explicaciones o excusas. Ya te explicaste cuando trabajabais en solucionar el problema. Ahora, concéntrate en mostrar que entiendes cómo has herido a tu pareja. Después de escribir la nota de disculpa, entrégasela. Deja que sepa que la has escrito sin expectativas acerca de cómo podría responder, solo querías expresar tu amor de una forma nueva, pensando seriamente en antiguas emociones, errores o resentimientos que es posible que nunca se hayan abordado y resuelto.

El motivo de ruptura

A veces, la paz resulta esquiva. Una discusión parece irresoluble. Los dos os mostráis inamovibles y ninguno de vosotros está contento con el distanciamiento en la relación. Si nadie cambia, vas a tener que encontrar el modo de reconciliaros con ello (o tener la misma pelea una y otra vez). Los psiquiatras y expertos en relaciones Phillip Lee y Diane Rudolph, un equipo formado por marido y mujer, afirman que las parejas pueden acostumbrarse a discutir sin resolución —lo que denominan «adicción a la discusión»— y que la pareja se «estanque en un patrón de comunicación que puede llevarla a un bucle aparentemente interminable en torno a las mismas discusiones». No suena divertido.[148]

En lugar de que este tema sea una zona que evitáis o por la que peleáis de forma repetida, tal vez debería ser una zona neutral: un espacio en el que acordáis respetar las opiniones del otro y no intentar cambiarlo. No es lo mismo que enfadarse sin más y no hablar de un asunto. En algunos casos (quizá demasiados), podemos aprender a aceptar estas diferencias. No tienen por qué perjudicar a la relación. Por ejemplo, es posible que tu pareja nunca se emocione por asistir a esa gran fiesta del trabajo o por bailar en un *flashmob* contigo porque es muy introvertida y prefiere las actividades tranquilas con oportunidades de mantener conversaciones íntimas. No tiene por qué importar. «Irresoluble» no tiene por qué ser un término desalentador, sino más bien indicar que los temas no desaparecerán porque las fuentes de conflicto no desaparecerán. En tales casos, podéis negociar soluciones que funcionen para los dos. Encuentra a un amigo que vaya a la fiesta o baile contigo. O acordad que asista a cambio de hacer algo que le encante y a ti no te apasiona.

También hay temas difíciles en los que tenéis que encontrar un modo de poneros de acuerdo, como la forma de gestionar las finanzas familiares, a qué escuela mandar a los niños o qué hacer si tu pareja debe tratar con un ex porque tienen hijos en común. Con las herramientas que te he proporcionado y una intención positiva, es probable que seáis capaces de sortear estas discusiones. Sin embargo, abordar un problema juntos y buscar maneras de afrontarlo como un equipo no garantiza que vayas a obtener la reacción o la resolución que quieres. Cuando continuáis chocando con un problema importante y complejo, y estáis lejos de terreno común, entonces podrías encontrarte afrontando una profunda ruptura en la relación. Es entonces cuando las peleas nos llevan a la pregunta más trascendental a la que nos hemos enfrentado desde que decidimos unirnos como pareja: ¿deberíamos seguir juntos? Abordaremos este tema en la próxima regla.

Regla 7

En una ruptura, tú no te rompes

> Tu labor no consiste en buscar el amor, sino en limitarte a buscar y encontrar todas las barreras que has erigido contra él en tu interior.[149]
>
> RUMI

SEÑALES DE PROBLEMAS

El amor no se desvanece de la noche a la mañana. Los primeros días de vuestra relación eran como una pared recién pintada. Suave, regular y lista para llenarse de imágenes de la vida que os aguardaba. El muro de debajo puede que no fuera perfecto, pero con la nueva capa de pintura parecía sólido y bonito. Con el tiempo, sin embargo, todos los muros acaban presentando roces, algunos tal vez incluso del equipaje que llegó el día de la mudanza. Quizá hayáis estado demasiado ocupados para lidiar con ello. Puede que te dijeras que no era un problema, pero solo decías eso para relajar las cosas. Sabes que los roces no desaparecerán hasta que hagáis algo al respecto, aunque puedes vivir con ellos una temporada. Luego, con el tiempo, se acumulan nuevos roces. Pasas por delante de ellos todos los días. Si empiezan a molestarte, podrías retocarlos un poco. Quizá incluso decidas que ha llegado el momento de repintar la pared.

Del mismo modo, en las relaciones surgen desperfectos. El ajetreo de la vida genera muescas y arañazos que no se irán a menos que lidies con ellos. Tal vez tu pareja pase demasiado tiempo diciéndote cuánto le molesta su jefe. Tal vez se queje cada vez que vas a ver a tus padres. Lo que cada persona vea como un arañazo será distinto, pero son problemas pequeños. Podrías retocarlos si quisieras, y saberlo debería darte la confianza para vivir con ellos. Pero debes estar dispuesto a aceptarlos como parte del encanto de una casa habitada. Cada desperfecto no significa que los muros vayan a derrumbarse. Si tratamos cada arañazo como un terremoto, ponemos una carga innecesaria sobre la relación. En otras palabras, la estrechez de miras convierte los arañazos en grietas.

Una grieta en un muro apunta a un problema estructural que necesita ser tratado y no debería ignorarse demasiado tiempo. Ejemplos de grietas en una relación podrían ser que repetidamente rompes promesas de cambiar un comportamiento; o que uno de sus familiares te incomoda de manera constante, pero no te sientes apoyado; o que te parece que la relación está en piloto automático, pues ya nunca habláis. Si hay una grieta en la relación, no puedes dejar ese asunto sin solución. Hemos hablado acerca de cómo ocuparnos de los arañazos y grietas cotidianos en el capítulo anterior.

A veces, miras el muro de tu casa y sabes que hay un problema real que no va a resolverse con una mano de pintura. La estructura del edificio está comprometida y la línea serrada que cruza el muro es solo un síntoma del grave problema subyacente. En este caso, o los dos encontráis un modo de hacer reparaciones o va a producirse una ruptura.

Aludamos brevemente a algunos ejemplos de daños importantes que necesitan abordarse de un modo otro: el maltrato, la infidelidad, la inercia, el desinterés.

El maltrato es motivo de ruptura

Primero, quiero que sepas que mereces estar a salvo. Si no te sientes a salvo, ya sea física o emocionalmente, o ambas cosas, la cuestión no es si marcharte, sino cómo hacerlo de forma segura. El maltrato es cualquier comportamiento que un miembro de la pareja utiliza para controlar al otro, y en una relación no cabe el control. En Estados Unidos, la National Domestic Violence Hotline, servicio telefónico confidencial para víctimas de malos tratos, identifica seis categorías de maltrato: físico, emocional y verbal, sexual, económico, digital y acoso.[150] Las amenazas físicas y la violencia hacia ti, tus hijos, tu familia o tus mascotas son las señales más evidentes del maltrato, pero cualquiera de las siguientes son señales comunes de maltrato: tu pareja interfiere en tu toma de decisiones; te dice cómo puedes pasar tu tiempo, incluido si puedes trabajar y cuándo puedes salir y cuándo no; te dice lo que puedes ponerte y lo que no, o te dice con quién puedes pasar tu tiempo. Exhibe celos extremos e intenta controlar cuánto tiempo pasas con tu familia y amigos. Utiliza un lenguaje, miradas y gestos hirientes, insultando, menospreciando o amenazándote en privado o delante de otras personas. Controla el dinero, limitando lo que tienes y en qué puedes gastarlo. Controla el sexo, presionándote para mantener relaciones o llevar a cabo actos que no te gustan. Nada de esto forma parte de una unión sana. Esto es posesión.

Puede ser muy difícil y dar miedo dejar una relación en la que alguien nos está controlando. Cuando a los maltratadores se les arrebata el control, se vuelven peligrosos. Aun así, si estás en una relación física o emocionalmente abusiva, necesitas encontrar una salida segura. Si te encuentras en esta situación, mi primera recomendación es siempre, de nuevo, buscar ayuda profesional. Por favor, contacta con el teléfono de violencia machista: 016.

El miedo puede ser un factor incluso cuando no se trata de maltrato. Es posible que adviertas que en tu relación avanzas de puntillas porque temes provocar a tu pareja. Anticipas una reacción negativa por su parte y te descubres dando demasiadas vueltas a cómo responderás.

La reacción que estamos tratando de evitar podría ser pura ira, pero también puede ser mofa o crítica. La crítica constructiva es valiosa cuando proviene de un gurú con calma y buenas intenciones. No querrás tener una vida llena de gente que te diga que sí. Pero, si tu pareja te degrada a la cara o a la espalda, eso no te ayuda a crecer. Si tu pareja suele mostrarse desconsiderada o beligerante al dirigirse a ti, o viceversa, eso pasa una factura apreciable en vuestra relación. Según la investigación de los psicólogos Clifford Notarius y Howard Markman, solo se requiere un comentario agresivo o pasivo-agresivo para borrar veinte actos de bondad de golpe.[151]

Cuando tu relación comprende miedo y críticas, te cuesta sentirte libre para ser tú. Estás actuando para que la relación y tú estéis a la altura de las exigencias de tu pareja. Hay cierto nivel de actuación en muchos de los papeles que desempeñamos y empleos que tenemos. En mayor o menor grado, a menudo recurrimos a una versión ligeramente controlada, mejorada o domesticada de nosotros mismos para adaptarnos a diferentes circunstancias. No podemos esperar sentirnos completamente nosotros mismos en todas las situaciones todos los días, pero con nuestra pareja no deberíamos sentir que estamos viviendo una mentira.

No tienes que largarte de la relación al instante si te das cuenta de que es el miedo el que mueve tu forma de actuar. Primero, intenta compartir más de quien eres realmente. Comienza a romper esas ilusiones. Puedes decir: «Eh, sé que te dije que me gustaba el béisbol, pero la verdad es que no me gusta. Preferiría no seguir viendo los partidos contigo». En la mayoría de las relaciones, algo así probablemente tampoco sería un drama, pero en otra situación podría ser más arriesgado. Quizá tengas que decir: «Sé que dije que no quiero tener hijos, pero no estaba siendo realmente sincero. Pensé que con el tiempo cambiarías de opinión. Lo cierto es que en realidad sí que quiero tener hijos y siento que me estoy perdiendo algo si no los tenemos». O quizá quieras hacer un cambio significativo en tu vida cotidiana: mudarte o perseguir un nuevo propósito. Si estás muy implicado en la relación, haz un esfuerzo importante para expresar quién eres realmente. Ser juzgado a corto plazo es mejor que quedarte atascado en la situación mala a largo plazo. Si la única forma de prolongar la relación es que finjas que eres alguien que no eres, es hora de que te plantees ponerle fin.

No veas este viaje como uno que debes emprender solo. La soledad y el aislamiento pueden impedirnos tomar la difícil elección de marcharnos. Es posible que temamos cómo podrían cambiar nuestras vidas sin esa persona o esa situación. Pero otros han sufrido como tú, otros están sufriendo ahora y otros se han marchado. Es muy posible que necesites ayuda, y no hay nada vergonzoso en que estés en una mala situación y pidas ayuda y apoyo.

En el fondo, mi amiga Judy sabía que había llegado el momento de dejar a su marido. Me contó: «No tengo ningún problema a la hora de tomar decisiones en el trabajo, siempre me he enorgullecido de tener la mente clara y ser segura de mí misma. Pero, pese a que ya no éramos felices, pese a que me veía sometida a su desdén y sus faltas de respeto todos y cada uno de los días, por alguna razón, dejar al padre de mis hijos me superaba». Dudaba si hablar con sus amigos. «Llevábamos juntos veinticuatro años. Me avergonzaba reconocer el tiempo que hacía que no éramos felices y lo mucho que había degenerado la relación. Y me da la impresión de que a veces los amigos solo quieren que sigáis juntos; les hace sentir que sus propios matrimonios son más estables». Judy acabó recurriendo a una comunidad online de mujeres a la que hacía poco que se había unido. «No las conocía, y ninguna era una experta, pero fui capaz de exponer mi situación de la forma más anónima y subjetiva que podía. Su sabiduría colectiva cubría muchos aspectos de aquello por lo que estaba pasando: la necesidad de autonomía, las esperanzas para el futuro, los miedos a estar sola, las preocupaciones por mis hijos y el miedo a que la reacción de mi marido pusiera en peligro a nuestra familia. En el grupo, habían pasado por todo ello. Casi me sorprendió la claridad que experimenté. Además, me habían facilitado formas de comunicarme con mi marido que, con todo lo que había acumulado emocionalmente con los años, a mí jamás se me habrían ocurrido, y me pusieron en contacto con recursos locales para asegurarse de que estaba a salvo». No hay razón para estar solo cuando tomas decisiones difíciles y entras en territorio desconocido. Busca a expertos y defensores, ya sea a través de foros online, libros, amigos u organizaciones. Mereces amor y respeto, y tu seguridad es innegociable.

LA INFIDELIDAD SUPONE UN GRAN RETO

Una de las razones más comunes de que la gente ponga fin a una relación es el engaño. Según datos de centros de atención primaria, de las parejas en las cuales uno de los miembros había reconocido haber engañado, solo el 15,6 por ciento de las relaciones fueron capaces de recuperarse.[152] Hay todo tipo de cuestiones que pueden llevar a que uno de los miembros de la pareja traicione al otro, y hay libros enteros sobre cómo procesarlo, pero no cabe duda de que, una vez que se ha roto la confianza, solo el trabajo y un compromiso profundos por ambas partes pueden reconstruirla.

En NOT *Just friends*, la doctora Shirley Glass, psicóloga y experta en infidelidad, escribe que, después del engaño, resulta natural querer poner fin a la relación de inmediato y que es posible que sea la decisión correcta.[153] Pero puede que cueste decirlo cuando las emociones están exaltadas. «Aun cuando sigas sin estar seguro de si puede salvarse la [relación] —escribe—, no deberías tomar la decisión basándote en el peor momento de tu relación... Para afrontar el arduo trabajo que supone explorar el significado de la infidelidad, necesitaréis construir una base de compromiso, cuidado y comunicación compasiva». Para el miembro de la pareja que ha sido engañado, eso incluye esmerarse mucho. «Tu pareja y tú podéis trabajar juntos para crear un ambiente de sanación tranquilo, en el que podáis compartir información y el cariño empiece a uniros de nuevo. [Y tú] puedes empezar a hacer reparaciones concretas en la relación que ayudarán a que los dos os sintáis más conectados». En un estudio de parejas que habían experimentado infidelidad, cuando la persona que había engañado estaba dispuesta a responder a las preguntas de su cónyuge con sinceridad, el 72 por ciento de ellos aseguró que eran capaces de reconstruir la confianza.[154]

Además, con el fin de recuperar la confianza, la persona a la que han engañado debe perdonar. Según el terapeuta matrimonial y familiar Jim Hutt, si quien ha sido engañado continúa castigando y regañando al otro, la relación está abocada al fracaso.[155] Así que, si te encuentras en una situación en la que estás castigando a la otra persona, también te estás castigando a ti. Nadie espera que seas capaz de perdonar al instante, pero reconoce que, aunque la otra persona haya quebrantado tu confianza, los dos tenéis que esforzaros en recuperarla.

En algunos casos, las parejas dicen que sanar tras una infidelidad ha comportado aún más confianza que antes, así que es posible sanar. Pero requiere compromiso total por ambas partes. Y lleva tiempo. Glass indica que en una muestra de 350 parejas con las que trabajó que habían experimentado una infidelidad, aquellas cuyos miembros asistieron a al menos diez sesiones de terapia «tenían muchas más posibilidades de seguir juntos» que en aquellas que fueron a menos sesiones.[156]

Si eres tú quien ha engañado, no dejes la relación por otra persona. Déjala por ti. Si traicionas a tu pareja, no te has tomado el tiempo de comprenderte a ti mismo. Los dos habéis construido algo juntos. Si se ha desmoronado, entonces márchate. Pero deja que el polvo se asiente antes de buscar a otra persona. Si entras en una nueva relación mientras la nube de polvo sigue arremolinándose a tu alrededor, los restos quedarán atrapados en la nueva relación. No querrás acabar en otro lío con los mismos problemas.

El trabajador social clínico Robert Taibbi habla de por qué las relaciones por despecho pueden parecer tan atractivas.[157] «Una vez se ha acabado la relación, hay un vacío en tu vida… Existe una pérdida y un dolor porque se ha roto la unión psicológica». Es fácil tener visión de túnel, dice Taibbi, mirando solo lo malo de la relación y de tu pareja, así que piensas que la solución es sencilla: «Encuentra a alguien que no es así». Pero, por supuesto, sigues siendo la persona que eras en tu última relación, de modo que algunos de los problemas te acompañarán. De hecho, la investigación de Annette Lawson muestra que solo una de cada diez personas que dejaron su matrimonio por otra persona acabaron casándose con la persona con la que habían tenido una aventura.[158]

HAZ LA PRUEBA: COMPRUEBA TUS MOTIVOS PARA MARCHARTE

¿De verdad estás haciendo esto por ti o has quedado deslumbrado por una persona nueva y resplandeciente? Compruébalo.

CONSIDERACIONES
1. *Verificación de la tentación.* Si no hubieses conocido a la persona nueva, ¿seguirías con tu pareja actual? Si la respuesta es sí, entonces deberías centrarte en resucitar la relación.
2. *Verificación de la realidad.* Si un mago te cuenta cómo ha hecho un truco, el truco no resulta tan fascinante. Una nueva relación está llena de magia, pero no te dice qué queda cuando la magia desaparece. Asume que la página en blanco de tu relación con la persona nueva se desarrollará con sus propias fisuras. ¿Estás preparado para trabajar en ellas a medida que surjan o te encontrarás con la misma frustración y desilusión?
3. *Verificación del karma.* Recuerda que, si dejas a alguien por otra persona, esa nueva persona podría hacerte lo mismo a ti. Asegúrate de que, si te vas, es porque de verdad crees que no hay futuro con tu pareja y preferirías estar solo a estar con ella.

Pérdida de interés

El abogado de divorcio Joseph E. Cordell dice que un problema que ve a menudo es la falta de comunicación cotidiana, cuando los cónyuges «nunca compartían ni hablaban de las cosas que estaban pasando en sus vidas».[159] Esto puede que haga que tu pareja sienta que no es una parte importante de tu vida. Tras diez años casados, quizá no corras a la puerta a recibirla después del trabajo, pero, en general, deberías pensar en verla como una experiencia positiva. Algo va mal si, cuando aparece su nombre en una llamada entrante, la rechazas. Es muy importante que te preguntes: «¿Por qué estoy evitando esa llamada?».

Una de las razones por las que evitamos a alguien es porque no queremos pasar tiempo oyéndolo hablar de su vida. Ya no reconocemos lo que tiene de interesante porque no hemos conectado en mucho tiempo. Nos cuesta admitirlo, porque nos gusta creer que somos bondadosos y constantes. Para evaluar esto por entero, pregúntate si hay gente en tu vida a la que recurres, gente que te emociona tener cerca y con la que te emociona hablar. Esto te ayudará a valorar si se trata de un problema generalizado para ti o si es algo relacionado con esa relación en particular. Fíjate también en si ese sentimiento es continuo o si es solo una fase. Sabrás que tus sentimientos hacia tu pareja han cambiado de manera permanente si nunca tienes ganas de verla.

Aunque no estés evitando a tu pareja, sigue siendo mala señal que te sientas cansado y poco entusiasmado cuando pasas tiempo con ella.

Otra señal de que decae el interés es que no quieres compartir buenas o malas noticias con tu pareja al instante. Piensa en quién te viene a la mente cuando tienes buenas noticias que compartir. Si tu pareja no está entre las tres primeras personas, entonces probablemente significa que o no sientes que es lo bastante importante para compartirlas con ella o sientes que no le interesa lo suficiente. Cuando dejamos de compartir información íntima con la gente es porque ya no sentimos una conexión íntima con ella. Por supuesto, cabe que algunos tipos de buenas noticias no sean fundamentales para los valores de tu pareja — no tiene por qué alegrarse por ti cuando te compras una sudadera nueva—, pero en general deberías sentir que verte feliz hace que esté feliz y verte triste hace que quiera consolarte.

Una señal inequívoca de que se ha perdido interés es que ya no sientes que tengáis nada que aprender el uno del otro. Marilyn Hough, terapeuta matrimonial y familiar, describe a una pareja de su consulta cuyos miembros dejaron de crecer juntos.[160] Jane estaba estudiando para convertirse en terapeuta, y Tom era ingeniero y el único sostén de la familia. Sentía que el deseo de Jane de convertirse en terapeuta era una pérdida de tiempo. Ella se sentía invisible para su marido, y Tom se sentía sin apoyo en el trabajo. Habían dejado de crecer juntos, y Hough dice que, para cuando llegaron a terapia, «la brecha del crecimiento era demasiado grande para superarla. Habían pasado demasiados años sin comunicar sus verdaderos sentimientos y deseos». A partir de ese punto, ya no era cuestión de intentar reparar la relación, sino de negociar una ruptura consciente y afectuosa.

Cuando un miembro de la pareja o ambos ya no invierten esfuerzo en la relación, es posible que uno o los dos se hayan desenamorado. Al que ha perdido interés tal vez le cueste explicarlo. También es una verdad difícil de oír y comprender. Ninguna relación es perfecta todo el tiempo. Pero, cuando surgen los problemas, fíjate en si eres el único que intenta arreglarlos.

DETERIORO DE LA INTIMIDAD

A veces, el problema principal en una relación no es un desacuerdo o un comportamiento intolerable. A veces, lo que estamos afrontando es una cuestión de desconexión. Al principio, una relación está llena de chispas. Sentimos atracción. Sentimos un flujo positivo de energía. Luego, a medida que pasa el tiempo, esa emoción inicial inevitablemente decae, y lo pasamos por alto. Seguimos queriendo a nuestra pareja, pero nos preguntamos por qué las cosas no son lo que eran y si deberíamos sentirnos tan conectados como tiempo atrás.

Una clienta mía dice que tiene amigas con las que puede hablar durante horas, pero no sabe de qué hablar con su novia. Me preguntó si eso significaba que su novia no era «la persona». Le dije que, del mismo modo que una planta necesita sol, agua, tierra, nutrientes y cobijo, necesitamos atender sin parar nuestra relación para que florezca con el tiempo. Es posible que digas: «Bueno, ¿por qué no me compro una planta nueva sin más?». Sin embargo, si pasas a otra cosa, tendrías que aprender a regar esa planta todos los días también.

NUTRIR LA INTIMIDAD

Nutrimos la intimidad en nuestras relaciones aprendiendo y creciendo juntos. Conozco a un montón de parejas que aseguran que no poseen nada en común. Si se sentasen a cenar, no tendrían nada de lo que hablar. En momentos así, tendemos a decantarnos hacia la negatividad por defecto. Cotilleamos, criticamos o nos quejamos de la gente con la que nos encontramos o de las cosas que hacemos. Como dice una cita atribuida a Eleanor Roosevelt: «Las grandes mentes hablan de ideas; las mentes corrientes hablan de acontecimientos; las mentes pequeñas hablan de gente».[161] Cuando conectamos mediante temas negativos, generamos una vibración baja: una energía baja que no dura mucho ni crea satisfacción. Cuando conectamos de un modo neutral respecto a asuntos rutinarios, como horarios o tareas, generamos una vibración media que no fomenta la intimidad ni el amor. Pero, cuando experimentamos juntos, aprendiendo del otro y a través del otro, generamos una vibración alta que activa y estimula nuestra conexión.

Si no puedes generar una vibración alta, podría ser porque no tienes ningún pensamiento nuevo que compartir. No pasas tiempo desarrollándote; no estás leyendo o asimilando nuevas ideas o arte. Nunca serás capaz de reavivar una relación si sigues haciendo lo de siempre una y otra vez. Repetir actividades puede resultar cómodo y relajante, pero no aprendes nada nuevo de tu pareja a través de rutinas familiares. Por otro lado, si estás creciendo, puedes ayudar a crecer vuestra asociación. La intimidad se desarrolla y prospera cuando revelamos más, cuando probamos ideas nuevas y nos permitimos ser vulnerables. Esto estrecha nuestro vínculo.

VIBRACIONES ALTAS FRENTE A BAJAS

Baja	Media	Alta
Conectar con tu pareja cotilleando acerca de un amigo.	Conectar con tu pareja compartiendo listas de tareas.	Conectar con tu pareja descubriendo un pasatiempo compartido.

No puedes pedir filosofía y pensamientos a domicilio. Abres tu mundo explorando con tu pareja. La intimidad se crea a través de aventuras compartidas: entretenimiento, experiencias y experimentos, y educación, todas las cuales tienen como objetivo el mismo resultado. Una experiencia compartida nos permite reflexionar, compartir nuestras opiniones y ver si estamos de acuerdo. Aprendemos el uno del otro y el uno con el otro.

Antes de la pandemia, Radhi y yo solíamos ejercer de anfitriones en casa en eventos en los que invitábamos a nuestros amigos más cercanos a una meditación profunda y hermosa. Los dos valoramos mucho la meditación y la espiritualidad, y esos eventos nos permitían servir a nuestros amigos juntos. Radhi planeaba el menú y la decoración, mientras que yo me encargaba de la lista de invitados y las invitaciones, asegurándome de ocuparme de toda la logística. Después de que terminara el evento y todo el mundo se fuera a su casa, nos alegrábamos y agradecíamos haberlo sacado adelante juntos. Puede que estemos consiguiendo cosas en nuestras vidas personales y en nuestras carreras, pero nuestras relaciones están ávidas de que alcancemos cosas juntos. Esos eventos ayudaron a construir nuestra comunidad y, al mismo tiempo, dieron propósito a nuestra relación.

Entretenimiento

Al final de un largo día, la mayoría nos sentimos demasiado cansados para hacer otra cosa que no sea aovillarnos delante del televisor. A menudo, estamos saturados de trabajo y exhaustos, y nos vemos atraídos hacia el entretenimiento como la forma más fácil de conectar con nuestra pareja. Si durante la cuarentena te acostumbraste a ver más la televisión, no eres el único. Mi propio placer culpable es *Sunset: La milla de oro*, una serie sobre agentes inmobiliarios. Si vas a ver la televisión, hay formas de obtener más intimidad de ello. Para empezar, no hagas muchas cosas al mismo tiempo. Aléjate del portátil o el móvil para estar presente con tu pareja mientras la veis juntos. Escoged algo interesante y charlad sobre ello después. No tenemos que obligar a nuestra pareja a hacer una crítica elaborada, pero puedes esforzarte por preguntarle cosas sobre qué ha aprendido del programa para que los dos sigáis concentrados y conectados. El entretenimiento es solo una categoría de las tres que te propongo aquí. No estoy diciendo que nunca puedas hacer eso, pero, si lo utilizas para llenar el cien por cien de tu tiempo libre juntos, ¡que no te sorprenda si os quedáis sin cosas de las que hablar! Tu cerebro quizá agradezca que te obligues a dejarlo. Un pequeño esfuerzo merece la pena para fomentar la intimidad.

Experiencias y experimentos

Las experiencias y los experimentos requieren más planificación y energía que el entretenimiento, pero las recompensas valen la pena. Después, podéis compartir vuestros pensamientos y comentarios. Las experiencias no tienen por qué ser lejos, ni caras o alocadas. Podría ser la presentación de un libro, un espectáculo de magia, una exposición de arte, música en directo en un bar. Podéis visitar un mercado de agricultores, ir a una clase de cocina, hacer una cata de vinos, tomar una clase de baile, planear un pícnic, salir a caminar, conducir para ver las decoraciones de temporada o dar una vuelta después de cenar. No arrastres al otro a un evento que solo te interesa a ti. Echa un vistazo a las agendas locales y encuentra algo que os llame la atención a los dos y os saque de vuestra zona de confort. Cada una de estas actividades te ayuda a aprender cosas de tu pareja, a sentir seguridad con ella y a reavivar la intimidad. Esto da a la relación el espacio y la resiliencia para lidiar con asuntos importantes a medida que surgen.

También podéis planear unas vacaciones. Reservad tiempo cada semana para discutir las cosas que os gustan y las que no, si preferiríais probar con una ciudad nueva por la noche o alquilar un Airbnb en el desierto, si queréis organizar las comidas y actividades por adelantado o improvisarlas. Un estudio del año 2000 encargado por la U. S. Travel Association (¡sin sesgo por ese lado!) descubrió que las parejas que viajaban juntas son significativamente más felices y sanas en sus relaciones. El 86 por ciento de las parejas que viajan juntas decían que su romance estaba vivo, y el 63 por ciento de ellas creen que viajar realmente inspira romance. Y el 68 por ciento de las parejas creen que viajar juntas por placer es «necesario» para una relación sana. Según el informe, viajar ayudaba a la gente a priorizar al otro. Cuando hacéis una escapada juntos, sois más capaces de dejar de lado vuestras otras obligaciones y concentraros el uno en el otro.[162]

Todos los meses, Radhi y yo intentamos pasar un tiempo fuera juntos. Puede ser una escapada local o una excursión de un solo día si es lo que podéis permitiros. Viajar juntos no consiste únicamente en ir a un lugar nuevo. Estar en un lugar sin distracciones ayuda a las parejas a profundizar y a unirse.

Servir juntos, hacer obras de caridad o voluntariado juntos..., estas actividades están muy conectadas con la época que viví como monje. La mitad del tiempo la pasábamos en silencio, dedicándonos al autoconocimiento y al estudio, y la otra mitad la pasábamos sirviendo, tratando de marcar una diferencia en el mundo. Conozco a parejas que se conocieron mientras trabajaban como voluntarios y a otras que hacen voluntariado juntos de manera habitual, y todas me cuentan que es una experiencia muy hermosa. Radhi y yo servimos juntos continuamente, ya sea organizando eventos benéficos, alimentando a los sintecho o reuniendo a un grupo para aprender de un experto.

Como la música y el sexo, el acto de servir incrementa nuestros niveles de oxitocina. También se ha demostrado que reduce los niveles de estrés y crea conexión social. Resulta fácil conectar cuando no solo estáis intentando ayudaros mutuamente o ayudar a otros, sino ayudar a otros juntos. Ganamos perspectiva en problemas de la vida real. Experimentamos gratitud juntos. Sentimos un propósito más alto juntos.

Un estudio de 2017 de WalletHub, sitio web de finanzas personales, descubrió que los matrimonios que hacen voluntariado juntos tenían más probabilidades de permanecer unidos. No solo creamos vínculos en torno a películas y programas de televisión; creamos vínculos en torno a creencias y un sentido de misión compartido.[163]

Algunas de las mejores experiencias son experimentos: cuando tu pareja y tú os disponéis a probar algo nuevo juntos. No solo aprendes algo nuevo: aprendes acerca de ti y de tu pareja. Cuanto más vulnerable seas cuando experimentes, más intimidad sentirás. Un estudio llevado a cabo por el psicólogo Arthur Aron junto con otros colegas descubrió que las parejas que pasaban tiempo juntas probando actividades nuevas y emocionantes eran capaces de mejorar su conexión y su vínculo.

Busca aventuras que no estén en ninguna de tus áreas de dominio. No te conviene probar con un deporte para el que uno de los dos posee una ventaja natural o jugar a un juego al que uno lleva años jugando. Para desarrollar la intimidad, querrás que ambos seáis novatos, para sentiros inexpertos y curiosos juntos. Los dos experimentáis una incomodidad similar. Ambos vais a aprender algo nuevo. Os vais a necesitar mutuamente y a depender el uno del otro. Una caminata exigente, una visita a una casa encantada, espeleología, patinaje sobre ruedas o (mi favorita) una *escape room*. La intimidad se desarrolla a medida que os exponéis el uno al otro en un momento vulnerable. En una ocasión, Radhi y yo fuimos a una sala de pintura en la que tenían caballetes, lienzos, pinceles y pinturas. Nos dieron monos para vestirnos y dejaron que nos volviésemos locos. Fue nuevo y liberador esparcir pintura por donde quisimos y crear sin preocuparnos por el resultado. Otra vez fuimos a una habitación de la ira, llena de botellas, cubos de basura, ordenadores viejos y faxes rotos. Nos entregaron tuberías de metal y bates de béisbol, y nos dieron rienda suelta para que rompiéramos cosas y nos desestresáramos. Radhi y yo vacilamos. No somos personas violentas. Al salir, nos sentíamos más estresados que cuando habíamos entrado.

Actividades como esta son un microcosmos de la relación. No solo te ayudan a jugar a un juego; en realidad, te enseñan cosas sobre la relación sin tener que ponerte serio. La investigación muestra que el juego es el estado mental en el que mejor aprendemos y que el juego es esencial para nuestra salud mental.[164] Cuando probáis una actividad nueva y exigente juntos en un espacio en el que el éxito no importa, los dos podéis dejaros llevar y aprender. No solo os dais cuenta de los puntos débiles de vuestra relación, sino que también veis los fuertes. Tenéis la oportunidad de practicar cometer errores juntos en una situación en la que el riesgo es bajo. **Cuando conseguís algo nuevo juntos, lleváis esa experiencia a todos los ámbitos de vuestra vida.**

Las actividades nuevas crean un vínculo afectivo especial cuando te sacan de tu zona de confort, son osadas o desafiantes, independientemente de lo que eso signifique para ti; puede ser un punto de una lista de cosas que hacer antes de morir, como caída libre, montar en moto acuática o superar el miedo a las alturas. Arthur Aron y Don Dutton contrataron a una mujer atractiva para que entrevistara a hombres que acababan de cruzar un puente muy alto y algo inestable (aunque no peligroso, en realidad), junto con hombres que acababan de cruzar un puente normal y estable.[165] En cada caso, la mujer les hizo algunas preguntas, les dijo que si «querían hablar más» podrían llamarla y les dio su número. De los que acababan de cruzar el puente tambaleante, nueve de dieciocho la llamaron. De los que acababan de cruzar el puente estable, no la llamaron más que dos de dieciséis.

Aron y Dutton utilizaron el estudio para señalar la «atribución errónea de la excitación» (los hombres experimentaban excitación física, o no, debido al puente, lo que tuvo un efecto halo en la mujer). Pero ¿y si los hombres estaban envalentonados sin más por un subidón de confianza después de haber cruzado el puente? En un estudio de seguimiento dirigido a aclarar los resultados, los investigadores generaron la excitación física asegurando a los participantes masculinos que, como parte del estudio, recibirían una descarga eléctrica. A algunos les indicaron que dicha descarga sería leve, y a otros, que resultaría dolorosa. De nuevo se hallaba presente una mujer atractiva, aparentemente una participante. A los sujetos de estudio se les dijo que el investigador tardaría unos minutos en instalar el aparato de descarga y se les pidió que rellenaran varios cuestionarios mientras esperaban. Uno de los cuestionarios evaluaba su nivel de atracción hacia la mujer que participaba en el estudio con ellos. Resultó que aquellos que preveían que recibirían la descarga dolorosa experimentaron una atracción significativamente mayor que los que solo anticipaban una leve. Esta investigación señala por qué las cosas novedosas y emocionantes —cualquier cosa que despierte nuestros sentidos— pueden ayudarnos a revivir y refrescar el interés en nuestra pareja. Su moraleja era que «una pequeña cantidad de estrés puede estimular los sentimientos amorosos».

Tampoco hace falta que temamos por nuestras vidas, pero la novedad y la emoción de algo nuevo u osado intensifica las sensaciones y puede crearnos fuertes sentimientos de atracción romántica. La doctora Lisa Marie Bobby, fundadora y directora clínica de Growing Self Counseling & Coaching, afirma: «Estos momentos compartidos se convierten en cosas de las que hablar y por las que conectar una y otra vez». Vivir una experiencia juntos puede mostrarte lo cariñosa que es tu pareja. Si estáis a punto de hacer algo ligeramente osado y uno de vosotros alienta al otro, quizá descubráis que los papeles se invierten. La persona que estaba realmente segura de sí misma al subir tal vez no sea la que está segura al bajar. Y empezáis a ver cómo los dos os alentáis mutuamente. Es un sentimiento hermoso que experimentar con tu pareja en un contexto así, porque, aunque el riesgo sea bajo, te das cuenta de que tu pareja tiene esa capacidad para sentir cariño. También es posible que veas que no hay cariño, ni atención, ni empatía, ni compasión, ni apoyo. Si ese es el caso, ahora puedes ver con más claridad el vacío que obstaculiza vuestra relación.[166]

EDUCACIÓN

La tercera forma de desarrollar la intimidad es a través de la educación. Hemos hablado de esta opción cuando uno de vosotros o los dos estáis intentando aprender acerca de vuestro propósito. Esto puede requerir mucho tiempo y esfuerzo, pero es una manera genial de apoyar el crecimiento mutuo. Si compartís los mismos intereses, podéis hacer un curso juntos. Quizá queráis asistir a un seminario sobre bienes raíces o a una clase de jardinería. Cada uno puede hacer lo suyo y luego compartir lo que habéis aprendido. El caso es expandir tu propio conocimiento para que tengas algo nuevo que aportar a la relación.

Una última forma de crear intimidad: expresar gratitud. Cuando caemos en la apatía con nuestra pareja, a menudo dejamos de apreciar lo que dice, hace o consigue. Como ya hemos hablado, deberías dar las gracias a tu pareja por cocinar para ti.

Deberías darle las gracias por llamarte para ver qué tal. Deberías dar las gracias a tu pareja por echar gasolina al coche. Deberías dar las gracias a tu pareja por cambiar las pilas del detector de humos. Deberías dar las gracias a tu pareja por volver a la otra habitación para apagar las luces antes de iros a la cama. ¿Por qué no aprovechar estas oportunidades?

Cuanta más atención prestamos a nuestra pareja, más valoramos su consideración y más probable es que respondamos del mismo modo. Cuando se siente valorada, está agradecida por nuestra consideración y es probable que siga siendo considerada y que el agradecimiento sea recíproco. Y así experimentamos un bucle de gratitud en el que cada uno de nosotros tiene cada vez más oportunidades de sentir amor llevando a cabo tareas sencillas por su pareja.

ELEVACIÓN O SEPARACIÓN

Cuando, a pesar de nuestros esfuerzos por fomentar la intimidad, la relación afronta una de estas amenazas o alguna otra amenaza estructural importante, tenemos elección. El amor es imperfecto, pero eso no significa que debamos permanecer en una relación malsana. Echemos un vistazo a cómo saber si deberíais seguir juntos, trabajar en los problemas y encontrar modos de crecer o si deberíais romper. No existe una respuesta correcta; solo hay dos opciones: podemos continuar con el crecimiento, escogiendo elevar nuestra relación, o podemos separarnos.

En realidad, existe una tercera opción y es la que muchas personas eligen por defecto: podemos continuar tal y como estamos. El estancamiento nunca es bueno: deberíamos estar creciendo siempre. No obstante, un modo de crecer es aceptar las cosas como son. A veces, no nos sentimos como antes acerca de nuestra pareja porque estamos saturados de trabajo y abrumados por las responsabilidades y no tenemos tiempo para nutrir nuestra relación. Quizá empecemos a imaginar que hay alguien mejor ahí fuera, alguien con quien nunca discutiríamos y que siempre nos divertiría, pero no es justo que nuestra pareja tenga que competir con esa fantasía. En este caso, tiene sentido dejar ir la fantasía y no aflojar.

Si tu tolerancia para gestionar el conflicto y el estrés es baja, entonces te costará seguir con cualquiera. Antes de renunciar a una relación, deberíamos asegurarnos de que no esperamos demasiado de nuestra pareja. Si un amigo estuviese ayudándote a trasladar unas cajas y le pidieses que cargara con una enorme, es posible que te dijese: «Lo siento, pero creo que pesa demasiado para mí».

No te tomarías su negativa a ayudar como una señal de que no te quiere. No está capacitado para proporcionarte la ayuda que necesitas. Nuestras parejas no están necesariamente capacitadas para apoyarnos en todos los aspectos de la vida. Tu pareja no es como una tienda integral para todas tus necesidades. Hablamos de la necesidad de un sistema de apoyo, pero nunca hablamos realmente de cuál debería ser ese sistema ni nos lo planteamos.

HAZ LA PRUEBA: DESARROLLA UN SISTEMA DE APOYO

Identifica a la gente a la que puedes recurrir en busca de apoyo en áreas fundamentales de la vida. Puedes hacer esto por tu cuenta, pero también es algo que puedes hacer junto con tu pareja, de modo que los dos compartáis el sistema de apoyo del otro.

$\longrightarrow$

←——

Yo. ¿A quién recurres cuando dudas de ti, cuando quieres discutir tus valores, cuando deseas explorar tu espiritualidad o celebrar tus éxitos?

Economía. ¿Quién puede aconsejarte mejor cuando tienes preguntas acerca de tu carrera e ingresos y cómo tomar decisiones económicas?

Mental/emocional. ¿A qué amigos y recursos puedes acudir para obtener orientación y apoyo relacionados con la salud mental?

Salud. ¿A quién puedes ir con preguntas acerca de tu salud? ¿Quién sería una buena persona a la que recurrir si tienes un problema de salud con el que te cuesta lidiar logística o emocionalmente?

Relaciones. Ante dificultades o conflictos con tus amigos, familia, colegas o tu pareja, ¿a quién recurres en busca de apoyo y consejo?

Identificar vuestro sistema de apoyo juntos os ayudará a ver en qué sois mejores apoyándoos mutuamente y en qué podéis recurrir a otros sin culpa ni vergüenza por ninguna de las dos partes.

Tu relación quizá tenga grietas serias que haya que reparar, pero queréis una vida mejor juntos y estáis listos y dispuestos a averiguar cómo mejorarla. Tal vez haya un aspecto en el que no confíes plenamente en tu pareja y quieras comprobar si sois capaces de desarrollar confianza. O quizá hayáis pasado tiempo fomentando la intimidad y te sientas listo para abordar algunos de los problemas que han ido creciendo con el tiempo. Crees que el progreso beneficiaría vuestra relación. En este caso, puedes escoger crecer en lugar de abandonar. La elevación en lugar de la separación.

Con clientes, he desarrollado un proceso de cuatro pasos para ayudarte a descubrir si un problema es realmente intolerable y deberíais romper o si —dado que estás deseando elevarte— puedes encontrar un modo de verlo de forma distinta o acabar aceptándolo. Empezamos identificando un asunto intolerable. Se trata de una diferencia entre tu pareja y tú que podría acabar en ruptura. Suele ser un punto de frustración recurrente que crees que podría conducir al final de vuestra relación. A continuación, llevamos este asunto por un camino: de intolerable a tolerable a comprensión y aceptación. A veces, incluso nos abrimos paso hasta la apreciación, donde acabamos admirando a nuestra pareja por algo que tiempo atrás considerábamos intolerable.

CAMINO A LA ELEVACIÓN

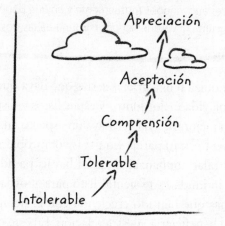

El viaje de la intolerancia a la aceptación gira en torno a lo paciente que puedes ser y a cuánto —con la sinceridad y el compromiso de tu pareja— puedes cambiar tu perspectiva. A pesar de todos tus esfuerzos, algunos comportamientos o circunstancias pueden seguir siendo intolerables al final de este proceso, que es como sabes que necesitas separarte. Aun cuando tus esfuerzos no den resultados, sabrás que te has esforzado al máximo. Y, si no quieres molestarte, entonces continuarás como estás o decidirás separarte.

Intolerable

Tengo una clienta, Sonia, cuyo marido, Rohan, insistía en alquilar un coche caro en lugar de saldar la deuda de su tarjeta de crédito. Tenían dos hijos, y a ella no solo le preocupaba su situación económica, sino que Rohan estaba dando un ejemplo de irresponsabilidad y materialismo a sus hijos. Esto era, para ella, un asunto intolerable: una ruptura que llevaba tiempo formándose, y Sonia no podía imaginarse continuando así. Otros ejemplos podrían ser tener una pareja cuyo empleo requiere que trabaje largas horas, y quieres una pareja que esté más presente. Quizá espere que mantengáis una relación a la antigua, en la que un miembro de la pareja trabaje y el otro se encargue de la casa, y no es eso lo que tú tenías en mente. O que sueñe con pasar todas las vacaciones explorando una ciudad nueva, mientras que tú solo quieres tirarte en una playa, y no te imaginas cómo pasaréis vuestro tiempo libre si seguís juntos. O tal vez no pueda controlar sus gastos y te esté endeudando a ti. Estos ejemplos muestran distintos grados de desacuerdo, y seguro que afrontas rupturas como estas en tus relaciones. En ocasiones, romperán contigo y, otras veces, en una relación que estás decidido a proteger, te abrirán la mente.

Como mi clienta con el marido amante de los coches, tu impulso podría ser sentir que no hay forma de salvar esa brecha a menos que la otra persona cambie el comportamiento intolerable.

La primera pregunta que debes hacerte es: ¿Quieres lo suficiente a esta persona para lidiar con cierta incomodidad mientras resolvéis el asunto? Si la respuesta es no, no hay forma de que puedas vivir con este asunto pase lo que pase, y nunca va a cambiar; entonces, esa persona sencillamente no te importa lo suficiente para superarlo.

Tolerable

Mi clienta Sonia no estaba dispuesta a renunciar a Rohan. No era irresponsable ni materialista en otros sentidos, y ella estaba abierta a hacer el viaje para averiguar qué estaba ocurriendo con el coche. Quería comprender por qué estaba siendo tan testarudo acerca de ese tema en particular. El primer paso en el viaje de intolerable a aceptación es cuando, aun a regañadientes, reconoces que tal vez exista alguna forma de lidiar con el problema. Crees que los dos podéis solucionarlo de alguna manera, aunque no tengas ni idea de cómo. El mero hecho de admitirlo transforma el asunto de intolerable en tolerable. Estás dispuesto a dedicar tiempo a comprender por lo que ha pasado esta persona y cómo esta diferencia entre vosotros ha surgido a partir de lo que ha experimentado. Está preparada para explicarse y buscar comprensión. Así es como crece tu capacidad para la empatía.

Comprensión

Cuando Sonia inició la conversación con Rohan sobre el coche, dejando claro que solo estaba intentando comprenderlo, descubrió que cuando era un niño tomaba tres autobuses para ir a la escuela y le producía vergüenza. Los padres de sus amigos los llevaban en bonitos coches, y se había prometido que nunca dejaría que sus hijos se sintieran como se había sentido él.

Sonia seguía sin estar de acuerdo con él, pero había pasado a sentir compasión por su comportamiento. No era algo imprudente, tenía unas raíces emocionales profundas. Ahora, Sonia puede aportar su comprensión a las discusiones que tienen sobre el coche. Puede ayudarlo a sanar en lugar de hacerlo sentir desgarrado entre su propia necesidad y la insatisfacción de su esposa. Todavía no han solucionado el problema, pero han avanzado en el camino.

Según el doctor John Gottman, terapeuta matrimonial y familiar, el 69 por ciento de los conflictos matrimoniales proceden de problemas en curso y nunca se resuelven.[167] Nos cansamos de las mismas confrontaciones y dejamos de intentarlo, sin llegar nunca a un entendimiento mutuo. A veces, nos rendimos porque ya no estamos lo bastante implicados en la relación para luchar por ella. A veces, dejamos de pelear porque estamos agotados de todos nuestros esfuerzos infructuosos para defender nuestras propias necesidades o nuestro punto de vista. Y, a veces, parece más importante mantener la paz que resolver el problema, así que fingimos que no existe.

Podemos volvernos realmente buenos en este tipo de fingimientos, pero con el tiempo salen de su escondite, a veces con resultados catastróficos. Para prevenir tales catástrofes, necesitamos afrontar nuestros problemas en lugar de evitarlos. Queremos el tipo de relación en la que sabemos que la otra persona nos protege. En la que nos sentimos comprendidos. En la que sentimos que podemos hablar de cualquier cosa. Sentimos que tenemos que estar de acuerdo para que exista una conexión, pero podemos estar en desacuerdo y conectar de todos modos. De hecho, necesitamos estar en desacuerdo para conectar.

En lugar de decidir que el comportamiento de nuestra pareja no tiene sentido o que significa que no le importamos, ahora empezamos a estudiar cómo han influido sus experiencias pasadas en su conducta. Investiga con sinceridad, sin amenazas o críticas, que harán que tu pareja se cierre en banda. Imagina a una pareja en la que la mujer siempre tiene una reunión a la que asistir durante eventos con la familia de su marido. Él inicia una conversación al respecto. En lugar de decir: «¡Nunca vienes a las comidas con mi familia, eres lo peor!», le pregunta: «¿Por qué no vienes a las comidas con mi familia?». Tiene que ser consciente de que, si hace esa pregunta, es posible que tenga que aceptar una retroalimentación dolorosa acerca de su familia. Se resiste a que lo provoquen.

Es posible que ella responda: «Lo siento. Lo intentaré la próxima vez», pero por el pasado él sabe que es una falsa promesa. Intenta recibir una respuesta real. Por fin, la mujer admite: «Me siento incómoda con tu familia porque siempre me comparan de manera desfavorable con tus parientes». Él debe tener mucho cuidado con no dejar que esto se convierta en una discusión acerca del comportamiento de su familia.

Ahora dice: «Lo entiendo, eso no es agradable. Pero es importante para mí que vengas. ¿Sería posible que me acompañaras alguna vez, aunque no tan a menudo para molestarte?».

Ella accede a ver a la familia de su marido una vez al mes, y al mes siguiente van a cenar a casa de los padres de él. De vuelta, en el coche, si él no ha prestado atención a su experiencia, podría decir: «No ha estado tan mal, ¿no?». Pero ella ha pasado una velada horrible. Se siente incomprendida y estalla. «¡No! Ha sido un experiencia terrible. No pienso volver a ir nunca». Pero, si él se ha mostrado considerado y atento, dice: «Eh, sé que ha sido duro, y me siento agradecido por que me hayas acompañado. Gracias». Con los esfuerzos del marido por comprender a su mujer, esta pareja ha evitado tres discusiones: la primera, cuando él no se ha quejado de su comportamiento, sino que ha preguntado al respecto; la segunda, cuando él no se ha tomado los problemas de ella con su familia de manera personal, y la tercera, cuando la ha escuchado con atención para saber qué tal le ha ido. Con comprensión, el problema intolerable no ha desaparecido, pero ya no es intolerable para ninguno de los dos.

Entabla conversaciones acerca del comportamiento o el problema que te preocupa. Pregúntale a tu pareja: «¿Disfrutas con esto?», «¿Por qué te gusta?», «¿Qué te lleva a hacerlo así?». Pregúntale a tu pareja por qué le cuesta hacer los cambios que le has pedido. Formula preguntas y tómate tiempo para escuchar las respuestas. Estas conversaciones te dan la oportunidad de comprender mejor en lugar de juzgar a tu pareja y tomarte su comportamiento de manera personal. Ahora estáis trabajando juntos en ello.

Para llegar a un entendimiento, no solo tenemos que ver que existe una razón para el problema, sino que debemos comprender que el crecimiento es difícil. Si no nos comprometemos a elevarnos, debemos aceptar que la otra persona no puede cambiar de la noche a la mañana. Tenemos paciencia mientras se esfuerza.

Aceptación

Cuando aceptamos la diferencia entre nosotros, podría significar que nos hacemos a la idea de que no es necesario cambiar nada, pero no tiene por qué significar eso. La aceptación también puede implicar que valoramos el trabajo que está haciendo el otro para conseguir un cambio, o que estamos trabajando en un compromiso juntos, o que nos hemos dado cuenta de que somos nosotros los que debemos cambiar.

Una clienta mía tenía un novio que confesó que era adicto al porno. Era algo que quería superar, pero llevaba mucho tiempo así y no sabía cómo dejarlo ni si podría. Mi clienta estaba enfadada porque su pareja le había ocultado aquella inclinación. El primer paso para ella fue reconocer lo que le había costado a su pareja sincerarse con ella y valorarlo. Vivimos en un mundo en el que consideramos deshonesto guardar secretos; una mentira que nos decimos para hacernos parecer mejores de lo que somos. Pero, en realidad, solemos guardar secretos por miedo o vergüenza. No queremos perder a la otra persona. No queremos que deje de respetarnos. Mi clienta y su pareja hablaron abiertamente del asunto, y ella descubrió cómo había desarrollado la adicción y su deseo sincero de cambiar.

Mi clienta podía elegir. Si la relación le importaba lo suficiente, podía mostrarse paciente mientras su pareja trabajaba para superar su problema. O podía dejar la relación. ¿Sería ella capaz de aceptar el trabajo que su pareja estaba tratando de hacer?

Dijo: «Lo comprendo. Lo quiero. Quiero ayudarlo». «Debes aceptar el hecho de que puede que nunca supere la adicción por completo —dije yo—. Pero llegarás a conocerlo mucho mejor mientras lo intenta, y esa experiencia es posible que os cambie a los dos». La comprensión del problema por parte de ella le permitió tolerar ese comportamiento, siempre que estuviera en sintonía con esfuerzos en curso para cambiarlo. Al aceptar a nuestra pareja, aprendemos a afrontar crudas verdades con buen talante. Ella se mostró comprensiva, alentadora y paciente. Él fue a terapia. Tuvo algunas recaídas sobre las que fue sincero y, con el tiempo, esta historia tuvo un final feliz. Ya ha superado el problema.

En cuanto a Sonia y a Rohan, Sonia fue capaz de utilizar su nueva comprensión de Rohan para discutir el gasto del coche de lujo. Dijo: «Estás haciendo esto por los niños, pero es perjudicial para ellos a largo plazo. ¿No sería mejor que ahorrásemos para la universidad?». Apeló a la psicología de Rohan. Quería que los niños tuvieran algo que él no había tenido, pero podían convertir eso en algo realmente beneficioso.

Rohan no estaba dispuesto a renunciar al coche de inmediato, pero accedió a revisar el tema con ella al final del contrato de alquiler y a tomar la decisión juntos. Sonia sentía que podría ajustar el presupuesto durante el año que quedaba de contrato de alquiler y estaba dispuesta a estar ahí para él cuando dejase de aferrarse a esa necesidad.

Apreciación

Abordar un problema intolerable con tu pareja es uno de los mayores retos que plantea el amor. Pero, si encontrases a alguien perfecto, nunca desarrollarías estas habilidades. Darías el amor por sentado. Te perderías el cuidado, la comprensión, la empatía y la profunda apreciación de tu pareja que has desarrollado en este proceso. De hecho, es posible que empecemos a ver que este problema —lo que no podíamos tolerar— es en realidad una parte integral de la persona a la que amamos, y quizá parte de lo que la hace digna de amor. Este es el objetivo del viaje de intolerable a aceptación: en realidad, llegamos al fondo de por qué nuestra pareja es como es.

Sonia fue paciente con Rohan y, aunque él no pudo hacer cambios inmediatos, estaba trabajando en ello. Al mismo tiempo, ella empezó a ver que él no era el único con cosas en las que trabajar. Sonia tenía sus propios problemas, que proyectaba en los niños: quería que tuvieran éxito para demostrar su propia valía. Ella también necesitaba la paciencia y el buen talante de Rohan.

Mi clienta Arden encontró apreciación de un modo distinto. Estaba frustrada con su novio porque parecía demasiado unido a su madre. «Le pida lo que le pida ella, él lo hace. Si quiere que vayamos el domingo a comer, vamos». Pero, cuando indagamos en la raíz de su comportamiento, Arden tuvo que admitir: «Es complaciente. Quiere que todo el mundo esté contento todo el tiempo. La verdad es que me gusta que me complazca a mí exactamente del mismo modo que complace a su madre». El amor consiste en reconocer que el reto podría estar conectado con una cualidad que nos atrae hacia esa persona. Todas las partes que la componen están conectadas, y ver esa conexión nos lleva a la apreciación.

El objetivo no es estudiar y seguir la trayectoria de tu proceso a través de cada uno de esos niveles con todas las diferencias que surgen en la relación. Esto no son deberes; es más bien una cuestión esclarecedora: ¿quieres emprender este viaje con tu pareja? Cuando surgen diferencias, como ocurre una y otra vez en una relación a largo plazo, ¿sientes suficiente curiosidad para explorar y comprender por qué existe una diferencia entre vosotros, cómo llegáis cada uno a esas islas tan alejadas la una de la otra y cómo tendéis un puente entre ellas? Si lo que te motiva es el compromiso y el amor por esa persona, tu aguante para este viaje será más fuerte.

Perfeccionar tu ruptura

Si decidimos no continuar como estamos ni elevar nuestra relación, entonces nos separamos. Si entrases en una relación sin llegar a apreciar la soledad, entonces podrías permanecer en esa relación demasiado tiempo porque no quieres volver a estar solo. Si dependes de ella para reafirmar tu sentido de quién eres y qué quieres, nunca romperás. Piensas: «Puede que no esté feliz o satisfecho, pero al menos no estoy solo».

A veces, justificamos esta inercia convenciéndonos de que nuestra pareja cambiará. Puede que esperes que un día ella se vuelva menos ambiciosa o que te dé la atención que mereces, pero, si llevas mucho tiempo esperando, o si lo has intentado demasiadas veces, necesitas reconocer que quizá no cambie nunca.

Los diccionarios definen «roto» como algo fracturado o dañado, que ya no está entero o no funciona. Esto podría acercarse a cómo te sientes cuando pasas por una ruptura. La investigación demuestra que las zonas del cerebro que se activan cuando nos enamoramos son las mismas que las implicadas en la adicción a la cocaína.[167] Así pues, lo que tu cerebro experimenta en una ruptura es similar al sufrimiento que produce la desintoxicación. Del mismo modo que los adictos ansían una dosis, podemos ansiar a la otra persona, literalmente. Esto ocurre en parte porque nuestros cerebros se inundan de mensajeros químicos que son parte de nuestro circuito de recompensa y motivación. Nuestro cerebro envía señales urgentes de que deberíamos darnos prisa y recuperar lo que nos falta. En un estudio sobre rupturas, los participantes informaron de que pensaban en su ex aproximadamente un 85 por ciento del tiempo que pasaban despiertos.

Este torrente de hormonas no es la única respuesta del cerebro a una ruptura. Las zonas del cerebro que están activas cuando se nos rompe el corazón son las mismas que procesan el dolor físico. Pero, como declara la investigadora Helen Fisher, la diferencia es que, mientras que el dolor de muelas o el que sientes al golpearte un dedo del pie se atenúa, las emociones pueden intensificar la sensación que produce una ruptura.[169] No nos enfadamos con la muela ni nos sentimos rechazados por el sofá contra el que hemos chocado, pero con nuestro ex albergamos resquemor y sueños frustrados, que pueden exacerbarse y extender el dolor. En este estado, nuestro cerebro puede buscar oxitocina —la hormona de la vinculación afectiva— desesperadamente porque reduce las sensaciones de miedo y ansiedad.[170] Y es probable que busquemos esa experiencia química en nuestro ex. Esto puede empujarnos a hacer algunas cosas bastante irracionales. Esas personas que pensaban en su ex el 85 por ciento del tiempo que pasaban despiertas también exhibían «falta de control de emociones... que a menudo se prolongaba durante semanas o meses. Esto incluía llamadas telefónicas inapropiadas, mensajes e e-mails, súplicas de reconciliación, sollozos durante horas, demasiado alcohol o entradas y salidas dramáticas en la casa, el lugar de trabajo o espacio social de quien los rechazaba para expresar ira, desesperación o amor apasionado».[171]

Debemos abrirnos paso a través de esta montaña de químicos, y comenzamos recordando esta verdad espiritual: puede que nos sintamos vacíos, perdidos, rotos y heridos, pero el alma es irrompible. El Bhagavad Gita dedica siete versos a hablar de la indestructibilidad del alma.[172] «Esa que se extiende por todo el cuerpo deberías saber que es indestructible. Nadie es capaz de destruir la imperecedera alma. El alma nunca puede despedazarse con ninguna arma, ni arder con el fuego, ni empaparse con el agua ni ajarse con el viento. Esta alma individual es inquebrantable y no puede ni quemarse ni secarse. Es eterna, omnipresente, inalterable, inamovible y perpetuamente la misma».

Fácil de decir para el Bhagavad Gita. En una ruptura, cuesta recordar que seguimos estando completos aunque hayamos perdido a alguien. Aquí es donde da frutos todo el trabajo que has hecho. Has dado todos los pasos para desarrollar tu capacidad para estar en soledad. Sabes, al menos intelectualmente, que no necesitas una relación para sentirte completo. Conoces tus gustos y opiniones, tus valores y objetivos. Y ahora, a pesar de todas esas hormonas que te dicen lo contrario, no eres tú lo que se está rompiendo. Se está rompiendo lo que teníais juntos. De ahí es de donde proviene el dolor. Pero no has perdido tu propósito. No te has perdido a ti. Algo se está rompiendo, pero tú no eres ese algo.

Existías antes de esta relación y sobrevivirás a ella. Cuando piensas en tu consciencia de este modo, empiezas a separarte del dolor que sientes en el momento. Reconoce el dolor, pero entiende dónde reside y qué ha roto. Lo que creaste con esa persona se está desmontando, pero tú no te estás desmontando. Tu vida no se desmorona. No es tu fin. Puede que no te sientas así, pero, si lo creemos, entonces podemos dar los pasos necesarios para reponernos de la ruptura, aprender de ella y utilizarla para volver a atraer ese amor a todas nuestras relaciones. Hablemos de cómo manejar la ruptura, ya seas tú quien la promueva, ya sea tu pareja.

Romper con tu pareja

Primero, establece una fecha límite para la ruptura. Ya has tomado una decisión, así que ¿por qué prolongarlo? Evitar el dolor de hoy incrementa el dolor de mañana. Posponerlo no os beneficia a ninguno de los dos. Reserva unas horas para reuniros en persona.

Sé amable con las emociones de tu pareja. Mantén el karma en mente cuando pongas fin a una relación. Recuerda: el dolor que proyectas al mundo volverá en tu dirección. Así que, en lugar de ignorar a alguien o engañarlo, sé sincero. Sé claro acerca de tus motivos.

Siempre cuesta romper con alguien. **No existen las palabras perfectas para decirle a alguien que la relación se ha acabado.**

Si eres demasiado amable, puede que no entienda por qué no funciona y, si le dices que crees que no sois compatibles, puede que no se muestre de acuerdo contigo. Podría darte miedo quedar como el malo, decepcionarlo o parecer mezquino. Pero puedes dar forma a la conversación en torno a los elementos fundamentales de una conexión: que te guste su personalidad, respetes sus valores y quieras ayudarlo a alcanzar sus metas. Intenta expresar con claridad en qué sois distintos. Hazle saber si no crees que respetéis los valores del otro o si piensas que no eres la persona apropiada para ayudarlo a alcanzar sus metas. Esto resulta concreto y provechoso, y te aleja del terreno demasiado vago del «ya no me haces feliz» y del terreno dolorosamente específico del «no me gusta esto de ti».

Hazlo cara a cara, míralo a los ojos y sé preciso. Ten en mente que, con independencia de lo que digas o lo considerado que te muestres, tus palabras no tienen capacidad para controlar su respuesta. Puede decir a cualquiera lo que quiera de ti y es posible que no acepte que hayas roto con él por las razones correctas, aunque hayas explicado bien esas razones. Lo único que puedes hacer es articular tu decisión con amor, compasión y empatía, pero sin sensiblería. Comunícate con convicción para que no trate de disuadirte.

Esta conversación no debería prolongarse más de un día. Una vez que la has mantenido, rompe limpiamente. Sin importar quién inició la ruptura, da pasos inmediatos para alejar tu vida de la de la otra persona. Si tenéis cosas que pertenecen al otro, devolvedlas de inmediato o dadlas por perdidas. No lo utilices como excusa para volver a verlo o para procurar reconectar. Deja de seguirlo en redes sociales. Haz todo lo posible para evitar verlo en ellas o en el mundo real. No continúes intercambiando llamadas ni mensajes, ni intentes que sigáis siendo amigos.

Conozco a mucha gente que se las arregla para conservar la amistad con su ex, pero creo que es complicado. Puede hacer que las parejas siguientes se sientan inseguras o dar falsas esperanzas al ex de una reconciliación. Si de verdad quieres intentarlo, te sugiero que te tomes un largo descanso —de un año, quizá, en el cual salgas con otras personas— para asegurarte de que os habéis separado de verdad. Cuanto menos contacto tengas con él, más rápido se cerrará el vacío que deje. En especial, si lo llenas fortaleciendo el resto de tus relaciones. Parte del vacío es la amistad y el vínculo que compartías con tu pareja. También puede haber una nueva brecha en tu comunidad porque algunos de los amigos que teníais en común ya no están disponibles para ti, por un motivo u otro. Es un gran momento para reinvertir. Reúne a tu grupo de amigos a tu alrededor para recordarte que tu amor va más allá de una sola persona. Si tenéis hijos, te conviene esforzarte mucho por mantener un trato amigable, por supuesto. Pero no confundas lo que es bueno para ti con lo que es mejor para los niños. No los utilices como excusa para ver a tu ex. Sé sincero contigo mismo y haz lo que sea apropiado para ellos sin sacrificar lo que es bueno para ti.

Una vez que se ha acabado, se ha acabado. Si has roto con tu pareja, resístete al impulso de ser la persona que la consuela y la ayuda a superar esto. Acabas de decidir que no quieres estar en su vida y se lo has dicho. Ser su salvador puede aplacar la culpa. O quizá desees marcharte dejando que piense que eres increíble. Tal vez incluso te sientas tentado de mantener cierto control sobre ella. No obstante, sea como sea, no te aferres a ella. Puedes comunicar tu mensaje con toda la elegancia y la sinceridad que te sean posibles, pero no puedes controlar las consecuencias de la ruptura. El karma significa que debes aceptar la reacción que estás obteniendo como la consecuencia natural de tus actos.

Si rompen contigo

Si tu pareja rompe contigo, recuerda que la persona que te ha hecho daño no puede ayudarte a sanar. No hay forma perfecta de que rompa contigo, y la expectación de que exista una te atrapa. Queremos que la otra persona declare que lo siente, que nos desagravie, que reconozca los errores que ha cometido y nos diga cuánto valemos. En algunos aspectos, resulta extraño que recurramos a alguien que es la fuente del dolor de nuestra vida para que nos ayude con ese dolor, pero hasta hace muy poco compartíamos intimidad con esa persona. Es posible que fuera nuestra mejor amiga. Le hemos contado cómo nos había ido el día, hemos acudido a ella antes que a nadie más para hacer planes, resolver problemas y procesar emociones. Cuesta aceptar que no es la persona que va a ayudarnos a superar este problema mucho más grande —perder a alguien a quien estás unido—, ¡sobre todo cuando ese alguien es ella! ¿Cómo puede dejar de hablarte cuando cuentas con ella para ayudarte a sentirte mejor? Pero hacerte feliz nunca fue cosa suya. Ese era y es tu trabajo.

Así que debes liberarla. Está bien que hagas preguntas para comprender sus motivos mejor, pero no la presiones para que continúe en la relación. No quieres estar con alguien que ya se ha ido. Pese a lo importante que es reflexionar acerca de lo que ha ido mal, resístete al impulso de *ayudar* a tu ex a ver el error de su actuación. Quizá sientas que se está yendo de rositas con una mala conducta o que está cometiendo un gran error. Tal vez veas que lo pasa de miedo en todas las redes sociales. Te ha hecho daño, y preferirías que no procediese a pasarlo aparentemente genial mientras tú estás solo y triste. Quizá quieras vengarte. Quizá incluso sientas que *necesitas* vengarte para pasar página. Pero, si actúas movido por la venganza, eso solo te traerá karma negativo. La ley del karma afirma que todo el mundo recibirá una reacción igual y opuesta a su acción. No querrás ser quien fastidie la vida a alguien. El karma hará lo que haya que hacer. En mi consulta de *coaching*, un hombre dejó a su mujer tras quince años de matrimonio para estar con una mujer más joven. Cuando la mujer más joven lo plantó, le escandalizó que hubiese estado engañándolo; había olvidado por completo que su relación había empezado cuando él engañó a su mujer. El karma no siempre devuelve algo de un modo tan evidente y satisfactorio, pero los actos tienen consecuencias.

Dejar la revancha al karma te permite avanzar y concentrarte en lo que importa: reparar tu ego, reforzar tu confianza y llevar lo que has aprendido en esa relación a la siguiente.

No esperes una disculpa. El cierre es algo que tú te concedes. Tu ex no puede pasar página por ti porque no tiene las respuestas. La gente no siempre es consciente de sus errores. A menudo, no ha aclarado la situación para sí misma. Aunque fuera a darte una razón, aún tendrías preguntas a las que no podría responder, porque no hay ninguna respuesta correcta para la pregunta: «¿Por qué no me has amado como yo quería?». Sencillamente, no tiene sentido pedir a otra persona que sane tu herida, aunque sea la causante. Si alguien te diese un empujón y te rasguñases la rodilla, no esperarías que te pusiese una tirita. Te encargarías de hacerlo personalmente. Eres tú quien debe lidiar con esta herida emocional que necesita cierre. Tú puedes curártela de forma más efectiva.

El cerebro humano es una máquina generadora de significados, y una de sus formas más poderosas de generar significados es a través del relato. Cuando meditamos acerca de una ruptura, parte de lo que hacemos es buscar la historia que hay detrás y lo que podemos aprender de ella. Rechazamos las simples razones que nos dan las personas de por qué rompen con nosotros. El psicólogo Guy Winch dice: «El desamor crea un dolor emocional tan dramático que nuestra mente nos dice que la causa debe ser igual de dramática».[173] Podemos convertirnos en teóricos de la conspiración, creando relatos complejos, cuando la respuesta podría estar relativamente clara. Un equipo de investigadores hizo que adultos que habían experimentado una separación en los cinco meses anteriores escribieran libremente acerca de lo que estaban sintiendo o bien elaboraran una narración franca de varios aspectos de la relación, incluida la ruptura. Los que construyeron una historia coherente en torno a su relación más tarde mostraron menos angustia psicológica que los que se limitaron a anotar sus sentimientos. Debemos recordar que las historias que creamos son más bien herramientas para sanar, no la verdad suprema, pero, una vez que tenemos un relato al que dar vueltas, nos resulta más fácil seguir adelante. (Y siempre podemos revisar esa historia más tarde si el resto de la información está disponible).[174]

HAZ LA PRUEBA: PASA PÁGINA

Ya sea mediante notas de voz o por escrito, describe el dolor que te ocasionó tu pareja. Incluye todo lo que te gustaría decirle acerca de cómo te trató y cómo te hizo sentir eso. El modo en que te hablaba, el modo en que te trataba, preguntas, acusaciones, acontecimientos traumáticos, recuerdos dolorosos. Plantéate esta lista como un inventario de todas las razones por las que fue bueno que rompierais. Si has estado mortificándote con los mejores recuerdos, no estás reconociendo la realidad de la relación.

Así que anota todos los problemas, todos los errores, todo lo que esa persona dijo que te hizo daño. ¿Hay algo que tu mente esté tratando de evitar? Permítete sentir todas las emociones. No puedes sanar hasta que sientas. Alejarte de algo no lo reduce.

→

←

Si no das a una emoción la atención que merece, se amplifica. Para reconocer de verdad estas emociones, debes expresarlas, buscar patrones y explicártelas.

Ahora, junto a cada acto que te causó dolor, escribe quién fue el responsable. ¿Quién lo llevó a cabo? ¿Quién dijo cosas que no deberían haberse dicho? ¿Quién hizo las cosas que no deberían haberse hecho? A veces, la responsabilidad recaerá en ti. Darte cuenta te permite hacerte con el dominio de la situación, mejorar y crecer.

También cobrarás conciencia de los errores que cometió tu ex. Es posible que haya elementos negativos que suprimiste mientras estabas en la relación. Hacemos esto porque, subconscientemente, preferimos lo malo conocido. Sabías que no iba a ser agradable contigo por las mañanas. Sabías que iba a olvidarse de tu cumpleaños. Sabías que llegaría tarde a cenar. Sabías que no iba a llamarte ni a mandarte ningún mensaje aunque te habría gustado. Sabías que iba a equivocarse. Y era más fácil aceptar eso que la soledad, en terreno desconocido, sin saber cómo sentirte, cómo seguir adelante y qué dolor podía venir a continuación. Nos conformamos con menos de lo que merecemos en pro de la seguridad. Nos aferramos al dolor conocido.

Al escribir todo lo que fue mal, puedes centrarte más en las razones por las que esta ruptura ha sido buena para ti. Busca la historia que te proporcione cierre. Quizá te hayas librado de una buena. Quizá hayas aprendido una lección que no quieres repetir nunca. Verás que esta relación quizá no haya sido más que un paso en tu camino hacia mejores vínculos en el futuro.

Ahora lee lo que has escrito en voz alta a una habitación vacía. Tu ex no está ahí para escucharlo, pero el cierre vendrá de la sensación de que lo has compartido y de saber que estás escribiendo tu propio final para ayudarte a seguir adelante.

APRENDE LAS LECCIONES KÁRMICAS

A menudo, deseamos levantar un muro que nos aísle de nuestras emociones tras una ruptura. El dolor nos lleva a un modo protector, en el que nos distraemos y apartamos de nuestra mente los recuerdos de la relación. Pero piensa en lo que se tarda en curar una herida física. Si tenemos un desgarro muscular o una herida posquirúrgica, en un principio el dolor nos hacer evitar actividades —como debe ser— para que no suframos mayores daños.[175] A continuación, como parte de la sanación, el cuerpo dirige fibras de colágeno a la herida. Estas fibras son mucho más densas que el tejido original, por lo que crean una masa de tejido cicatricial que se encarga de proteger bien la herida. Sin embargo, si dejamos desatendida la herida en pleno proceso de curación, la densidad del tejido cicatricial se vuelve problemática, al mermar nuestros movimientos e incrementar el dolor y el riesgo de volver a hacernos daño. Y de este modo abordamos la recuperación cuidadosamente, sometiéndonos a algún tipo de terapia física para ayudarnos a movilizar y reajustar el tejido cicatricial, y luego recuperamos la fuerza en los lugares rotos hasta que estamos completamente sanos.

Lo mismo ocurre con el desamor. No podemos protegernos para siempre. Debemos tratar el dolor, comprender la herida, recuperar fuerzas y entrar de nuevo en el mundo. Como dice la autora superventas Tara Brach, instructora de meditación y psicóloga clínica: «Todo lo que amamos se va. Así que ser capaces de llorar esa pérdida, soltar amarras, conseguir que ese duelo sea absolutamente pleno es la única forma de que nuestro cuerpo esté colmado y abierto. Si no estamos abiertos a perder, no estamos abiertos a amar».[176]

Busca quietud y espacio para reconocer lo que está roto y lo que queda. Reflexiona en profundidad sobre lo que puedes sacar de la relación, porque, independientemente de cuánto creas que has perdido, independientemente de lo hiriente que ha sido, independientemente de cuánto dolor hayas sufrido (a menos que fuese maltrato, lo cual no tiene justificación), querrás llevar adelante esas lecciones.

Todo ex te hace un obsequio que pasas por alto si no das este paso. Podría ser un consejo. Podría ser un contacto que hizo para ti. Quizá te apoyó en un momento difícil. Tal vez hayas aprendido que realmente necesitas estar con alguien que haga elecciones sanas. Tal vez hayas descubierto que escoger a alguien que cumplía con todas tus expectativas no era un buen modo de ver a quien tenías delante. Honra a tu ex por los obsequios que te hizo.

Cuando la monja budista norteamericana Pema Chödrön echó la vista atrás a su matrimonio, descubrió algo sorprendente. Dice: «No me daba cuenta de cuánto dependía de alguien para confirmarme que estaba bien. No venía de mi interior, venía de la visión que otra persona tenía de mí». Una vez que hubo comprendido esto, supo que ya no quería depender de otros para su sentido de la autoestima. Caer en la cuenta fue doloroso, pero la ayudó a cambiar cómo se relacionaba consigo misma y con los que la rodeaban.[177]

Como hizo Chödrön, quiero que reflexiones acerca de cómo te equivocaste en la relación. ¿Cuáles son los errores que cometiste y qué podrías haber mejorado? Si no aprendes estas lecciones, puedes verte repitiendo esta dinámica infructuosa el resto de tu vida.

HAZ LA PRUEBA: PERCEPCIONES

Examinemos el pasado reciente de tu relación para obtener algunas percepciones que te prepararán en futuras relaciones.

Reflexiona sobre lo que has ganado
Reflexiona sobre lo que has perdido
Reflexiona sobre tus propias faltas
Pregúntate: ¿Qué he descubierto de mí en esta relación?

Ponte algo cómodo, prepárate una taza de té, siéntate delante del fuego… Lleva esto a cabo en un lugar y de una forma con los que te sientas cómodo, porque podrías darte cuenta de algunos detalles incómodos. Y eso es bueno. Es posible que algunas cosas te animen y emocionen, y otras te molesten, pero la incomodidad a menudo acompaña la sanación.

El amor puede impedirnos ver las faltas y problemas de otros, y nuestro deseo de sentirnos bien acerca de nosotros mismos puede cegarnos ante nuestros propios tropiezos. Cuando amamos a alguien, podemos pasar por alto sus hábitos y comportamientos irritantes e incluso destructivos. Este ejercicio nos ayuda a contemplar esas cosas con una mirada nueva.

Empieza por preguntarte: ¿Qué hice bien en esta relación y qué no quiero repetir? Tal vez descubras que anteponías tus necesidades a las de tu pareja o que no la escuchabas de verdad. O quizá sientas que hiciste un gran trabajo imponiendo límites saludables, aunque tu pareja no fuera capaz de respetarlos. De nuevo, escríbelo todo.

Ahora, reflexiona acerca de lo que has obtenido de la relación. ¿Fue consejo? ¿Percepción? ¿Apoyo económico? ¿Fue ayuda en una época difícil? En un momento dado, aportó valor a tu vida. Independientemente de cuánto creas que has perdido, independientemente de lo doloroso que haya sido, deberías honrar lo que te ha dado.

$\longrightarrow$

←——

A continuación, reflexiona acerca de lo que perdiste por estar en esa relación. Quizá fuera la seguridad en ti. Puede que empezaras a dudar de ti porque te criticaba. Puede que perdieras tiempo. Puede que perdieras energía. Puede que dejaras escapar otras oportunidades o a otras personas mientras te entregabas a esa relación.

Finalmente, piensa en qué te equivocaste en la relación. ¿Qué errores cometiste? ¿La relación supuso un reto para tu capacidad de serte fiel? ¿Cuestionó tus ideas sobre en qué consiste ser una buena pareja? Debes hacerte estas difíciles preguntas y contestarlas, porque, si no procesas los errores que revelan, vas a repetirlos con otras personas.

Redefine tu valor

Cuenta una vieja parábola que un niño le preguntó a su padre cuánto valía su vida. El padre le entregó una piedra roja y brillante, y le dijo:

—Quiero que vayas y le preguntes al panadero si te compra esto. Cuando quiera saber por cuánto la vendes, levanta dos dedos sin más. Cuando tengas tu respuesta, vuelve a casa con la piedra.

De modo que el niño fue a la panadería y le enseñó la piedra al panadero.

—¿Cuánto? —preguntó el panadero.

El chico levantó dos dedos, como le había indicado su padre.

—Te la compro por dos dólares —dijo el panadero.

El niño se fue a casa y le dijo el precio a su padre. Su padre le indicó:

—Ahora quiero que vayas al mercado y veas qué te ofrece la anticuaria.

De modo que el niño fue al mercado y le mostró la piedra a la anticuaria.

—¡Parece un rubí! —dijo ella—. ¿Cuánto quieres por él?

El chico levantó dos dedos.

—¿Doscientos dólares? Es mucho, pero acepto —dijo ella.

A continuación, su padre lo envió al joyero. Este alzó la piedra al sol y vio cómo se refractaba la luz a través de ella. La colocó bajo un microscopio y se le pusieron los ojos como platos.

—Es un rubí raro y hermoso —dijo—. ¿Cuánto quieres?

El niño levantó dos dedos.

—Doscientos mil dólares es un precio justo, sin duda —concluyó el joyero.

El chico, emocionado, corrió a casa para darle la noticia a su padre. El padre sonrió y se guardó el rubí en el bolsillo.

—Ahora, ¿sabes cuánto vale tu vida? —preguntó.

Esta historia ilustra a la perfección que tenemos un valor diferente para diferentes personas. Nos define lo que aceptamos. Parte de lo que hace una ruptura tan difícil es que esa persona que antes nos valoraba tanto ya no lo hace. Nos hemos visto devaluados, pero solo por esa persona. Por eso, debemos establecer nuestro propio valor y encontrar a alguien que nos valore por quienes somos.

Separa la mente y el intelecto

Si seguimos teniendo miedo de la soledad, la mente nos juega malas pasadas para mantenernos enredados. Volvemos a la creencia de que estar solo no es gratificante. Ser deseados nos hace sentir valorados, y atribuimos ese valor a estar con otra persona en lugar de reconocerlo como el valor que siempre llevamos con nosotros.

Pero esto no son más que los pensamientos simples de la mente, y necesitamos elevarlos. El Bhagavad Gita establece una distinción entre los sentidos, la mente y la inteligencia: «Los sentidos activos son superiores a la materia burda; la mente es más elevada que los sentidos; la inteligencia es aún más elevada que la mente».[178] Los sentidos te avisan si algo duele físicamente. La mente piensa en términos de lo que le gusta y lo que no. Y la inteligencia pregunta: «¿Por qué no quiero esto? ¿Qué aprendo de esto?». Así pues, cuando rompemos, la mente nos dice que nos gustaba lo que teníamos y lo queremos de vuelta. Echamos de menos a nuestro ex; queremos saber qué está haciendo en Instagram. Nos preguntamos si piensa en nosotros. En momentos así, también podríamos tener pensamientos autocríticos como: «No soy lo bastante atractivo», «No soy lo bastante fuerte», «No fui lo bastante cariñoso», «No soy lo bastante poderoso».

No puedes dejar de pensar, pero puedes redirigir tus pensamientos si no te gustan. Puedes dejar a un lado todos los «no soy lo bastante...». Nos entrenamos para redirigir nuestros pensamientos haciéndonos preguntas cuando vamos a tomar una decisión.

Mente: Quiero ir y plantarme delante del apartamento de mi ex para ver si tiene la luz encendida.
Intelecto: «¿Qué sentido tiene esta idea?».

Mente: Necesito saber si está con otra persona.
Intelecto: «¿Esta información tiene alguna utilidad para mí?».

Mente: Sí, porque, si está con otra persona, puedo seguir adelante.

Intelecto: «¿Quieres que tu propia capacidad para cambiar dependa de esta información?».

Mente: No..., ¡pero sigo queriendo verlo!

Intelecto: «¿Qué otra cosa podrías hacer para ayudarte a seguir adelante?».

Mente: Podría llamar a un amigo.

Si tienes un pensamiento intrusivo, pregúntate: «¿Me gusta este pensamiento? ¿Es útil? ¿Es esclarecedor? ¿Me ayuda a seguir adelante?». Así es como pasamos de la conversación de la mente a la conversación del intelecto.

> *La mente te dice: «Contacta con tu ex». La inteligencia te dice: «Contacta con tus amigos».*

> *La mente te dice: «Céntrate en tu ex». La inteligencia te dice: «Céntrate en ti».*

> *La mente pregunta: «¿Qué pensará la gente?». La inteligencia pregunta: «¿Qué pienso yo?».*

Espera para tener citas

Christin llevaba unos meses saliendo con Bradley cuando este le sugirió que fuesen a correr juntos. Ella no era corredora, pero accedió. Una vez en la pista, ella corrió, caminó e incluso fue dando saltitos, avanzando con el mejor de los ánimos mientras él resoplaba sin parar. Entonces, en un momento dado, Bradley miró atrás, le dirigió un gesto irritado y salió disparado por la pista, dejándola atrás para que volviera como pudiera al coche. Esa fue solo la última de una larga serie de relaciones alarmantes en las cuales los hombres habían tratado a Christin de un modo horrible. Finalmente, por mucho que quisiera encontrar a su futuro marido y formar una familia, decidió dejar de tener citas durante un año para reiniciar su juicio de los hombres y pasar tiempo a solas.[179]

Cuando las citas estaban vedadas, no tardaron en aparecer por todas partes hombres que querían salir con Christin. En lugar de intentar impresionarlos, porque cada uno de ellos podía ser su futuro marido, era ella misma. Al fin y al cabo, no podía tener citas, así que ¿qué iba a perder? A medio camino del año, Christin conoció a Nathan, un chico que parecía realmente agradable, pero, cuando este le pidió que salieran juntos, ella le explicó que no iba a tener citas hasta el mes de junio. Nathan desapareció. A medida que transcurrían los meses, Christin descubrió que estaba empezando a sentirse más segura de sí misma y finalmente se dio cuenta de que, ocurriera lo que ocurriese en su vida amorosa cuando llegara junio, estaría bien. Entonces, el 1 de junio, sonó el teléfono. Era Nathan, que volvía a pedirle que saliese con él. Resultó que él sí era su futuro marido, y ahora tienen dos hijos.

Si pasamos todo nuestro tiempo posruptura analizando la ruptura, nunca avanzaremos. Pero no deberíamos avanzar saltando a toda prisa a otra relación romántica. Es un buen momento para empezar a atraer a gente a la que quieres activamente en tu vida. Amigos que comparten tus intereses. Comunidades en las que te sientes cómodo. Empieza rodeándote de personas que colman tus distintas necesidades: alguien con quien te gusta mantener conversaciones profundas, alguien con quien te gusta salir a bailar, alguien con quien te gusta hacer ejercicio.

Utiliza este tiempo para entablar nuevas amistades y desarrollar las existentes para sentirte completo sin una pareja. Redescubre la soledad. Vuelve a concentrarte en tu propósito. Este es tu momento para invertir de verdad en ti. Es tu momento para conocerte de verdad. Podemos perdernos en una relación, así que ahora debemos encontrarnos a nosotros mismos en el desamor.

HAZ LA PRUEBA: LISTA PARA VERIFICAR SI ESTÁS LISTO PARA RETOMAR LAS CITAS

☐ ¿He aprendido las lecciones que ofrecían mis últimas relaciones para prepararme para una relación mejor la próxima vez?

   ☐ ¿De qué quiero ser consciente?
   ☐ ¿Qué quiero evitar?
   ☐ ¿Qué quiero asegurarme que mi próxima pareja comprende de mí desde el principio?

☐ ¿Sé lo que valgo y cuáles son mis objetivos en esta etapa de mi vida? Si no, puedo pasar tiempo a solas para revisar estos aspectos.

   ☐ ¿Sé qué límites quiero establecer para mi próxima pareja? Puede que quiera empezar a tener citas, pero decida que no quiero ir rápido.
   ☐ ¿Quiero poner límites físicos?
   ☐ ¿Quiero esperar para mantener una relación exclusiva?
   ☐ ¿Quiero tener cuidado de no cancelar ningún compromiso por alguien como hice la última vez?

Finalmente, si no estás seguro de estar listo para tener citas de nuevo, pruébalo sin más. No tienes por qué tener citas o no de manera oficial. Solo prueba qué tal te va.

LA EXPANSIÓN INFINITA DEL AMOR

Como monjes, aprendemos sobre *maya*, que significa «ilusión». Parte del *maya* del amor es que solo podemos acceder a él de formas limitadas, como solo a través de ciertas personas. Imaginamos que hay una puerta que protege el amor, que para experimentar el amor y la felicidad tenemos que encontrar la única llave que abre esa puerta. Y esa llave es otra persona.[180]

Entonces, te encuentras sin pareja. O has criado a tus hijos y ya se han ido. O tu pareja y tú seguís sintiendo inquietud, que hay más propósito en vuestra vida. El amor imperfecto nos enseña. El amor imperfecto nos dice que sigamos adelante. El amor imperfecto nos obliga a romper con nuestras expectativas, a dejar ir la fantasía y a darnos cuenta de que nunca ha ido solo de querer a una persona o a nuestra familia inmediata.

Esta epifanía, por decepcionante que pueda resultarnos, nos prepara para todo un nuevo nivel de amor. El profesor de la UCLA Steven Cole dice que la mejor cura para el aislamiento o la desconexión es combinar un sentido de la misión y el propósito de tu vida con el compromiso comunitario.[181] Dedicar tiempo al servicio une la conexión con la realización plena, y el resultado es una potenciación de la salud. También se ha demostrado que el comportamiento prosocial, incluyendo el voluntariado, potencia nuestro sistema inmune, combate el estrés físico causado por el aislamiento e incrementa la longevidad. Desgraciadamente, dice Cole, en la actualidad somos demasiados los que nos hemos retractado de nuestro compromiso con otros para perseguir objetivos individuales de mejoría de la salud, como entrenar para un triatlón, tomar clases de yoga o intentar encontrar a nuestro «amor único y verdadero». Todas estas cosas están genial, pero el mayor beneficio para todos viene cuando, como describe Cole, tu salud es un «medio para un fin, el cual es, en esencia, hacer que ocurran cosas importantes, no solo para ti, sino también para otros».

Lo que creíamos que era el amor más elevado —el amor romántico— puede expandirse. El amor genera más amor. Ha llegado el momento de que inspires hondo, empieces a desarrollar confianza en el amor de nuevo y te prepares para aumentar tu capacidad para amar.

Sin importar dónde empezaste ni a quién hayas amado ni cuánto dinero hayas ganado, es posible que llegues a un punto de insatisfacción material. Sientes que tiene que haber más. No te sientes plenamente satisfecho. Algunas personas podrían considerarlo una crisis de la mediana edad. Sin embargo, representa una conexión cada vez más intensa con el trabajo espiritual. Con compasión, empatía y desinterés, estás listo para extenderte más allá de tu familia y encontrar tu propósito en el mundo entero.

Nunca vas a perfeccionar el amor en esta vida, y eso significa que tienes la oportunidad de practicar el amor todos los días de tu vida.

Carta de amor para ayudarte a sanar

Cuando un amigo está pasando por un momento difícil, lo consolamos y lo apoyamos, pero con frecuencia somos menos pacientes y compasivos con nosotros mismos. Si tenemos dificultades, nos instamos a superarlas sin más. Pero nunca le diríamos eso a un amigo. Intenta escribir una nota de sanación para ti como si estuvieses hablando con un amigo o con alguien a quien quieres.

Querido corazón roto:

Te veo. Estoy aquí para ti. A menudo, pensamos que, cuando hemos amado y perdido, estamos solos y marginados, pero nada más lejos de la verdad. En realidad, cuando experimentamos este dolor y esta angustia, pasamos a formar parte de una vasta comunidad. La tribu de los corazones rotos. Somos muchos. Y somos fuertes. Y somos sensibles. Por encima de todo, estamos sanando juntos.

Esta sanación no tiene la apariencia que crees. Porque, una vez que tu corazón se rompe, una parte de él siempre seguirá rota. Aunque esto no es algo triste. Es bonito, porque esta cualidad de roto es un aspecto del amor. Quizá te sientas solo, pero es una ilusión. El dolor que sientes ahora mismo en realidad te conecta más profundamente a toda la humanidad. Puede que, de algún modo, hayas perdido a una persona, pero has ganado al mundo.

El desamor no nos rompe por completo. Como dijo Alice Walker en una ocasión, «Los corazones están ahí para romperse, y lo digo porque parece ser solo parte de lo que ocurre con los corazones. Quiero decir que el mío se ha roto tantas veces que he perdido la cuenta... De hecho, no hace mucho le estaba diciendo a mi terapeuta: "¿Sabes?, mi corazón ahora es como una maleta abierta. Es como si se hubiese caído y hubiese quedado abierta, ya sa-

bes, como una maleta grande. Esa es la sensación que me da"».
El propósito del desamor y la pérdida no es apartarnos del mundo,
sino abrirnos a él. Impedir que amemos a pequeña escala.[182]

La realidad es que nunca te separas del amor. Si quieres sentirlo, simplemente compártelo. El amor fluye por nosotros tanto
si lo recibimos como si lo damos. Y hay tantas ocasiones de experimentar el amor como gotas de agua en el mar. Nunca sabemos
lo que nos deparará la vida, pero podemos descansar sabiendo esto:
que todos y cada uno de nosotros estamos, en todo momento, rodeados de amor.

Con cariño,

Yo

MEDITACIÓN PARA SANAR A TRAVÉS DEL AMOR

Parafraseando a Shakespeare, el amor no siempre transcurre sin contratiempos. De manera inevitable, la vida comporta daños y heridas. No importa con qué estemos lidiando, es importante que mantengamos nuestra conexión con el amor: recordar que ahora, como siempre, merecemos recibir amor y somos capaces de ofrecer amor a otros.

1. Busca una postura cómoda, ya sea sentado en una silla o erguido en un cojín en el suelo o tumbado.
2. Cierra los ojos, si así te sientes bien. Si no, limítate a relajar tu atención.
3. Tanto si mantienes los ojos abiertos como cerrados, baja poco a poco la mirada.
4. Inspira hondo. Y espira.
5. Si tu mente se distrae, no pasa nada. Devuélvela lentamente a un espacio de calma, equilibrio y quietud.

Meditación para sanar a través del amor

1. Concentra toda tu atención en ti. Fíjate en tu respiración cuando entra y sale de tu cuerpo.
2. Llévate la mano con suavidad al corazón y respira suavemente, sintiendo la energía de tu corazón mientras late dentro de tu cuerpo.
3. En silencio o en voz alta, dirígete las palabras «Merezco amor».
4. Siente cómo te late el corazón al inspirar y espirar, y di de nuevo: «Merezco amor».
5. Repítelo una vez más.

6. Devuelve la atención a la respiración.
7. Dirígete las palabras «Soy digno de amor». Mientras continúas respirando de forma regular, repítelas dos veces más.
8. Devuelve la atención a la respiración.
9. Dirígete las palabras «Estoy hecho de amor». Sigue respirando sobre tu mano, sintiendo cómo el aliento te anima el corazón, mientras lo repites dos veces más.

CUARTA PARTE

Conexión: Aprender a querer a todo el mundo

El cuarto ashram, *Sannyasa*, es cuando extendemos nuestro amor a todas y cada una de las personas y ámbitos de nuestra vida. En esta etapa, nuestro amor se vuelve ilimitado. Nos damos cuenta de que podemos experimentar el amor en cualquier momento con cualquier persona. Sentimos karuna, compasión por todos los seres vivos.[183] Todas estas etapas pueden vivirse de manera simultánea, pero esta cuarta etapa es la expresión más elevada del amor.

Regla 8

Ama una y otra vez

El río que fluye en ti también fluye en mí.[184]

En el ashram, oí una historia en la cual un maestro le pregunta a un alumno:

—Si tuvieses cien dólares para dar, ¿sería mejor dárselos a una sola persona o darle un dólar a cien personas distintas?

El alumno parece vacilar.

—Si se lo doy todo a una sola persona, podría bastar para cambiarle la vida. Pero, si se los doy a cien personas hambrientas, quizá todas puedan comer algo.

—Ambas cosas son ciertas —dice el maestro—, pero, a cuanta más gente ayudes, más expandes tu capacidad para amar.

Empezamos nuestra vida amorosa con la idea de que deberíamos dar los cien dólares (metafóricos) a una sola persona, nuestra pareja, o a unas pocas, nuestra familia. Pero en la cuarta etapa de la vida cambiamos nuestro enfoque. Comenzamos a entregar billetes de un dólar a mucha gente. Cuanto más podamos dar, mejor, pero empieza con poco y, con el tiempo, aumenta tu capacidad de dar amor. El modo en el que perfeccionas el amor no es queriendo encontrarlo o tenerlo, sino creándolo con todo el mundo todo el tiempo. Esto es lo que he estado esperando a decirte: es el mayor regalo que ofrece el amor.

Probablemente, llegaste hasta este libro preguntándote cómo encontrar y conservar el amor con una pareja. Queremos amor en nuestras vidas y, naturalmente, damos por sentado que debería adoptar la forma del amor romántico. Pero es un concepto erróneo que el único amor de tu vida sea entre tú y tu pareja, tu familia y tus amigos. La idea de que la vida tenga que ser una historia de amor entre otra persona y tú es una equivocación. Ese amor es solo un peldaño. Tener pareja no es la meta final. Es la práctica para algo más importante, algo que cambia la vida, una forma de amor que es aún más expansivo y gratificante que el amor romántico. Nuestras relaciones de pareja nos dan una oportunidad de practicarlo, pero no tenemos que cumplir nuestros deseos románticos para alcanzarlo. Es accesible para todos nosotros todos los días y es infinito.

En la cuarta etapa de la vida, *Sannyasa*, la meta es sencillamente esta: mirar más allá de nosotros mismos para ver cómo podemos servir a otros. Experimentar amor constantemente eligiendo dárselo a otros siempre. Hallar el amor en momentos de frustración, enfado, ira y consternación, cuando parece fuera del alcance. Crear conexiones más afectuosas con todas las personas a las que conocemos. Sentir amor por toda la humanidad. El amor implica constatar que todos merecen amor y que tratar con respeto y dignidad su humanidad automáticamente les hace merecerlo.

El filósofo noruego Arne Naess tomó prestadas ideas de los Vedas cuando describió un proceso de autosuperación «en el que el yo que debe realizarse se extiende mucho más allá del ego independiente e incluye más del extraordinario mundo».[185] En otras palabras, cuando ampliamos y potenciamos nuestro sentido del yo, advertimos nuestras interconexiones, de manera que servir a otros sirve al yo; no hay diferencia. Para aquellos que alcanzan la cuarta etapa de la vida, el cuerpo, la mente y el alma se dedican a servir a la divinidad y elevar a la humanidad. *Sannyasi* experimenta las profundidades y matices del amor que no siempre podemos encontrar en una sola persona. Llegamos a apreciar el amor en distintas formas. Ya no servimos por un sentido del deber moral, sino porque comprendemos nuestra unidad con todo. **Estamos conectados y, cuando servimos a otros, nos servimos a nosotros mismos.**[186]

La ciencia respalda esta idea. Los psicólogos se refieren a las cosas que hacemos para ayudar a otros como «comportamiento prosocial». Marianna Pogosyan, especializada en psicología transcultural, escribe que el comportamiento prosocial nos ayuda a sentirnos más conectados con otros, y este deseo de conexión es una de las necesidades psicológicas más profundas.[187]

El *sannyasi* sirve a toda la gente posible. ¿Por qué limitar el amor a una sola persona o a una sola familia? ¿Por qué experimentar el amor con apenas unas personas? Cuando ampliamos nuestro radio de amor, tenemos la oportunidad de experimentar el amor todos los días en todo momento.[188]

Cuando piensas así, el amor abre sus brazos cada vez más. Si un padre o una madre ama a sus hijos, ama a los niños que los rodean en la escuela, porque les importa la comunidad que habitan sus propios hijos. Y, si te importa la comunidad, entonces te importa la escuela en sí. Y, si te importa la escuela, entonces te importa el suelo sobre el que se erige. De ahí que, si amas a tus hijos, quieres mejorar su mundo y el mundo en general. Amar a los que nos rodean nos enseña a amar a todo ser, y amar a todas las personas nos enseña a amar el mundo que nos rodea, el lugar que llamamos hogar. Y, si amamos el entorno, entonces amamos a su creador, la divinidad, un poder más allá de nosotros mismos. Cuando Kabir Das, poeta y santo indio del siglo XV, escribió:

«El río que fluye en ti también fluye en mí», estaba sugiriendo que nos hallamos conectados con toda la humanidad a través de nuestras obras, palabras, comportamientos y aliento. Ejercemos un impacto mutuo en todo lo que hacemos. Lo vimos durante la pandemia, cuando era importante cuidar unos de otros, protegernos mutuamente, mirar más allá de nuestros seres queridos para considerar a toda la comunidad.

Ana Frank dijo: «Nadie se ha vuelto pobre por dar». Al ampliar de manera gradual nuestro concepto del amor, comenzamos a ver nuevas formas de acceder a él. El amor está disponible siempre que quieras sentirlo al dárselo a otros.[189]

Dar amor cubre una necesidad aún más importante que el amor romántico: necesito ser de ayuda. No hay mayor éxtasis que ese. Me gusta el proverbio chino que advierte: «Si quieres felicidad durante una hora, da una cabezada. Si quieres felicidad durante un día, ve a pescar. Si quieres felicidad durante un año, hereda una fortuna. Si quieres felicidad durante una vida entera, ayuda a otra persona». La alegría que sentimos al servir a otros se ha etiquetado como «subidón del que ayuda» o «bienestar del que da», definido por los científicos como una sensación, a consecuencia de un servicio desinteresado a otros, de júbilo, excitación y energía incrementada, seguida de un periodo de calma y serenidad. El investigador Allan Luks, autor de *The healing power of doing good* («El poder sanador de hacer el bien»), estudió los datos de más de tres mil personas que habían trabajado como voluntarias y advirtió que el subidón del que ayuda no se limitaba a las semanas que durase el servicio; regresaba cuando la gente simplemente lo recordaba. Y el subidón del que ayuda no solo produce una grata sensación en el cerebro; está acompañado de niveles bajos de hormonas del estrés y una función mejorada del sistema inmunitario.[190]

En lugar de esperar amor, debemos encontrar formas de expresarlo. Nos han enseñado a creer que el único modo de experimentar el amor es cuando lo recibes, pero los Vedas dicen que puedes sentir amor en cualquier momento que quieras sencillamente conectando con el amor que albergas siempre en tu interior. Desde el punto de vista védico, no necesitamos encontrar

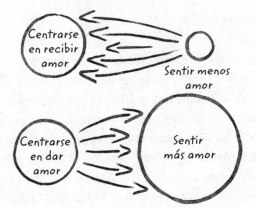

ESPERAR EL AMOR VS.
EXPRESAR EL AMOR

Centrarse en recibir amor

Sentir menos amor

Centrarse en dar amor

Sentir más amor

el amor, construir el amor o crear el amor. Estamos programados para amar y ser afectuosos. Los Vedas dicen que el alma es *sat, chit, ananda*: eterna, sabia, dichosa.[191] Es nuestro centro del amor. A medida que experimentamos el mundo, este centro se va cubriendo de capas de ego, envidia, orgullo, celos, deseo e ilusión, que se interponen en el camino de nuestra capacidad para amar. Debemos trabajar para retirar estas capas y regresar a nuestro ser más afectuoso. Así es como verían los Vedas incluso a los miembros más malvados y peligrosos de la sociedad. El amor que albergan se ve ocultado por capas de impureza.

Todos tenemos impurezas, pero en la mayoría de nosotros son pequeñas y relativamente inofensivas, mientras que un líder cuyo centro de amor está del todo cubierto puede utilizar su magnitud e influencia para destruir la vida. Un *sannyasi* es capaz de observar el comportamiento y los actos de cada persona y verlos como oportunidades para responder con amor, independientemente de lo inaccesible que sea ese centro de amor. Lo hace, por supuesto, sin arriesgar la vida, sin prestar apoyo a la causa del líder corrupto.

Cómo dar amor

En la cuarta etapa de la vida, llegamos a un punto en el que ya no nos limitamos a buscar amor en una sola persona. Tal vez sea porque nos encontramos sin pareja. O porque somos felices con nuestra pareja y sentimos que ya tenemos suficiente amor para extenderlo. **Has sido estudiante de amor y ahora eres administrador de amor.** El Bhagavad Gita habla de los principios de *śreyas* y *preyas*, que se traduce, más o menos, como lo que buscamos y lo que deberíamos buscar.[192] Si tenemos la capacidad y la oportunidad de mirar más allá de nuestras propias necesidades, entonces deberíamos hacerlo. Has estado luchando por cumplir con tu propósito. Quizá hayas estado luchando por cumplir los propósitos de una pareja e hijos. Ahora, puedes ponerte el servicio como meta. Si tienes pareja, fortalecéis vuestro amor mutuo haciendo esto juntos. Embarcarse en estos esfuerzos prematuramente lleva a discusiones y malentendidos. Para cuando empecéis a pensar en formas de servir a otros juntos —vuestra comunidad, vuestro mundo—, necesitáis conocer en profundidad vuestros puntos fuertes y debilidades. Una vez que comprendemos eso en nosotros mismos y en otras personas, la colaboración llega con más facilidad y podemos extender esa compasión a todo el mundo.

Ser un *sannayasi* constituye una labor ardua. Sin práctica, no estamos necesariamente listos para esta expansión infinita del amor. Es fácil caer en el deseo de alimentar nuestro ego complaciendo a la gente. Y, cuanto más nos alejamos en el tiempo y el espacio de aquellos a los que conocemos y amamos, más cuesta sentir amor. Jamil Zaki, profesor de psicología de Stanford y director del Laboratorio de Neurociencia Social de Stanford, escribe: «La empatía también es antigua, en sintonía con una época en la que vivíamos en grupos pequeños de cazadores-recolectores. De un modo muy parecido al de entonces, seguimos encontrando más fácil preocuparnos por gente que se parece o piensa como nosotros, que nos resulta familiar y a la que tenemos justo delante». Zaki describe por qué, como comunidad global, nos cuesta abordar el cambio climático. Afirma: «La gente siente una fuerte empatía tras oír hablar de la víctima de una catástrofe —cuyo rostro podemos ver y cuyos gritos podemos escuchar—, pero oír hablar de cientos o miles de víctimas nos deja impertérritos. Ese "colapso de la compasión" obstaculiza la acción climática».[193]

Aun así, como dice Rumi: «Yo, tú, él, ella, nosotros… / en el jardín de los amantes místicos / no hay verdaderas distinciones».[194] Aunque no cuesta imaginar un mundo pacífico lleno de amor, quizá no resulte evidente cómo podemos lograrlo esta tarde y mañana y todos los días. Rumi sugiere que no estamos tan aislados de los demás como pensamos. Las distinciones existen, pero, con práctica, podemos ampliar nuestro espectro de amor de lo personal a lo profesional, a la comunidad, al planeta. El Bhagavad Gita lo explica con sencillez: «El humilde sabio, gracias al verdadero conocimiento, ve con la misma visión a un *brahmana* sabio y amable, a una vaca, a un elefante, a un perro».[195]

AMA A LOS MÁS CERCANOS

Primero, expandimos nuestro círculo de amor a aquellos a los que resulta más fácil amar. Podemos mostrar amor a nuestros amigos y familiares no solo a través de lo que decimos y hacemos. Detrás de esos actos, se encuentran cuatro cualidades fundamentales.

1. *Comprensión.* Todos queremos que nos comprendan. Amar a los más allegados y queridos es tratar de entender quiénes son y lo que están intentando conseguir. Lo hacemos escuchando y formulando preguntas en lugar de insistir en nuestras ideas y planes.
2. *Creencia.* Nuestros amigos y familiares quieren que creamos en ellos. Esto significa creer que tienen el potencial de cumplir sus sueños. Cuando alguien a quien amas comparte una idea, ofrece una retroalimentación positiva. Muestra tu apoyo y aliento.
3. *Aceptación.* Nuestros amigos y familiares quieren ser aceptados y amados tal y como son, por quienes son, con todos sus defectos y diferencias. No proyectamos en ellos nuestras expectativas de lo que deberían hacer o cómo deberían actuar.
4. *Apreciación.* Damos amor al apreciar las cosas grandes y pequeñas que hacen nuestros amigos y familiares, las dificultades a las que se enfrentan, los esfuerzos y cambios que llevan a cabo, la energía que aportan a la relación. Pensamos que el mero hecho de estar presentes demuestra suficiente apreciación, pero no se me ocurre nadie que no quiera que le digan de manera concreta y sincera lo que ha hecho bien.

Un radio de respeto

A veces, amar a los que tenemos más cerca plantea retos. La persona no responde de un modo positivo. No resulta fácil tratar con ella, pero sigue importándonos y queremos continuar queriéndola. Cuando alguien es tóxico, podemos amarlo desde un radio de respeto.

El psicólogo Russell Barkley dijo: «Los niños que más necesitan amor siempre lo pedirán de las formas menos amables».[196] Cuesta aceptar que alguien haga algo hiriente porque está buscando amor. No aceptamos el maltrato, pero comprendemos que una persona causa dolor porque está sometida a dolor. Está intentando descargar su dolor en ti. Como un niño que podría gritar, llorar, chillar o tener una pataleta para recibir atención, los comportamientos que vemos en otros son peticiones de amor mal dirigidas. No es poco común tener un amigo o familiar a quien consideras difícil o tóxico. Al pasar tiempo con él, te enfrentas a un entorno negativo en el que tus ideas se descartan, tu voz no se escucha o sientes que te rechaza o desatiende. Si te encuentras en una situación así, puede resultar fácil pasar de pensamientos de amor a pensamientos hirientes, de odio. No te sientas culpable o mal por esto. Es natural enfadarse si alguien te trata de manera injusta. Nuestros seres queridos difíciles están en nuestra vida para enseñarnos tolerancia. Recibe a la gente con amor incluso cuando no te recibe a ti con amor. Un *sannyasi* ofrece amor a todo el mundo, del mismo modo que un doctor intenta sanar a las personas en ambas partes de una pelea, independientemente de quién empezase. No comprometas tus valores, no aceptes el maltrato, sino expande tu capacidad para dar amor.

Cuando nos topamos con alguien con quien nos resulta difícil estar, el primer paso para amarlo consiste en comprender qué, si es que hay algo, revela nuestra reacción acerca de nosotros mismos. ¿Es nuestra propia inseguridad? ¿Es nuestro ego? ¿Es miedo? Si esperas y deseas que tus amigos o familiares te den la razón, te animen y te apoyen en cada idea que tienes y cada decisión que tomas, es mucho pedir. Para bien y para mal, no pueden evitar proyectar su limitado punto de vista, con todas sus dudas y temores, en ti. Cuando su respuesta te molesta o preocupa, considera si parte de tu reacción proviene de tu propia falta de seguridad acerca de la decisión que estás tomando. En lugar de gastar energía intentando ganarte su confianza, concéntrate en desarrollar la tuya en soledad. Cuando aceptas quién eres y lo que quieres, es menos probable que saltes ante la opinión de otra persona sobre ti o su percepción de tus ideas.

Cuando ampliamos la esfera de nuestro amor, no estamos excluyendo a nadie por lo que hace o cómo actúa (a menos que sean maltratadores). Lo amamos porque queremos ser personas que aman. Si te gusta tener la casa limpia, la mantienes limpia tanto si vienen invitados como si no: la convierte en un lugar más agradable en el que vivir. Lo mismo ocurre cuando creas un ambiente amoroso en tu corazón. Lo haces por ti, sin importar quién lo recibe o lo devuelve. No la desordenas si viene alguien desordenado. No llenas tu corazón de odio porque alguien odioso entre en tu radio. Quieres vivir en una casa llena de amor.

Dicho esto, no podemos amar a todo el mundo desde la misma posición ventajosa. Podemos intentar amar a algunas personas de cerca, pero descubrir que, cada vez que nos alejamos, nos quejamos de su negatividad, de su amargura y energía. Es mejor guardar las distancias para poder respetarlas y apoyarlas que acercarnos demasiado y que nuestro resentimiento crezca. Si tienes un familiar difícil al que quieras mantener en tu vida, esto podría significar que lo quieres más cuando lo ves una vez al año. Podría significar limitar todo contacto a llamadas telefónicas en lugar de visitas en persona. Trata con él durante el tiempo que seas capaz de soportar. La distancia te protege de sentirte utilizado y te permite desearle lo mejor desde lejos hasta que estés listo para quererlo de cerca. Te da el espacio y la oportunidad de desarrollar fuerza y seguridad en soledad. Y, potencialmente, a largo plazo, serás capaz de regresar con compasión para ayudarlo en su viaje.

Una forma de dar amor a una persona difícil es encontrar otras fuentes de amor para ella. A veces, pensamos que somos su única fuente de amor —y quizá sea esa la situación que ha evolucionado—, pero esta dependencia no os beneficia a ninguno de los dos. Puede que no tengamos tiempo ni ganas, capacidad o paciencia siquiera para tomar a una persona como proyecto a tiempo completo. No pasa nada. No tenemos que ser salvadores. Amar a una persona así puede, y quizá debería, significar apartarnos del amor uno a uno en el que hemos estado centrándonos hasta ahora. Quizá no seamos la única persona que la quiera ni la mejor. Después de todo, queremos que esté rodeada de amor y también queremos que tenga la oportunidad de extender más amor.

HAZ LA PRUEBA: AYUDA A UN FAMILIAR DIFÍCIL A ENCONTRAR EL AMOR EN SU COMUNIDAD

Si te cuesta amar a un amigo o a un familiar de cerca, puedes incluirlo en tu círculo de amor ayudándolo a encontrar otras fuentes de amor. Encuéntrale nuevos amigos. Preséntaselo a gente con ideas afines. Pregunta a tus amistades si tienen contactos que vivan en la misma zona y podrían llevarse bien con esa persona.

Encuentra servicios para ella. Conéctala con una comunidad espiritual, un gimnasio local u organiza un servicio que la ayude con una tarea que no sepa o no le guste hacer.

$\longrightarrow$

←

Ayúdala a perseguir sus intereses. Podemos ayudar a un padre o una madre tan solo empezando un club de lectura o planeando un torneo de póquer.

Organiza una reunión familiar en un terreno neutral. Estar en público tiende a aliviar tensiones y a mejorar el comportamiento de todo el mundo. Si encontraros en casa es demasiado intenso, prueba a quedar en un restaurante o en un lugar público en el que los dos os sintáis cómodos.

Escríbele una carta de apreciación. Comparte buenos recuerdos que tengas con esa persona, cuéntale lo que admiras de ella y hazle saber cualquier modo positivo en el que ha supuesto una diferencia en tu vida.

Si haces esfuerzos como los de Haz la prueba, pero aun así no encuentras la forma de amarlo, no te obligues a hacerlo. A veces, lo mejor que puedes hacer por un amigo o familiar tiempo atrás importante es alejarte de él. A veces, es lo único que puedes hacer. Esto puede resultar difícil. Nos sentimos inseguros en cuanto a rendirnos con alguien que es o ha sido importante para nosotros. Parte de lo que lo hace difícil es que sabemos, de manera instintiva, que los Vedas tienen razón. Hay bondad en el alma de esa persona, oculta bajo las capas de malas experiencias, emociones negativas, incluso trauma. Es más fácil crear la distancia que necesitamos si dejamos ir con amor. Del mismo modo que no juzgas a alguien por la ropa que lleva, no lo juzgues por el exterior. **Intenta amar a alguien por la chispa que alberga, no por lo que lo rodea.**

Un compromiso consciente de tiempo

Dar amor a nuestros amigos y familiares requiere tiempo, pero estamos todos tan ocupados y distraídos que es posible que nos cueste encontrarlo. La solución a este problema es la organización. El antropólogo británico Robin Dunbar planteó la hipótesis de que el cerebro solo puede manejar un grupo social de un tamaño determinado y, tras estudiar datos históricos, antropológicos y actuales, él y sus colegas determinaron que ese número estaría en torno a 150.[197] Un artículo de BBC.com añade: «Según la teoría, el círculo más estrecho contiene solo 5 personas, seres queridos. A ellas, siguen capas sucesivas de 15 (buenos amigos), 50 (amigos), 150 (contactos importantes), 500 (conocidos) y 1.500 (gente a la que reconoces). La gente se desplaza dentro y fuera de estas capas, pero la idea es que debe hacerse espacio para nuevos ingresos».

Pese a que estos números son solo un promedio, si clasificas tus contactos personales de este modo, puedes considerar mucho más detenidamente cómo dividir tu tiempo entre ellos. En lugar de dar tu presencia de forma pasiva a cualquiera que contacte contigo, tienes la posibilidad de decidir conscientemente a quién quieres ver y con qué frecuencia.

HAZ LA PRUEBA: ESTRUCTURA TU LISTA DE SERES QUERIDOS

Haz una lista de tu círculo más amplio de amigos y familiares. (Una forma de empezar es utilizar tus listas de redes sociales o seguidores. Facebook e Instagram te permiten clasificar a tus amigos por el nivel de información online que reciben). Ahora, haz

→

←——

lo mismo con la vida real. Organiza esta lista en amigos cercanos y familiares, buenos amigos, contactos importantes y conocidos. Decide cuánto tiempo puedes conceder a cada categoría. Tal vez decidas que quieres contactar o hacer planes con amigos íntimos y familiares una vez a la semana y con buenos amigos una vez al mes. Quizá quieras hacer un esfuerzo para dar un toque a contactos importantes cada cuatro meses y a conocidos una vez al año. Este desglose te permite ser consciente de cómo quieres dividir tu tiempo y te ayuda a comunicárselo a tu círculo; puedes decir: «Me encantaría asegurarme de que comemos una vez al mes». Aunque sería extraño decir a tus contactos importantes que les has asignado una frecuencia trimestral, tener en mente que los ves en cada estación, quizá en torno a vacaciones, te mantendrá en contacto y consciente de lo que está ocurriendo en sus vidas.

Si te cuesta hacer amigos o te has mudado recientemente y empiezas de cero, esta lista puede recordarte la gente a la que aprecias. ¿Hay familiares lejanos o conocidos con los que quieres desarrollar relaciones más íntimas? Tener una lista de trabajo con aquellos que te interesan y que te importan te ayudará a construir una red.

APRECIA A TUS COMPAÑEROS DE TRABAJO

No es poco común que pasemos más tiempo con nuestros colegas que con nuestra familia. Nuestro lugar de trabajo tiene tanto de comunidad como cualquier otra que habitamos. La persona de la oficina que se encarga de clasificar el correo, el salvador de informática, el guarda de abajo, el gurú de marketing y los colegas con los que realmente mantienes una relación cercana… son la clase de gente a la que vemos a diario, que trabaja a nuestro lado en una ventanita de la pantalla de Zoom, pero intuimos que no debemos mostrarles amor, y tampoco está claro cómo hacerlo. Nos sentimos inhibidos de amar a nuestros colegas por la formalidad de un entorno profesional. El amor en el mundo laboral es diferente. No es profundo. A menudo, no es emocional. Puede que no compartas un nivel de confianza que te permita ser muy personal o vulnerable. De hecho, conectar a un nivel personal quizá no sea apropiado o adecuado para tu cultura laboral. Superamos esto encontrando formas de insuflar aprecio y calidez en un entorno de oficina.

Queremos a nuestros subordinados, a nuestros pares y a nuestros superiores de distintas maneras. Queremos a nuestros **subordinados** a través de la orientación y la formación, no el control y el dominio. Invitar a tarta en cada cumpleaños no es el único modo de mostrar amor en la oficina. Los conectamos con el conocimiento y la sabiduría que les otorga acceso al crecimiento personal. Cuando podemos, proporcionamos orientación y acceso a ideas y perspectivas que no tienen disponibles en su vida laboral cotidiana. ¿Puedes invitar a un profesor, o compartir una charla motivacional sobre meditación, u organizar una carrera benéfica que los compañeros podéis hacer juntos?

Buscamos formas nuevas y creativas de mostrar nuestro aprecio por la dedicación de los subalternos al trabajo. La empresa Blueboard se toma a pecho la idea de valorar a los trabajadores. Uno de los fundadores, Kevin Yip, dice que sacó la idea para la empresa cuando su jefe le dio las gracias por trabajar en un proyecto siete días a la semana, en jornadas de entre doce y quince horas, dejándole una tarjeta regalo de American Express en su mesa. Blueboard permite a los empleadores mostrar su aprecio por los empleados a través de todo tipo de experiencias, como entrar en un tanque de flotación en gravedad cero, aprender sobre queso con un quesero, ver las auroras boreales o utilizar maquinaria pesada para disfrutar de una aventura extrema en entorno aislado.[198]

Cuando reconocemos lo que ha hecho alguien, apreciamos quién es. Según Work.com, casi la mitad de los empleados dice que cambiaría de trabajo solo para sentirse más valorado.[199]

Queremos a nuestros **compañeros** a través del apoyo, el aliento, la colaboración, la cooperación y la valoración. Las cualidades amorosas que llevamos al trabajo se hacen eco de las que aportamos a nuestra familia y amigos, pero cambian ligeramente para reflejar la necesidad de ser profesionales y productivos.

HAZ LA PRUEBA: LLEVA AMOR AL TRABAJO

1. *Comprensión.* No necesitas comprender quiénes son y lo que quieren hasta el mismo punto que con tu familia y amigos más íntimos, pero interésate por su vida personal y sigue sus altibajos, sobre todo prestando atención cuando tienen una buena razón para estar distraídos del trabajo y necesitan un apoyo extra por tu parte. Pregunta a tus compañeros qué tal están si cambian de humor. Sigue los desafíos a los que sabes que se enfrentan. Si están pasando por un momento difícil, comprueba si puedes ayudarlos aceptando más trabajo o encontrando formas de aligerar su carga.

   Fíjate en el esfuerzo que hacen, en cuando hacen un buen trabajo y cómo mejoran, y celebra sus éxitos.

2. *Conexión.* Ya sea online o en persona, empieza la jornada o una reunión comprobando qué tal está tu compañero. Intenta averiguar cómo le está yendo el día. Haz un seguimiento de los temas personales que haya compartido contigo. Humaniza la experiencia en lugar de lanzarte directamente al orden del día.

⟶

3. *Aprecio*. Todos los días, escoge a una persona de tu vida profesional para enviarle un mensaje breve, de voz, de texto o un e-mail, elogiándolo o dándole las gracias específicamente por algo que haya hecho en el trabajo.

Haz estos esfuerzos porque quieres aportar más amor al mundo sin esperar o exigir reciprocidad de tus compañeros.

Queremos a nuestros **superiores** cumpliendo con lo que hemos dicho que haríamos, siendo respetuosos y manteniendo nuestros límites. Aceptamos de manera activa la orientación en lugar de ofendernos por ella.

EL COCODRILO Y EL MONO

Hay una historia zen acerca de un mono que ve un plátano al otro lado de un río y lo quiere. El cocodrilo, al advertir el deseo del mono, se ofrece a transportarlo hasta el otro lado. El mono salta de inmediato sobre el lomo del cocodrilo, que empieza a nadar. En medio del río, sin embargo, se detiene.

—Estúpido mono —dice—, ahora estás atrapado en mi lomo en medio del río y estoy a punto de comerte.

El mono espabila rápido y responde:

—Bueno, cocodrilo, me encantaría que me comieses, pero me he dejado el corazón en la otra orilla y es la parte más sabrosa de mi cuerpo. Es rico y jugoso, una verdadera exquisitez. No querría que tuvieses una comida menos satisfactoria.

El cocodrilo dice:

—Oh, sí que suena sabroso. Vale, entonces, nadaré hasta la otra orilla para que puedas traerme tu corazón.

Llegan al otro lado y el mono sale corriendo, con lo que salva la vida.

El fondo de esta historia es que, cuando tratas con cocodrilos, deberías dejarte el corazón en casa. No siempre puedes mostrarte vulnerable. A veces, lo usarán en tu contra.

Querer incondicionalmente en un contexto profesional puede coger a las personas con la guardia baja. Están acostumbradas a verse motivadas por el miedo o los resultados, pero no por el amor. Es una experiencia extraña, y es posible que la gente no responda bien a ella. Pensamos en el amor como algo recíproco, pero los *sannyasis* aman sin reciprocidad. Debemos aferrarnos a nuestros amorosos corazones, la esencia de quienes somos, incluso en un lugar de trabajo lleno de cocodrilos. Intentamos ser compasivos con aquellos que nos han hecho daño. Entregamos toda la energía que podemos dadas las circunstancias y seguimos adelante con nuestra vida. Al mismo tiempo, nos aseguramos de que no somos el cocodrilo, porque aquello en lo que nos convertimos en el trabajo interfiere en quienes somos en casa. Si no puedes ser el *sannyasi* que quieres ser en el trabajo, asegúrate de que te esfuerzas por dar amor en tu vida personal.

SÉ PROACTIVO EN TU COMUNIDAD

Cuando buscamos expandir nuestro amor más allá del lugar de trabajo, recurrimos a las comunidades de las que formamos parte: grupos vecinales, juntas escolares, instituciones religiosas, clubes de lectura y otros grupos de interés. Demostramos amor en nuestras comunidades al advertir una necesidad y trabajar para satisfacerla. Esto podría ser empezar una patrulla ciudadana o ayudar a resolver un problema de infraestructura u organizar formas de que los vecinos se reúnan y hagan vida social. Si se hace por poder, autoridad o control, nos dejará sintiéndonos vacíos. Pero, si realizamos estos esfuerzos desde una posición de amor, compasión y empatía, nos satisfarán.

A medida que amplías tu amor, encontrarás disconformidad. Cuanto mayor sea el número de gente a la que sirvas, más disentirán contigo. Si estás en un grupo de patrulla ciudadana, podría haber un par de personas a las que no les gusten tus ideas. Si formas parte del consejo municipal, a medida que hagas cada vez más trabajo en la comunidad, más gente mostrará su desagrado o su desacuerdo contigo. Si eres el presidente de Estados Unidos, casi la mitad del país estará en tu contra. Si estás lidiando con más opiniones discrepantes, reconoce que son proporcionales al viaje en el que te hallas.

INSPIRA A DESCONOCIDOS

Nos encontramos con desconocidos en la calle con cierto nivel de cautela, y con razón. No tenemos ni idea de si son receptivos al amor o cómo mostrarles amor sin incomodarlos. Aun así, vemos a gente que no está relacionada con nosotros todos los días siempre que salimos de casa. Muchos de nosotros pasamos la mayor parte de nuestro tiempo, de lejos, en presencia de gente que ni siquiera sabe cómo nos llamamos: el conductor del autobús, el cajero, una camarera, la persona que tenemos detrás en la cola...

El modo más fácil (y seguro) de dar amor a la gente con la que nos cruzamos es sonreír. Gracias a nuestro circuito de supervivencia, nuestro cerebro está buscando constantemente pistas de si somos bienvenidos en nuestro entorno. Los científicos dicen que, cuando sonreímos a alguien, señalamos una conexión social, lo que lo hace sentir más cómodo.

Investigadores de la Universidad de Purdue querían averiguar hasta qué punto puede impactarnos una interacción fugaz con un desconocido. Un asistente de investigación caminaba por un camino concurrido del campus y, al cruzarse con desconocidos, o establecía contacto visual con ellos, o hacía como si no los viera, como si no existieran. Entonces, unos pasos más tarde, a los sujetos inconscientes del estudio los detenía otro investigador, que les preguntaba si les importaría hacer una breve encuesta. Aquellos a los que ignoraban informaron de que sentían mayor desconexión social que los que habían recibido alguna clase de reconocimiento positivo. Los investigadores concluyeron que ser ignorados de manera evidente, incluso por desconocidos, puede tener un impacto negativo en nosotros.[200]

La razón podría ser puramente química: cuando nos ignoran, nos perdemos el efecto positivo de las sonrisas. Sonreír libera dopamina, serotonina y endorfinas, los neurotransmisores del placer, que nos suben el ánimo.[201] E innumerables estudios respaldan lo que la mayoría de nosotros hemos sabido toda nuestra vida: sonreír es contagioso.[202] Así que, si sonríes y alguien te devuelve la sonrisa, los dos os beneficiáis de las hormonas del placer.

Si de verdad nos importan los desconocidos que nos rodean, sus vidas pueden transformarse. Según la Oficina de Estadística Laboral de Estados Unidos, aproximadamente el 70 por ciento del servicio no implica una organización formal, sino que implica a gente que se involucra de manera local por iniciativa propia. Piensa en las bibliotecas o las despensas que crea la gente en sus comunidades para distribuir libros y comida sin coste. Infinidad de donantes anónimos se paran a reponer el material de lectura o la comida en estas minibibliotecas y bancos de alimentos.[203]

Luego, está la gente que ve una necesidad y sencillamente se hace cargo de la situación. Una fría noche de noviembre en Nueva York, un sintecho caminaba por la acera descalzo, sobre los talones, intentando protegerse los dedos del suelo helado. Lawrence DiPrimo, agente de policía de la ciudad de Nueva York, vio al hombre y entabló conversación con él. Mientras charlaban, DiPrimo averiguó el número que calzaba y, acto seguido, desapareció brevemente. Cuando regresó, le regaló al hombre un par de botas impermeables que acababa de comprar. No conoceríamos la historia de no ser porque un transeúnte lo vio por casualidad y sacó una foto de DiPrimo arrodillado junto al hombre, ayudándolo a atarse las botas. El dependiente de la zapatería, al enterarse de por qué compraba DiPrimo las botas, le había ofrecido su descuento de empleado para rebajar el precio. Eso es amor.[204]

OFRECE RECURSOS A ORGANIZACIONES

Las organizaciones pueden parecer impersonales, al igual que las formas de alentarnos a amarlas: principalmente, mediante donaciones de dinero, a veces entregando tiempo o habilidades. Cuanto más conectado emocionalmente estás con una causa, más pasión serás capaz de aportar a tus esfuerzos en su beneficio.

Leanne Lauricella tenía una carrera muy activa como organizadora de eventos en Nueva York, donde celebraba eventos lujosos para clientes adinerados.[205] Un día, una compañera suya mencionó la cría intensiva de animales. Leanne no tenía ni idea de qué significaba aquel término, pero esa noche lo buscó en Google y quedó horrorizada por lo que encontró. Decidió dejar de comer carne en el acto. También empezó a averiguar más sobre la ganadería, lo que incluyó visitas a granjas, donde se enamoró de los animales, en especial de las cabras. A Leanne le sorprendió y le encantó descubrir lo juguetonas, inteligentes y atentas que son las cabras cuando se las trata bien. No podía quitarse a aquellos

animales de la cabeza, así que rescató a dos, a los que llamó Jax y
Opie por dos personajes de la serie de televisión *Hijos de la anarquía*. Leanne abrió una cuenta de Instagram que, en broma, tituló
Goats of Anarchy («Cabras de la anarquía»), en la que compartía
las hazañas de Jax y Opie. A la gente le encantaba involucrarse
con ellas, y Leanne disfrutaba cuidando de ellas, tanto que adop-
tó a otras cabras, incluidas varias con necesidades médicas especiales. Leanne acabó dejando su trabajo y, hoy en día, Goats of
Anarchy es una ONG ubicada en una propiedad de treinta acres
para las cabras y proporciona programas educativos —y monto-
nes de sonrisas— al público.

CONECTA CON LA TIERRA

Cuesta demostrar amor por la Tierra dado su tamaño. No podemos arreglar, ni ver siquiera, todos los elementos de la naturaleza. No estamos preparados para creer que la Tierra es nuestra
casa o nuestra responsabilidad. Pensamos que se cuidará sola o
que cuidar de ella es cosa del Gobierno.

Hacemos la Tierra más pequeña encontrando formas de conectar con ella. En un viaje al parque nacional de los volcanes
de Halai'i, a Radhi y a mí nos mostraron unos petroglifos circu-
lares que los hawaianos nativos tallaron en las rocas hace cientos de años. Nuestro guía nos contó que, cuando nacía un bebé,
los ancianos tallaban esos círculos y colocaban el cordón umbi-
lical en ellos para que el niño estuviese conectado con la Tierra
para siempre. Esta conexión es buena no solo para la naturaleza. La naturaleza también tiene amor que darnos a nosotros.

Los nativos americanos y otras culturas indígenas cuentan
con incontables prácticas para honrar a la naturaleza, entre las
que se cuentan canciones y danzas dedicadas al agua, la tierra,

el viento y el fuego.[206] Los yoguis practican los *surya namaskar* o saludos al sol.[207] Los antiguos celtas y otros pueblos se reunían en festivales para celebrar los ciclos de las estaciones.[208] El analista junguiano Erich Neumann escribió: «La oposición entre la luz y la oscuridad ha conformado el mundo espiritual de todos los pueblos y lo ha moldeado».[209]

La ciencia moderna demuestra que nuestra biología se ve regulada por la naturaleza. Samer Hattar, jefe de la sección de Luz y Ritmos Circadianos del Instituto Nacional de Salud Mental de Estados Unidos, dice que la luz nos influye más allá de ayudarnos a ver: en realidad, regula muchas de las funciones del cuerpo.[210] Las neuronas de los ojos establecen nuestro reloj corporal basándose en información de la salida y la puesta del sol, y todo, desde el ciclo de sueño hasta el metabolismo o el ánimo, se ve influido por la luz del sol. (La luz artificial nos afecta, también, pero nuestro cuerpo funciona mejor cuando estamos expuestos a la luz brillante del sol). Como dice el neurocientífico Andrew Huberman, podemos llegar a experimentar una especie de «hambre de luz» cuando no recibimos suficiente luz solar. Ya conectamos con

ZONAS DE CONFORT DEL AMOR

La Tierra
Las organizaciones
Los extraños
La comunidad
Los colegas
Los amigos
La familia

la Tierra de más formas de lo que creemos; saberlo nos inspira para cuidar del planeta.[211]

Ábrete paso a través de los círculos del amor, empezando por tu zona de confort con aquellos a los que mejor conoces y obteniendo cada vez más de aquellos a los que conoces personalmente. Servimos en la ignorancia cuando no queremos quedar al margen. Servimos por pasión cuando deseamos que se reconozca lo que hemos hecho o queremos que el receptor nos deba algo. Servimos con bondad cuando no buscamos reconocimiento o resultados; solo queremos mostrar amor puro.

Cuando empezaste a leer este libro, tal vez esperases que el amor llamara a tu puerta, te volviera loco y se te llevara. Tal vez te sintieras dispuesto a hacer cualquier cosa por encontrar el amor. Creemos que el amor debe obtenerse, ganarse, alcanzarse y recibirse. Lo buscamos en la forma de atención y cumplidos y en las gracias que nos da la gente. Pero en realidad la mejor manera de experimentar amor es darlo.

Tal vez, cuando entres en una habitación, deberías preguntarte: «¿Cómo puedo amar a todos los presentes hoy?», y decirte: «Voy a dar amor sin más». Se trata de una forma increíble de empezar el día y de orientarte a lo largo de él. Si alguien emite una vibración negativa u hostil, intenta acercarte y preguntarle por algo que le importe. Es así de simple. Da amor.

Comencé este libro hablando de que, cuando amamos a una flor, la regamos todos los días. Ahora eres tú quien planta: plantas semillas para otros, das frutos para otros, proporcionas sombra a otros. **Puedes pasarte la vida entera buscando el amor y no encontrarlo nunca, o puedes dar amor toda tu vida y experimentar alegría.** Experiméntala, practícala y créala en lugar de esperar a que te encuentre ella a ti. Cuanto más hagas esto, más experimentarás el alcance del amor de distintas personas a lo largo de todos y cada uno de los días del resto de tu vida.

Carta de amor al mundo

En una ocasión, estaba paseando por una playa del sur de la India con uno de mis maestros. Nos hallábamos en una comunidad de pescadores, y habían llevado muchos peces en redes a la playa, pero había miles más que por alguna razón habían quedado varados y morían lentamente. Uno a uno, mi maestro empezó a arrojar los peces de vuelta al mar con la esperanza de que sobreviviesen. Había muchísimos en la playa, yo sabía que no seríamos capaces de salvarlos a todos. Le pregunté qué sentido tenía hacerlo.

«Para ti es solo un pez —me respondió mi maestro—. Pero para ese pez esto lo es todo».

Mi maestro estaba recreando en la vida real un mensaje de una historia zen, con la que me toparía más tarde, sobre un maestro que arrojaba estrellas de mar de vuelta al agua.

Las noticias actuales resultan abrumadoras. Vemos el dolor y el sufrimiento generalizados y nos preguntamos qué podemos cambiar nosotros, pero me gusta creer que, si enviamos deseos positivos y buena energía a cualquiera que los necesite, llegarán a alguien y significarán algo para él. Escribir una carta al mundo te recuerda que actúes así en todas tus interacciones del día.

Querido mundo:

Durante gran parte de mi vida, he visto el amor como el cuidado de aquellos que me cuidan a mí. Empezando por mis primeros años, experimentaba el amor como algo que recibía y devolvía. Pero esa experiencia de amor, si bien hermosa, es limitada. Restringe mi experiencia del amor a las personas a las que conozco, las que interactúan conmigo de un modo determinado. Quiero experimentar amor. Un amor más grande. No uno confinado a mi propio jardín trasero, sino uno que se extiende más allá de los límites de mi propio mundo hasta el mundo entero, a toda la humanidad.

El amor más allá de la biología o la reciprocidad. Más allá incluso de la familiaridad. Porque, como entiendo ahora, no necesito conocerte para quererte. O, más bien, de algún modo sí que te conozco, por nuestra humanidad compartida. Estamos todos juntos aquí, en este lugar, con nuestras dificultades y triunfos, haciéndolo lo mejor que podemos. Lo que nos conecta a todos mutuamente es nuestra conexión con el amor. Sé que a veces cuesta verlo, divididos como estamos por nuestras distintas opiniones, valores y creencias. Pero, en el fondo, todos y cada uno de nosotros tenemos una poderosa cosa en común: todos queremos experimentar el amor.

Y eso es lo que comparto ahora contigo. Da igual quién seas, da igual lo que has hecho o no en tu vida, te ofrezco amor. Te prometo que mereces recibirlo. Por favor, quiero que sepas que da igual por lo que estés pasando, alguien te quiere. Sin reservas. Sin juicios. Absoluta y completamente.

Te quiere,

Yo

MEDITACIÓN PARA CONECTAR

Esta meditación se concentra en advertir y compartir el amor en todas sus formas. Puede ayudarte a que sientas una conexión más profunda con el amor y con el mundo que te rodea.

1. Busca una postura cómoda, ya sea sentado en una silla, erguido en un cojín en el suelo o tumbado.
2. Cierra los ojos, si así te sientes bien. Si no, limítate a relajar tu atención.
3. Tanto si mantienes los ojos abiertos como cerrados, baja poco a poco la mirada.
4. Inspira hondo. Y espira.
5. Si tu mente se distrae, no pasa nada. Devuélvela lentamente a un espacio de calma, equilibrio y quietud.

Compartir la meditación del amor

1. Inspira hondo. Y espira.
2. Tómate un momento para pensar en todo el amor que has recibido en tu vida.
3. Piensa en todo el amor que has expresado y compartido con otras personas.
4. Ahora siente todo el amor que albergas en tu interior, de todas las fuentes, incluyéndote a ti. Lleva tu consciencia a todo el amor que has escogido tener dentro. Nótalo en tu corazón. Siente como cae en cascada por tu cuerpo, avivando tus pies, piernas, brazos, pecho y cabeza.
5. Siente cómo se fortalece el amor, cómo se vuelve más poderoso. Nota cómo se extiende desde el espacio de tu corazón.

6. Mira el amor que sale de la gente a la que conoces y te importa.

7. Observa cómo alcanza a todas las personas a las que conoces en dificultades.

8. Ahora siente cómo se proyecta hacia gente a la que no conoces y los desconocidos a los que ves todos los días.

9. Por último, siente cómo el amor de tu interior se extiende aún más allá y alcanza a todas las personas del mundo entero.

Agradecimientos

Las enseñanzas de los Vedas y el Bhagavad Gita han influido en mi vida, mis relaciones y mi carrera de la forma más profunda. Este libro es mi humilde intento de interpretarlas y traducirlas de forma que resulten relevantes y prácticas para que puedas crear relaciones serias, significativas y poderosas en tu vida.

Me gustaría dar las gracias a mi agente, James Levine, por vivir muchos de estos principios y tranquilizarme respecto a su validez a lo largo de cincuenta y cinco años de matrimonio. Él y su esposa celebraron hace poco el sexagésimo aniversario de su primera cita. ¡Qué inspiración! Me gustaría dar las gracias a mi editor, Eamon Dolan, que sacó ideas de su profunda y amorosa relación cuando me insistió en que escribiera un libro mejor para todos vosotros. A mi colaboradora Hilary Liftin, por no rendirse nunca y mostrarse siempre adaptable (cualidades que sin duda aporta a su matrimonio, en el que lleva veinte años y contando), y por su increíble capacidad para enseñar y vivir estas lecciones. Kelly Madrone y su mujer fueron mejores amigas y se enamoraron porque se conocían muy bien; lo que explica por qué ha aportado una investigación y perspectiva tan increíble a este libro. A Jordan Goodman, que de algún modo, sin dejar de mantener mi agenda encauzada, siempre con una sonrisa, se acaba de prometer y asegura que siguió todas las reglas de este libro (aunque, con lo ocupada que la he tenido, no puedo confirmar que lo haya leído realmente). A Nicole Berg, por todas las discusiones creativas, dedicación a la portada e ilustraciones y apoyo. Mientras organizaba su propia boda, estaba ayudando a organizar este libro. ¡Menudo logro! A Rodrigo y a Anna Corral, por el diseño de cubierta y las ilustraciones; un equipo casado que ha descubierto que la confianza crece incluso en las tareas y palabras más pequeñas, una atención al detalle que se evidencia en su trabajo. A Oli Malcolm, de HarperCollins UK, que lleva ocho años casado y dice que su esposa es el cerebro de la operación. Él es sumamente paciente, aunque quizá debería llevarse el mérito su esposa.

A todos mis clientes, que me han dejado entrar en sus vidas para que pudiera comprender la emoción humana más profundamente. Para que pudiera implementar estas ideas en la realidad. Para que pudiera ver transformación y conexión auténtica.

Nota del autor

Este libro está basado en la sabiduría de muchas religiones, culturas, líderes inspiradores y científicos. En todos los casos, he hecho lo posible por atribuir citas e ideas a las fuentes originales; estos esfuerzos se reflejan aquí. En algunos, he encontrado citas e ideas maravillosas atribuidas a múltiples fuentes distintas, sin fuente especificada o atribuidas a textos antiguos en los que no he conseguido encontrar el verso original. En estos casos, con la ayuda de un investigador, he intentado proporcionar al lector toda la información útil que he podido en relación con la fuente del material. Además, en este libro he compartido las historias reales de mis clientes y amigos, pero he cambiado sus nombres y otros detalles identificativos para proteger su privacidad.

Notas

INTRODUCCIÓN

1. Terence M. Dorn, *Quotes: The Famous and Not So Famous*, Conneaut Lake, PA, Page Publishing Inc., 2021.

2. Tim Lomas, «How I Discovered There Are (at Least) 14 Different Kinds of Love by Analysing the World's Languages», *The Conversation*, 13 de febrero de 2018, <https://theconversation.com/how-i-discovered-there-are-at-least-14-differentkinds-of-love-by-analysing-the-worlds-languages-91509>.

3. Neel Burton, *Psychology Today*, 15 de junio de 2016, <https://www.psychologytoday.com/au/blog/hide-and-seek/201606/these-are-the-7-types-love>.

4. «Love: Love Across Cultures», *Marriage and Family Encyclopedia*, consultado el 9 de mayo de 2022, <https://family.jrank.org/pages/1086/Love-Love-Across-Cultures.html>.

5. Chrystal Hooi, «Languages of Love: Expressing Love in Different Cultures», *Jala blog*, 10 de febrero de 2020, <https://jala.net/blog/story/30/languages-of-love-expressing-love-in-different-cultures>.

6. *Ibid.*

7. Marian Joyce Gavino, «The "Pure" Intentions of Kokuhaku», *Pop Japan*, 13 de febrero de 2018, <https://pop-japan.com/culture/the-pure-intentions-of-kokuhaku/>.

8. Hooi, «Languages of Love», *op. cit.*

9. Fred Bronson, «Top 50 Love Songs of All Time», *Billboard*, 9 de febrero de 2022, <https://www.billboard.com/lists/top-50-love-songs-of-

all-time/this-guys-inlove-with-you-herb-alpert-hot-100-peak-no-1-for-four-weeks-1968/>.

10. S. Radhakrishnan, «The Hindu Dharma», *International Journal of Ethics*, 33, n.º 1 (octubre de 1922), pp. 8-21, <https://doi.org/10.1086/intejethi.33.1.2377174>.

11. «Ashram», *Yogapedia*, 11 de febrero de 2018, <https://www.yogapedia.com/definition/4960/ashram>.

12. Ashley Fetters, «"He Said Yes!" Despite Changing Norms, It's Still Exceedingly Rare for Women to Propose in Heterosexual Couples», *Atlantic*, 20 de julio de 2019, <https://www.theatlantic.com/family/archive/2019/07/women-proposing-to-men/594214/>.

13. Alexandra Macon, «7 Ways Engagement-Ring Buying is Changing», *Vogue*, 12 de abril de 2019, <https://www.vogue.com/article/how-engagementring-buying-is-changing>.

14. «This Is What American Weddings Look Like Today», *Brides*, 15 de agosto de 2021, <https://www.brides.com/gallery/american-wedding-study>.

15. D'vera Cohn y Jeffrey S. Passel, «A Record 64 Million Americans Live in Multigenerational Households», *Pew Research Center*, 5 de abril de 2018, <https://www.pewresearch.org/fact-tank/2018/04/05/a-record-64-million-americans-live-in-multigenerational-households/>.

16. «What Percentage of Americans Currently Live in the Town or City Where They Grew Up?», *PR Newswire*, 5 de noviembre de 2019, <https://www.prnewswire.com/news-releases/what-percentage-of-americans-currently-live-in-thetown-or-city-where-they-grew-up-300952249.html>.

17. Jamie Ballard, «A Quarter of Americans Are Interested in Having an Open Relationship», *YouGovAmerica*, 26 de abril de 2021, <https://today.yougov.com/topics/lifestyle/articles-reports/2021/04/26/open-relationships-gender-sexuality-poll>.

18. Jason Silverstein y Jessica Kegu, «"Things Are Opening Up": Non-Monogamy Is More Common Than You'd Think», *CBS News*, 27 de octubre de 2019, <https://www.cbsnews.com/news/polyamory-relationships-how-common-is-non-monogamy-cbsn-originals/>.

Regla 1: Permítete estar solo

19. Richard Schiffman, «Ancient India's 5 Words for Love (And Why Knowing Them Can Heighten Your Happiness», *YES!*, 14 de agosto de 2014, <https://www.yesmagazine.org/health-happiness/2014/08/14/ancient-india-s-five-words-for-love>.

20. «Poems by Hafiz», *The Poetry Place*, 13 de agosto de 2014, <https://thepoetryplace.wordpress.com/2014/08/13/poems-by-hafiz/>.

21. Stephanie S. Spielmann, Geoff MacDonald, Jessica A. Maxwell, Samantha Joel, Diana Peragine, Amy Muise y Emily A. Impett, «Settling for Less Out of Fear of Being Single», *Journal of Personality and Social Psychology*, 105, n.º 6 (diciembre de 2013), pp. 1049-1073, <https://doi: 10.1037/a0034628>.

22. *Superbad*, dirigida por Greg Mottola, Columbia Pictures/Apatow Productions, 2007.

23. *Náufrago*, dirigida por Robert Zemeckis, Twentieth Century Fox/DreamWorks Pictures/ImageMovers, 2000.

24. Paul Tillich, *The Eternal Now*, Nueva York, Scribner, 1963.

25. Martin Tröndle, Stephanie Wintzerith, Roland Wäspe y Wolfgang Tschacher, «A Museum for the Twenty-first Century: The Influence of "Sociality" on Art Reception in Museum Space», *Museum Management and Curatorship*, 27, n.º 5 (febrero de 2012), pp. 461-486, <https://doi.org/10.1080/09647775.2012.737615>.

26. Mihaly Csikszentmihalyi, *Flow: The Psychology of Optimal Experience*, Nueva York, Harper Perennial Modern Classics, 2008.

27. Mihaly Csikszentmihalyi, *Creativity: Flow and the Psychology of Discovery and Invention*, Nueva York, HarperCollins, 1996.

28. *Lexico*, consultado el 23 de junio de 2022, <https://www.lexico.com/en/definition/confidence>.

29. Hamid Reza Alavi y Mohammad Reza Askaripur, «The Relationship Between Self-Esteem and Job Satisfaction of Personnel in Government Organizations», *Public Personnel Management*, 32, n.º 4 (diciembre de 2003), pp. 591-600, <https://doi.org/10.1177/009102600303200409>.

30. Ho Cheung William Li, Siu Ling Polly Chan, Oi Kwan Joyce Chung y Miu Ling Maureen Chui, «Relationships Among Mental Health, Self-Esteem, and Physical Health in Chinese Adolescents: An Exploratory

Study», *Journal of Health Psychology*, 15, n.° 1 (11 de enero de 2010), pp. 96-106, <https://doi.org/10.1177/1359105309342601>.

31. Ruth Yasemin Erol y Ulrich Orth, «Self-Esteem and the Quality Of Romantic Relationships», *European Psychologist*, 21, n.° 4 (octubre de 2016), pp. 274-83, <https://doi.org/10.1027/1016-9040/a000259>.

32. «Become an Instant Expert in the Art of Self-Portraiture», *Arts Society*, 1 de octubre de 2020, <https://theartssociety.org/arts-news-features/become-instant-expert-art-self-portraiture-0>.

33. Verso 2.60 de C. Bhaktivedanta Swami Prabhuppada, Bhagavad-gita As It Is (Bhaktivedanta Book Trust International), <https://apps.apple.com/us/app/bhagavad-gita-as-it-is/id1080562426>.

34. Verso 2.67 de Prabhuppada, *Bhagavad-gita As It Is*.

35. Rigdzin Shikpo, *Never Turn Away: The Buddhist Path Beyond Hope and Fear*, Somerville, MA, Wisdom, 2007, p. 116.

36. Lisa Feldman Barrett, *7 1/2 Lessons About the Brain*, Nueva York, Houghton Mifflin Harcourt, 2020, pp. 84-85, 93.

REGLA 2: PRESTA ATENCIÓN A TU KARMA

37. «Vedic Culture», Hinduscriptures.com, consultado el 3 de octubre de 2022, <https://www.hinduscriptures.in/vedic-lifestyle/reasoning-customs/why-should-we-perform-panchamahayajnas>.

38. «Samskara», *Yogapedia*, 31 de julio de 2020, <https://www.yogapedia.com/definition/5748/samskara>.

39. Versos 3.19, 3.27 de Prabhuppada, *Bhagavad-gita As It Is*.

40. Coco Mellors, «An Anxious Person Tries to Be Chill: Spoiler: It Doesn't Work (Until She Stops Trying)», *The New York Times*, 10 de septiembre de 2021, <https://www.nytimes.com/2021/09/10/style/modern-love-an-anxious-person-tries-to-be-chill.html>.

41. «The True Meaning of Matha, Pitha, Guru, Deivam», *VJAI.com*, consultado el 11 de mayo de 2022, <https://vjai.com/post/138149920/the-true-meaning-of-matha-pitha-gurudeivam>.

42. «The Freudian Theory of Personality», *Journal Psyche*, consultado el 21 de junio de 2022, <http://journalpsyche.org/the-freudian-theory-of-personality/>.

43. Thomas Lewis, Fari Amini y Richard Lannon, *A General Theory of Love*, Nueva York, Vintage, 2007. [Hay trad. cast.: *Una teoría general del amor*, Barcelona, RBA, 2001].

44. *Blancanieves y los siete enanitos*, dirigida por William Cottrell, David Hand y Wilfred Jackson, Walt Disney Animation Studios, 1938.

45. *Forrest Gump*, dirigida por Robert Zemeckis, Paramount Pictures/The Steve Tisch Company/Wendy Finerman Productions, 1994.

46. Alexander Todorov, *Face Value: The Irresistible Influence of First Impressions*, Princeton, NJ, Princeton University Press, 2017; Daisy Dunne, «Why Your First Impressions of Other People Are Often WRONG: We Judge Others Instantly Based on Their Facial Expressions and Appearance, but This Rarely Matches Up to Their True Personality», *Daily Mail*, 13 de junio de 2017, <https://www.dailymail.co.uk/sciencetech/article-4599198/First-impressions-people-WRONG.html>.

47. Greg Lester, «Just in Time for Valentine's Day: Falling in Love in Three Minutes or Less», *Penn Today*, 11 de febrero de 2005, <https://penntoday.upenn.edu/news/just-time-valentines-day-falling-love-three-minutes-or-less>.

48. Lawrence E. Williams y John A. Bargh, «Experiencing Physical Warmth Promotes Interpersonal Warmth», *Science*, 322, n.º 5901 (24 de octubre de 2008), pp. 606-607, <https://www.science.org/doi/10.1126/science.1162548>.

49. Andrew M. Colman, *A Dictionary of Psychology*, 4.ª ed., Oxford, Oxford University Press, 2015.

50. *In 500 Days of Summer: 500 Days of Summer*, dirigida por Marc Webb, Fox Searchlight Pictures/Watermark/Dune Entertainment III, 2009.

51. «The History of the Engagement Ring», *Estate Diamond Jewelry*, 10 de octubre de 2018, <https://www.estatediamondjewelry.com/the-history-of-theengagement-ring/>.

52. «De Beers' Most Famous Ad Campaign Marked the Entire Diamond Industry», *The Eye of Jewelry*, 22 de abril de 2020, <https://theeyeofjewelry.com/de-beers/de-beers-jewelry/de-beers-most-famous-ad-campaign-marked-the-entire-diamond-industry/>.

53. Emily Yahr, «Yes, Wearing That Cinderella Dress "Was Like Torture" for Star Lily James», *The Washington Post*, 16 de marzo de 2015,

<https://www.washingtonpost.com/news/arts-and-entertainment/wp/
2015/03/16/yes-wearing-that-cinderelladress-was-like-torture-for-star-
lily-james/>.

54. *Jerry Maguire*, dirigida por Cameron Crowe, TriStar Pictures/
Gracie Films, 1996.

55. *Brokeback Mountain*, dirigida por Ang Lee, Focus Features/River
Road Entertainment/Alberta Film Entertainment, 2006.

56. *Love Actually*, dirigida por Richard Curtis, Universal Pictures/
StudioCanal/Working Title Films, 2003.

57. *La princesa prometida*, dirigida por Rob Reiner, Act III Communi-
cations/Buttercup Films Ltd./The Princess Bride Ltd., 1987.

58. *Qué bello es vivir*, dirigida por Frank Capra, Liberty Films (II), 1947.

59. *Notting Hill*, dirigida por Roger Michell, Polygram Filmed Enter-
tainment/Working Title Films/Bookshop Productions, 1999.

60. *The Unsent Project*, consultado el 12 de mayo de 2022, <https://
theunsentproject.com/>.

61. «Understanding the Teen Brain», *University of Rochester Medical
Center Health Encyclopedia*, consultado el 12 de mayo de 2022, <https://
www.urmc.rochester.edu/encyclopedia/content.aspx?ContentTypeID=1
&ContentID=3051>.

62. Daniel Amen, *The Brain in Love: 12 Lessons to Enhance Your Love
Life*, Nueva York, Harmony, 2009, p. 27.

63. Verso 14.19 de C. Bhaktivedanta Swami Prabhuppada, *Bhagavad-
gita As It Is*, The Bhaktivedanta Book Trust International, Inc., <https://
apps.apple.com/us/app/bhagavad-gita-as-it-is/id1080562426>.

64. *Sé lo que hicisteis el último verano*, dirigida por Jim Gillespie,
Mandalay Entertainment/Original Film/Summer Knowledge LLC, 1997.

65. Charlotte Brontë, *Jane Eyre*, Nueva York, Norton, 2016. [Hay trad.
cast.: *Jane Eyre*], Barcelona, Penguin Clásicos, 2016.

66. Emily Brontë, *Wuthering Heights*, Nueva York, Norton, 2019.
[Hay trad. cast.: *Cumbres borrascosas*, Barcelona, Random House, 2022].

67. Stephenie Meyer, *Twilight*, Nueva York, Little, Brown, 2005. [Hay
trad. cast.: *Crepúsculo*, Madrid, Alfaguara, 2006].

68. Helen Fisher, *Why Him? Why Her? Finding Real Love by Understanding Your Personality Type*, Nueva York, Henry Holt, 2009, p. 208.

69. Amen, *The Brain in Love*, Nueva York, Harmony, p. 65.

70. *Ibid.*

71. Alexandra Owens, «Tell Me All I Need to Know About Oxytocin», *Psycom*, consultado el 12 de mayo de 2022, <https://www.psycom. net/oxytocin>.

72. Amen, *The Brain in Love, op. cit.*, p. 65.

73. «John & Julie Gottman ON: Dating, Finding the Perfect Partner, & Maintaining a Healthy Relationship», entrevista con Jay Shetty, *On Purpose*, Apple Podcasts, 28 de septiembre de 2020, <https://podcasts. apple.com/us/podcast/john-julie-gottman-on-dating-findingperfect-partner/id1450994021?i=1000492786092>.

74. Verso 10.1 de C. Bhaktivedanta Swami Prabhuppada, *Bhagavad-gita As It Is*, Bhaktivedanta Book Trust International, <https://apps. apple.com/us/app/bhagavad-gita-as-it-is/id1080562426>; «Bhagavad Gita capítulo 10, texto 01», *Bhagavad Gita Class*, consultado el 12 de mayo de 2022, <https://bhagavadgitaclass.com/bhagavad-gita-chapter-10-text-01/>.

75. Beyoncé, «Halo», *I Am… Sasha Fierce*, Columbia Records, 20 de enero de 2009.

76. Ayesh Perera, «Why the Halo Effect Affects How We Perceive Others», *Simply Psychology*, 22 de marzo de 2021, <https://www.simply psychology.org/halo-effect.html>.

77. «Practising the Presence of God», *Pramahansa Yogananda*, consultado el 11 de agosto de 2022, <http://yogananda.com.au/gita/gita0630. html>.

78. Verso 14.5 de Prabhuppada, *Bhagavad-gita As It Is*.

79. Greg Hodge, «The Ugly Truth of Online Dating: Top 10 Lies Told by Internet Daters», *HuffPost*, 10 de octubre de 2012, <https://www. huffpost.com/entry/online-dating-lies_b_1930053>; Opinion Matters, «Little White Lies», *BeautifulPeople.com*, consultado el 12 de mayo de 2022, <https://beautifulpeoplecdn.s3.amazonaws.com/studies/usa_stu dies.pdf>.

80. Emily Wallin, «40 Inspirational Russell Brand Quotes on Success», *Wealthy Gorilla*, 20 de marzo de 2022, <https://wealthygorilla. com/russell-brand-quotes/>.

81. Eknath Easwaran, *Words to Live By: Daily Inspiration for Spiritual Living*, Tomales, CA, Nilgiri Press, 2010.

82. «Kama», *Yogapedia*, consultado el 12 de mayo de 2022, <https://www.yogapedia.com/definition/5303/kama>; «Maitri», *Yogapedia*, 23 de julio de 2020, <https://www.yogapedia.com/definition/5580/maitri>.

REGLA 3: DEFINE EL AMOR ANTES DE PENSARLO, SENTIRLO O DECIRLO

83. Kelsey Borresen, «8 Priceless Stories of People Saying "I Love You" for the First Time», *HuffPost*, 28 de septiembre de 2018, <https://www.huffpost.com/entry/saying-i-love-you-for-the-firsttime_n_5bad19b8e4b09d41eb9f6f5a>.

84. Martha De Lacy, «When WILL He Say "I Love You?" Men Take 88 Days to Say Those Three Words, But Girls Make Their Man Wait a Lot Longer», *Daily Mail*, 7 de marzo de 2013, <https://www.dailymail.co.uk/femail/article-2289562/Ilove-Men-88-days-say-girlfriend-women-134-days-say-boyfriend.html>.

85. «Chapter 25. The Nine Stages of Bhakti Yoga», *Hare Krishna Temple*, consultado el 12 de mayo de 2022, <https://www.harekrishna-temple.com/chapter25.html>.

86. Helen Fisher, «Lust, Attraction, and Attachment in Mammalian Reproduction», *Human Nature*, 9, 1998, pp. 23-52, <https://doi.org/10.1007/s12110-998-1010-5>.

87. Jade Poole, «The Stages of Love», *MyMed.com*, consultado el 12 de mayo de 2022, <https://www.mymed.com/health-wellness/interesting-health-info/chemistry-or-cupid-the-science-behind-falling-in-love-explored/the-stages-of-love>.

88. Matthias R. Mehl, Simine Vazire, Shannon E. Holleran y C. Shelby Clark, «Eavesdropping on Happiness: Well-being Is Related to Having Less Small Talk and More Substantive Conversations», *Psychological Science*, 21, n.° 4 (1 de abril de 2010), pp. 539-41, <https://doi.org/10.1177/0956797610362675>.

89. Marlena Ahearn, «Can You Really Train Your Brain to Fall in Love?», *Bustle*, 19 de octubre de 2016, <https://www.bustle.com/articles/190270-can-you-really-train-your-brainto-fall-in-love-the-science-behind-building-intimacy-in>.

90. Lisa Firestone, «Are You Expecting Too Much from Your Part-

ner? These 7 Ways We Over-Rely on Our Partner Can Seriously Hurt Our Relationship», *PsychAlive*, consultado el 13 de mayo de 2022, <https://www.psychalive.org/are-you-expecting-too-muchfrom-your-partner/>.

91. Rebecca D. Heino, Nicole B. Ellison y Jennifer L. Gibbs, «Relationshopping: Investigating the Market Metaphor in Online Dating», *Journal of Social and Personal Relationships*, 27, n.° 4 (9 de junio de 2010), pp. 427-447, <https://doi.org/10.1177/0265407510361614>.

92. Florence Williams, *Heartbreak: A Personal and Scientific Journey*, Nueva York, Norton, 2022, p. 112.

93. «Response-Time Expectations in the Internet Age: How Long Is Too Long?», *High-Touch Communications Inc.*, consultado el 21 de junio de 2022, <https://blog.htc.ca/2022/05/18/response-time-expectations-in-the-internet-age-how-long-is-too-long/>.

94. Seth Meyers, «How Much Should New Couples See Each Other? To Protect the Longevity of a Relationship, Couples Should Use Caution», *Psychology Today*, 29 de noviembre de 2017, <https://www.psychologyto day.com/us/blog/insight-is-2020/201711/how-much-should-new-cou ples-see-eachother>.

REGLA 4: TU PAREJA ES TU GURÚ

95. Antoine de Saint-Exupéry, *Airman's Odyssey*, Nueva York, Harcourt Brace, 1984.

96. Jeremy Dean, «How to See Yourself Through Others' Eyes», *Psych Central*, 1 de junio de 2010, <https://psychcentral.com/blog/how-to-see-yourself-through-others-eyes#1>.

97. Arthur Aron and Elaine Aron, *Love and the Expansion of Self: Understanding Attraction and Satisfaction*, Londres, Taylor & Francis, 1986.

98. Kripamoya Das, *The Guru and Disciple Book*, Bélgica, Deshika Books, 2015.

99. *Ibid.*

100. Sean Murphy, *One Bird, One Stone: 108 Contemporary Zen Stories*, Newburyport, MA, Hampton Roads, 2013, p. 67.

101. *Doctor Strange*, dirigida por Scott Derrickson, Marvel Studios/Walt Disney Pictures, 2016.

102. Das, *The Guru, op. cit.*

103. Jamie Arpin-Ricci, «Preach the Gospel at All Times? St. Francis Recognized That the Gospel Was All Consuming, the Work of God to Restore All of Creation Unto Himself for His Glory», *HuffPost*, 31 de agosto de 2012, <https://www.huffpost.com/entry/preach-the-gospel-at-all-times-st-francis_b_1627781>.

104. Das, *The Guru, op. cit.*

105. «Ramayana Story: Little Squirrel Who Helped Lord Rama!», *Bhagavatam-katha*, consultado el 14 de mayo de 2022, <http://www.bhagavatam-katha.com/ramayana-story-little-squirrelwho-helped-lord-rama/>.

106. Murphy, *One Bird, op. cit.*, p. 13.

107. Das, *The Guru, op. cit.*

108. *Idem.*

109. Matt Beck, «The Right Way to Give Feedback», *Campus Rec*, 27 de junio de 2019, <https://campusrecmag.com/the-right-way-to-give-feedback/>; Carol Dweck, *Mindset: The New Psychology of Success*, Nueva York, Ballantine Books, 2006.

110. Dweck, *Mindset, op. cit.*

111. Das, *The Guru, op. cit.*

112. Christian Jarrett, «How to Foster "Shoshin": It's Easy for the Mind to Become Closed to New Ideas: Cultivating a Beginner's Mind Helps Us Rediscover the Joy of Learning», *Psyche*, consultado el 14 de mayo de 2022, <https://psyche.co/guides/how-to-cultivate-shoshinor-a-beginners-mind>; Shunryu Suzuki, *Zen Mind, Beginner's Mind*, 50thAnniversary Edition, Boulder, CO, Shambhala, 2020.

113. Das, *The Guru, op. cit.*

114. *Ibid.*

115. Stephen Covey, *The 7 Habits of Highly Effective People*, 30th Anniversary Edition, Nueva York, Simon & Schuster, 2020. [Hay trad. cast.: *Los 7 hábitos de la gente altamente efectiva*, Barcelona, Planeta, 2015].

116. Das, *The Guru, op. cit.*

117. Nicole Weaver, «5 Ways You Become More Like Your Partner Over Time (Even If You Don't Realize It)», *Your Tango*, 6 de mayo de 2021, <https://www.yourtango.com/2015275766/5-ways-couples-become-more-alike-when-in-love>.

118. David Bruce Hughes, «Sri Vedanta-Sutra: The Confidential Conclusions of the Vedas», *Esoteric Teaching Seminars*, consultado el 11 de agosto de 2022, <https://www.google.com/books/edition/Ś rī_Vedānta_sūtra_Adhyāya_2/gfHRFz6lU2kC?hl=en&gbpv=1&dq=Vedic +%22scriptures%22+meaning&pg=PA117&printsec=frontcover>.

REGLA 5: LO PRIMERO ES EL PROPÓSITO

119. David Viscott, *Finding Your Strength in Difficult Times: A Book of Meditations*, Indianápolis, Contemporary Books, 1993.

120. David Frawley (Pandit Vamadeva Shastri), «Dharma, Artha, Kama, and Moksha: The Four Great Goals of Life», *Sivananda*, consultado el 16 de mayo de 2022, <https://articles.sivananda.org/vedic-sciences/dharma-artha-kama-and-mokshathe-four-great-goals-of-life/>; David Frawley, *The Art and Science of Vedic Counseling*, Twin Lakes, WI, Lotus Press, 2016.

121. «Dharma», *Yogapedia*, 23 de abril de 2020, <https://www.yoga pedia.com/definition/4967/dharma>.

122. «Artha», *Yogapedia*, 9 de octubre de 2018, <https://www.yoga pedia.com/definition/5385/artha>.

123. «Kama», *Yogapedia*, consultado el 12 de mayo de 2022, <https:// www.yogapedia.com/definition/5303/kama>.

124. «Moksha», *Yogapedia*, 23 de abril de 2020, <https://www.yoga pedia.com/definition/5318/moksha>.

125. Barbara L. Fredrickson, Karen M. Grewen, Kimberly A. Coffey, Sara B. Algoe, Ann M. Firestine, Jesusa M. G. Arevalo, Jeffrey Ma y Steven W. Cole, «A Functional Genomic Perspective of Human Well-Being», *Proceedings of the National Academy of Sciences*, 110, n.º 33 (julio de 2013), pp. 13684-13689, <https://doi.org/10.1073/pnas.1305419110>.

126. Anthony L. Burrow y Nicolette Rainone, «How Many Likes Did I Get? Purpose Moderates Links Between Positive Social Media Feedback and Self-Esteem», *Journal of Experimental Social Psychology*, 69 (marzo de 2017), pp. 232-236, <https://doi.org/10.1016/j.jesp.2016.09.005>.

127. Jackie Swift, «The Benefits of Having a Sense of Purpose: People with a Strong Sense of Purpose Tend to Weather Life's Ups and Downs Better: Anthony Burrow Investigates the Psychology Behind This Pheno-

menon», *Cornell Research*, consultado el 16 de mayo de 2022, <https://research.cornell.edu/news-features/benefits-having-sense-purpose>.

128. Thich Nhat Hanh, *How to Fight*, Berkeley, Parallax Press, 2017, pp. 87-88.

129. Kelsey Borresen, «6 Ways the Happiest Couples Change Over Time: Long, Happy Relationships Don't Happen by Accident: They Take Work and a Willingness to Evolve», *HuffPost*, 29 de marzo de 2019, <https://www.huffpost.com/entry/ways-happiest-couple-change-over-time_l_5c9d-037de4b00837f6bbe3e2>.

130. Sal Khan, «Khan Academy: Sal Khan», interview by Guy Raz, How I Built This, pódcast, *NPR*, 21 de septiembre de 2020, <https://www.npr.org/2020/09/18/914394221/khan-academy-sal-khan>.

131. Brigid Schulte, «Brigid Schulte: Why Time Is a Feminist Issue», *Sydney Morning Herald*, 10 de marzo de 2015, <https://www.smh.com.au/lifestyle/health-and-wellness/brigid-schulte-why-time-is-a-feminist-issue-20150309-13zimc.html>.

132. «F1 Records Drivers», *F1 Fansite*, consultado el 22 de junio de 2022, <https://www.f1-fansite.com/f1-results/f1-records-drivers/>.

133. HAO, «Lewis Hamilton: Daily Routine», *Balance the Grind*, 9 de abril de 2022, <https://balancethegrind.co/daily-routines/lewis-hamilton-daily-routine/>; Lewis Hamilton, «Optimize your Body for Performance», *MasterClass*, consultado el 22 de junio de 2022, <https://www.masterclass.com/classes/lewis-hamilton-teaches-a-winning-mindset/chapters/optimize-your-body-for-performance>.

134. «Seven Steps (Seven Pheras) of Hindu Wedding Ceremony Explained», *Vedic Tribe*, 17 de noviembre de 2020, <https://vedictribe.com/bhartiya-rights-rituals/seven-steps-seven-pheras-of-hindu-wedding-ceremony-explained/>.

135. Claire Cain Miller, «The Motherhood Penalty vs. the Fatherhood Bonus», *The New York Times*, 6 de septiembre de 2014, <https://www.nytimes.com/2014/09/07/upshot/a-child-helps-yourcareer-if-youre-a-man.html>.

136. Khan, «Khan Academy».

137. A. P. French, «If you want to live», en *Einstein: A Centenary Volume*, Cambridge, Harvard University Press, 1980, p. 32.

138. Jeremy Brown, «How to Balance Two Careers in a Marriage

Without Losing Yourselves: It's Possible: You Just Have to Follow These Rules», *Fatherly*, 2 de enero de 2019, <https://www.fatherly.com/love-money/marriage-advice-two-career-household/>.

REGLA 6: GANAD O PERDED JUNTOS

139. «M. Esther Harding Quotes», *Citatis*, consultado el 17 de mayo de 2022, <https://citatis.com/a229/12e75/>.

140. Society for Personality and Social Psychology, «Sometimes Expressing Anger Can Help a Relationship in the Long-Term», *ScienceDaily*, 2 de agosto de 2012, <www.sciencedaily.com/releases/2012/08/120802 133649.htm>; James McNulty y V. Michelle Russell, «Forgive and Forget, or Forgive and Regret? Whether Forgiveness Leads to Less or More Offending Depends on Offender Agreeableness», *Personality and Social Psychology Bulletin*, 42, n.º 5 (30 de marzo de 2016), pp. 616-631, <https://doi.org/10.1177/0146167216637841>.

141. Verso 14.5-9 del Bhagavad Gita, Eknath Easwaran, intr. y trad., Tomales, Nilgiri Press, 2007, pp. 224-25.

142. Versos 1.21, 28-30 de C. Bhaktivedanta Swami Prabhuppada, *Bhagavad-gita As It Is*, Bhaktivedanta Book Trust International, <https://apps.apple.com/us/app/bhagavad-gitaas-it-is/id1080562426>.

143. Sri Swami Krishnananda, «The Gospel of the Bhagavadgita: Resolution of the Fourfold Conflict», *Divine Life Society*, consultado el 17 de mayo de 2022, <https://www.dlshq.org/religions/the-gospel-of-the-bhagavadgita-resolution-of-the-fourfold-conflict/>.

144. Carly Breit, «This Is the Best Way to Fight with Your Partner, According to Psychologists», *Time*, 24 de septiembre de 2018, <https://time.com/5402188/how-to-fight-healthypartner/>.

145. Art Markman, «Seeing Things from Another's Perspective Creates Empathy: Should You Literally Try to See the World from Someone Else's Perspective?», *Psychology Today*, 6 de junio de 2017, <https://www.psychologytoday.com/us/blog/ulterior-motives/201706/seeing-things-anothers-perspective-creates-empathy>.

146. «Chapter 17: Maximize the Impact of Seating Formations», *Westside Toastmasters*, consultado el 17 de mayo de 2022, <https://westsidetoastmasters.com/resources/book_of_body_language/chap17.html>.

147. «Ritu Ghatourey Quotes», *Goodreads*, consultado el 17 de mayo de 2022, <https://www.goodreads.com/quotes/10327953-ten-per-cent-of-conflict-is-due-to-difference-of>.

148. Phillip Lee y Diane Rudolph, *Argument Addiction: Even When You Win, You Lose. Identify the True Cause of Arguments and Fix It for Good*, Bracey, Lisa Hagan Books, 2019.

Regla 7: En una ruptura, tú no te rompes

149. «Rumi Quotes», *Goodreads*, consultado el 5 de septiembre de 2022, <https://www.goodreads.com/quotes/9726-your-task-is-not-to-seek-for-love-but-merely>.

150. «Types of Abuse», *National Domestic Violence Hotline*, consultado el 18 de mayo de 2022, <https://www.thehotline.org/resources/types-of-abuse/>.

151. Clifford Notarius and Howard Markman, *We Can Work It Out: How to Solve Conflicts, Save Your Marriage, and Strengthen Your Love for Each Other*, Nueva York, TarcherPerigee, 1994.

152. «Admitting to Cheating: Exploring How Honest People Are About Their Infidelity», *Health Testing Centers*, consultado el 18 de mayo de 2022, <https://www.healthtestingcenters.com/research-guides/admitting-cheating/>.

153. Shirley P. Glass, con Jean Coppock Staeheli, NOT *«Just Friends»: Rebuilding Trust and Recovering Your Sanity After Infidelity*, Nueva York, Free Press, 2003, pp. 162-163.

154. *Ibid.*, p. 192.

155. Jim Hutt, «Infidelity Recovery: Consequences of Punishing the Cheater», *Emotional Affair Journey*, consultado el 18 de mayo de 2022, <https://www.emotionalaffair.org/infidelity-recovery-consequences-of-punishing-the-cheater/>.

156. Glass, NOT *«Just Friends»*, *op. cit.*, pp. 5, 133.

157. Robert Taibbi, «The Appeal and the Risks of Rebound Relationships: When Every Partner is "The One", Until the Next One», *Psychology Today*, 14 de noviembre de 2014, <https://www.psychologytoday.com/us/blog/fixing-families/201411/the-appeal-and-the-risks-rebound-relationships>.

158. Annette Lawson, *Adultery: An Analysis of Love and Betrayal*, Nueva York, Basic Books, 1988.

159. K. Aleisha Fetters, «The Vast Majority of Divorces Are Due to Inertia and 7 More Marriage Insights from Divorce Lawyers», *Prevention*, 10 de febrero de 2015, <https://www.prevention.com/sex/relationships/a20448701/marriage-tips-from-divorcelawyers/>.

160. «Growing Together Separately», *Relationship Specialists*, consultado el 22 de junio de 2022, <https://www.relationshipspecialists.com/media/growing-together-separately/>.

161. «Great Minds Discuss Ideas; Average Minds Discuss Events; Small Minds Discuss People», *Quote Investigator*, consultado el 18 de mayo de 2022, <https://quoteinvestigator.com/2014/11/18/great-minds/>.

162. «Travel Strengthens Relationships and Ignites Romance», *U. S. Travel Association*, 5 de febrero de 2013, <https://www.ustravel.org/research/travel-strengthens-relationships-and-ignites-romance>.

163. Melissa Matthews, «How to Be Happy: Volunteer and Stay Married, New U. S. Study Shows», *Yahoo! News*, 12 de septiembre de 2017, <https://www.yahoo.com/news/happy-volunteer-stay-married-u-121002566.html?guccounter=1>.

164. Andrew Huberman, «The Power of Play», *Huberman Lab*, pódcast, *Scicomm Media*, 7 de febrero de 2022, <https://hubermanlab.com/using-play-to-rewire-andimprove-your-brain/>.

165. Arthur P. Aron y Donald G. Dutton, «Some Evidence for Heightened Sexual Attraction Under Conditions of High Anxiety», *Journal of Personality and Social Psychology*, 30, n.º 4 (1974), pp. 510-517.

166. Lisa Marie Bobby, *Growing Self*, <Growingself.com>.

167. «Marriage and Couples», *Gottman Institute*, consultado el 18 de mayo de 2022, <https://www.gottman.com/about/research/couples/>.

168. Helen E. Fisher, Lucy L. Brown, Arthur Aron, Greg Strong y Debra Mashek, «Reward, Addiction, and Emotion Regulation Systems Associated with Rejection in Love», *Journal of Neurophysiology*, 104, n.º 1 (1 de julio de 2010), pp. 51-60.

169. Florence Williams, *Heartbreak: A Personal and Scientific Journey*, Nueva York, W. W. Norton & Company, 2022, pp. 36-37.

170. «Oxytocin Bonding in Relationships. Dr. C. Sue Carter, Ph.D. 320», entrevista de Jayson Gaddis, *The Relationship School Podcast*, *Rela-*

tionship School, 8 de diciembre de 2020, <https://relationshipschool.com/podcast/oxytocin-bonding-in-relationships-dr-c-sue-carter-ph-d-320/>.

171. Fisher *et al.*, «Reward, Addiction, and Emotion», *op. cit.*

172. Versos 2.17, 23-24 de C. Bhaktivedanta Swami Prabhuppada, *Bhagavad-gita As It Is*, The Bhaktivedanta Book Trust International, Inc., <https://apps.apple.com/us/app/bhagavad-gita-as-it-is/id1080562426>.

173. Guy Winch, «How to Fix a Broken Heart», *TED2017*, abril de 2017, <https://www.ted.com/talks/guy_winch_how_to_fix_a_broken_heart>.

174. Kyle J. Bourassa, Atina Manvelian, Adriel Boals, Matthias R. Mehl y David A. Sbarra, «Tell Me a Story: The Creation of Narrative as a Mechanism of Psychological Recovery Following Marital Separation», *Journal of Social and Clinical Psychology*, 36, n.° 5 (24 de mayo de 2017), pp. 359-379, <https://doi.org/10.1521/jscp.2017.36.5.359>.

175. Brett Sears, «Scar Tissue Massage and Management», *Verywell Health*, 19 de abril de 2022, <https://www.verywellhealth.com/scar-tissue-massage-and-management-2696639>.

176. Mark Matousek, «Releasing the Barriers to Love: An Interview with Tara Brach», *Psychology Today*, 24 de noviembre de 2015, <https://www.psychologytoday.com/us/blog/ethical-wisdom/201511/releasing-the-barriers-love-interview-tara-brach>.

177. Lisa Capretto, «What Buddhist Teacher Pema Chödrön Learned After a "Traumatizing" Divorce», *HuffPost*, 6 de mayo de 2015, <https://www.huffpost.com/entry/pema-chodron-divorce-lesson_n_7216638>.

178. Verso 3.42 de C. Bhaktivedanta Swami Prabhuppada, *Bhagavad-gita As It Is*, Bhaktivedanta Book Trust International, <https://apps.apple.com/us/app/bhagavad-gitaas-it-is/id1080562426>.

179. Christin Ross, «Christin Ross at Story District's Sucker for Love», *Story District*, 14 de febrero de 2020, <https://www.youtube.com/watch?v=8ClCLIs3h5Q&list=PLDGn_6N-3BeYprjF0ExwvVvWU6ndzshh3d>.

180. *Yogapedia*, 21 de octubre de 2018, <https://www.yogapedia.com/definition/4986/maya>.

181. Williams, *Heartbreak*, *op. cit.*, pp. 222-223.

182. «Shambhala Sun: A Wind Through the Heart; A Conversation with Alice Walker and Sharon Salzberg on Loving Kindness in a Painful

World», *Alice Walker Pages*, 23 de agosto de 1998, <http://math.buffalo.
edu/~sww/walker/wind-thru-heart.html>.

183. «Karuna», *Yogapedia*, 10 de abril de 2016, <https://www.yoga-
pedia.com/definition/5305/karuna>.

Regla 8: Ama una y otra vez

184. «Kabir», *Poet Seers*, consultado el 18 de mayo de 2022, <https://
www.poetseers.org/the-poetseers/kabir/>.

185. Joanna Macy, *World as Lover, World as Self: Courage for Global
Justice and Ecological Renewal*, Berkeley, Parallax Press, 2007, p. 156.

186. «Sannyasin», *Yogapedia*, 5 de agosto de 2018, <https://www.yo-
gapedia.com/definition/5348/sannyasin>.

187. Verso 5.18 de C. Bhaktivedanta Swami Prabhuppada, *Bhagavad-
gita As It Is*, Bhaktivedanta Book Trust International, <https://apps.apple.
com/us/app/bhagavad-gita-asit-is/id1080562426>.

188. Marianna Pogosyan, «In Helping Others, You Help Yourself»,
Psychology Today, 30 de mayo de 2018, <https://www.psychologytoday.
com/us/blog/between-cultures/201805/in-helping-others-you-helpyour
self>.

189. «Anne Frank», *Goodreads*, consultado el 18 de mayo de 2022,
<https://www.goodreads.com/quotes/81804-no-one-has-ever-become-
poor-by-giving>.

190. Larry Dossey, «The Helper's High», *Explore*, 14, n.º 6 (noviembre de 2018), pp. 393-399, <https://doi.org/10.1016/j.explore.2018.10.003>;
Allan Luks, con Peggy Payne, *The Healing Power of Doing Good: The
Health and Spiritual Benefits of Helping Others*, Nueva York, Fawcett,
1992.

191. «Sat-Chit-Ananda», *Yogapedia*, 10 de abril de 2019, <https://
www.yogapedia.com/definition/5838/satchit-Ananda>.

192. Sampadananda Mishra, «Two Paths: Shreyas and Preyas», *Bhagavad Gita*, 14 de marzo de 2018, <http://bhagavadgita.org.in/Blogs/5ab
0b9b75369ed21c4c74c01>.

193. Jamil Zaki, «Caring About Tomorrow: Why Haven't We Stop-
ped Climate Change? We're Not Wired to Empathize with Our Descen-

dents», *The Washington Post*, 22 de agosto de 2019, <https://www.wash ingtonpost.com/outlook/2019/08/22/caring-about-tomorrow/>.

194. «Rumi Quotes», *Goodreads*, consultado el 18 de mayo de 2022, <https://www.goodreads.com/author/quotes/875661.Rumi?page=8>.

195. Verso 5.18 de C. Bhaktivedanta Swami Prabhuppada, *Bhagavad-gita As It Is*, The Bhaktivedanta Book Trust International, Inc., <https://apps.apple.com/us/app/bhagavad-gita-as-it-is/id1080562426>.

196. «Russell A. Barkley Quotes», *Goodreads*, consultado el 18 de mayo de 2022, <https://www.goodreads.com/quotes/1061120-the-chil dren-who-need-love-the-most-will-alwaysask>.

197. «Dunbar's Number: Why We Can Only Maintain 150 Relations-hips», *BBC*, consultado el 18 de mayo de 2022, <https://www.bbc.com/future/article/20191001-dunbars-number-why-we-can-only-maintain-150-relationships>.

198. Kevin Yip, «Recognizing Value: Blueboard's COO Explains Why Companies Send Employees Skydiving», entrevista de Sean Ellis y Ethan Garr, *The Breakout Growth Podcast, Breakout Growth*, 22 de febre-ro de 2022, <https://breakoutgrowth.net/2022/02/22/podcast-recogni zing-value-blueboards-coo-explains-why-companies-send-employees-skydiving/>; Kevin Yip y Taylor Smith, «Kevin Yip & Taylor Smith, cofounders of Blueboard: The Other Side of Success Equals Sacrifice», entrevista de Matt Gottesman, *H&DF Magazine*, 12 de abril de 2022, <https://hdfmagazine.com/podcast/ep-37-kevin-yip-taylor-smith-co-founders-blueboard-theother-side-success-equals-sacrifice/>.

199. Kristin Long, «Infographic: 49 Percent of Employees Would Change Jobs to Feel More Appreciated», *Ragan*, 23 de abril de 2013, <https://www.ragan.com/infographic-49-percent-of-employees-would-change-jobs-to-feel-more-appreciated/>.

200. Stephanie Pappas, «Why You Should Smile at Strangers», *Live Science*, 25 de mayo de 2012, <https://www.livescience.com/20578-social-connection-smile-strangers.Html>; Neil Wagner, «The Need to Feel Con-nected», *Atlantic*, 13 de febrero de 2012, <https://www.theatlantic.com/health/archive/2012/02/the-needto-feel-connected/252924/>; «Being Ignored Hurts, Even by a Stranger», *Association for Psychological Science*, 24 de enero de 2012, <https://www.psychologicalscience.org/news/relea ses/being-ignored-hurts-even-by-astranger.html>.

201. Ronald E. Riggio, «There's Magic in Your Smile», *Psychology Today*, 25 de junio de 2012, <https://www.psychologytoday.com/us/blog/cutting-edge leadership/201206/there-s-magic-in-your-smile>.

202. «Why Smiles (and Frowns) Are Contagious», *Science News*, 11 de febrero de 2016, <https://www.sciencedaily.com/releases/2016/02/160211140428.htm>.

203. «Volunteering Facts & Statistics», *Trvst*, 11 de junio de 2021, <https://www.trvst.world/charity-civil-society/volunteering-facts-statistics/#cmf-SimpleFootnoteLink1>; «Volunteering in the United States. 2015», *Oficina de Estadística Laboral*, 25 de febrero de 2016, <https://www.bls.gov/news.release/pdf/volun.pdf>.

204. Dave Anderson, «A Short Story of Great Selflessness in 500 Words», *Anderson Leadership Solutions*, 27 de marzo de 2018, <http://www.andersonleadershipsolutions.com/short-story-great-selflessness-500-words/>; «Family of Man Who Was Pictured Being Given Boots by NYPD Cop Say They Didn't Know He Was Homeless», *Daily Mail*, 2 de diciembre de 2012, <https://www.dailymail.co.uk/news/article-2241823/Lawrence-DePrimo-Family-man-picturedgiven-boots-NYPD-cop-say-didnt-know-homeless.html>.

205. «Our Story», *Goats of Anarchy*, consultado el 22 de junio de 2022, <https://www.goatsofanarchy.org/about>.

206. Gertrude Prokosch Kurath, «Native American Dance», *Britannica*, consultado el 19 de mayo de 2022, <https://www.britannica.com/art/Native-American-dance/Regional-dance-styles>.

207. Richard Rosen, «Sun Salutation Poses: The Tradition of Surya Namaskar», *Yoga Journal*, 28 de agosto de 2007, <https://www.yogajournal.com/poses/here-comes-thesun/>.

208. McKenzie Perkins, «Irish Mythology: Festival and Holidays», *ThoughtCo*, 29 de diciembre de 2019, <https://www.thoughtco.com/irish-mythology-festival-and-holidays-4779917>.

209. Rosen, «Sun Salutation Poses», *op. cit.*

210. «Dr. Samer Hattar: Timing Light, Food, & Exercise for Better Sleep, Energy, and Mood», entrevista de Andrew Huberman, *Huberman Lab*, pódcast, *Scicomm Media*, 25 de octubre de 2021, <https://hubermanlab.com/dr-samer-hattar-timing-light-foodexercise-for-better-sleep-energy-mood/>.

211. *Ibid.*

Pasos siguientes

Genius coaching

Este libro se ha llevado a cabo mediante incontables horas de investigación, escritura, edición y amor. Pongo todo mi ser y mi corazón en todo lo que hago. Y el propósito que ocupa el centro de todo mi trabajo, independientemente del tipo de proyecto o medio, siempre es el mismo. Mi deseo es ayudar a crecer a otros del modo que puedan a través de la verdad, la ciencia y la intención.

Dicho esto, te invito con gratitud a unirte a Genius.

Genius es mi comunidad global de *coaching*, que se reúne para talleres y meditaciones. Comprendemos que el cambio transformacional empieza en el interior y ese verdadero crecimiento requiere nutrir todo nuestro ser: mental, física, emocional y espiritualmente.

Como miembro, te guiaré a lo largo de sesiones semanales en directo basadas en conocimientos prácticos y la última investigación en torno al desarrollo personal y el bienestar. También podrás revisitar todos los talleres y meditaciones en la colección completa de la Genius App. Lo cubro todo: relaciones, carrera, salud, espiritualidad y desarrollo personal.

Mi metodología en Genius es sencilla pero poderosa. Cuando se combinan el *coaching*, la regularidad y la comunidad, todo en tu vida mejora desde el interior. El tiempo que sacamos juntos cada semana sirve como espacio seguro en el que acallamos nuestra mente, meditamos y liberamos estrés y ansiedad, y nos centramos en lo que más importa: aprender las formas de mejorarnos tanto a nosotros como al mundo.

Es más, también puedes asistir a encuentros mensuales en persona con otros miembros de Genius en más de 150 países de todo el mundo para hacer nuevos amigos y conectar con ideas afines.

Para más información, por favor, visita www.jayshettygenius.com hoy.

ESCUELA DE CERTIFICACIÓN JAY SHETTY

Si las reglas y conceptos de este libro te llegan a un nivel profundo y sientes la llamada para ser una mayor fuente de orientación en el mundo, te invito a considerar convertirte en *coach* de vida a través de la Escuela de Certificación Jay Shetty.

Con la visión de impactar en mil millones de vidas, fundé esta escuela en 2020 para enseñar a la próxima generación de *coaches*. Se trata de una institución completamente autorizada que lucha por hacer del mundo un lugar mejor a través de un plan de estudios que honra las teorías del *coaching* tradicional, competencias del sector, filosofía oriental y sabiduría védica.

Preparamos a nuestros alumnos para que se conviertan en *coaches* especializados en diversidad de nichos: *coaches* de relaciones, de negocios y de vida. Sea cual sea el cambio que deseas llevar a cabo en el mundo, podemos ayudarte a conseguirlo.

Tu viaje de certificación consistirá en un estudio guiado, *coaching* supervisado de usuario y sesiones de grupo que te proporcionan las herramientas y técnicas para sesiones profesionales con clientes. Más allá de esto, aprenderás a desarrollar una práctica profesional próspera y a promocionar tu negocio y a ti.

Todos los *coaches* certificados en mi escuela aparecen en una base de datos mundial en la que los clientes pueden elegir *coaches*.

Más que nada, quiero que esta escuela sea accesible a todos. Puedes estudiar online desde cualquier parte del mundo, a tu propio ritmo y con tus propios tiempos.

La escuela de certificación Jay Shetty es miembro oficial de la Asociación para el Coaching y EMCC Global.

Para más información, por favor, visita www.jayshettycoaching.com hoy.

Índice temático

«Para viajar lejos no hay mejor nave que un libro».

Emily Dickinson

Gracias por tu lectura de este libro.

En **penguinlibros.club** encontrarás las mejores
recomendaciones de lectura.

Únete a nuestra comunidad y viaja con nosotros.

penguinlibros.club

JAY SHETTY es el autor del best seller mundial *Piensa como un monje*. Además de ser un narrador galardonado y un exitoso presentador de pódcast, es un exmonje dedicado a ayudar a las personas a entrenar su mente para alcanzar la paz interior. En 2017, *Forbes* lo incluyó en su lista de los 30 menores de 30 años por su impacto revolucionario en los medios. Sus vídeos virales han tenido más de diez mil millones de reproducciones, y cuenta con más de cincuenta millones de seguidores en las redes sociales. En 2019, Jay creó *On Purpose* y ya puede considerarse el pódcast de salud y bienestar número uno del mundo. Ha dado conferencias por todo el planeta y más de dos millones de personas han asistido a su escuela online. Su comunidad Genius Coaching ofrece programación semanal sobre salud y bienestar a miles de miembros en más de cien países.